复旦大学国家文化创新研究中心

研究专辑（第1辑）

视觉文化传播的嬗变与前瞻

孟建 | 主编   汤筠冰 祁林 | 副主编

南京师范大学出版社

图书在版编目(CIP)数据

视觉文化传播的嬗变与前瞻:复旦大学国家文化创新研究中心研究专辑(第1辑) / 孟建主编. — 南京:南京师范大学出版社,2017.9(2020.12重印)
ISBN 978-7-5651-2912-4

Ⅰ. ①视… Ⅱ. ①孟… Ⅲ. ①视觉－文化－传播学－研究 Ⅳ. ①G206.2

中国版本图书馆 CIP 数据核字(2016)第 238529 号

书　　名	视觉文化传播的嬗变与前瞻:复旦大学国家文化创新研究中心研究专辑(第1辑)
主　　编	孟　建
副 主 编	汤筱冰　祁　林
责任编辑	于丽丽
出版发行	南京师范大学出版社
地　　址	江苏省南京市玄武区后宰门西村9号(邮编:210016)
电　　话	(025)83598919(总编办)　83598412(营销部)　83598297(邮购部)
网　　址	http://www.njnup.com
电子信箱	nspzbb@163.com
照　　排	南京理工大学资产经营有限公司
印　　刷	扬州市文丰印刷制品有限公司
开　　本	787毫米×1092毫米　1/16
印　　张	12.25
字　　数	283千
版　　次	2017年9月第1版　2020年12月第2次印刷
书　　号	ISBN 978-7-5651-2912-4
定　　价	33.00元

出 版 人　张志刚

南京师大版图书若有印装问题请与销售商调换
版权所有　侵犯必究

前　言

由复旦大学国家文化创新研究中心和复旦大学视觉文化研究中心联合编撰的《视觉文化传播的嬗变与前瞻》即将出版,喜悦之情溢于言表。

本书立足于国内外学界视觉文化研究前沿,以更广阔的学术视野、更专业的学术精神,关注视觉文化,特别是视觉文化传播研究的现状和发展。具体而言,本书在聚焦当下社会个体的自我视觉形象建构方式,阐释新媒体潮流中视觉文化变异的基础上,着力分析了近几年若干重大的视觉文化传播案例,力图以这样的研究视角建立起"视觉文化传播研究与现实社会变革的独特关系"。该书延续了《视觉文化传播研究(第一辑)》的开放性研究观念和多元化研究方法,对视觉文化传播的"国外研究前沿"予以更重分量的关注。当然,该书更大的特点还在于,腾挪出大量的篇幅,让更多青年学者走向视觉文化传播研究"前线",彰显他们在这一研究领域的学术关注点,奉献他们在这一研究领域的学术成果。

该书在整体内容安排上也进行了改革,以"多焦点"的"板块式组合"进行全书的架构,以此来体现当下视觉文化传播呈现出的"多元性"和"跨界性(融合性)"特点。

第一个板块"国外研究前沿"精选了哈尔·福斯特(Hal Foster)为他所编著的文集《视觉和视觉性》所作的前言与尼古拉斯·米尔佐夫(Nicholas Mirzoeff)专门为《视觉和视觉性》一书所撰写的评论性文章,二者都是当下视觉文化研究领域中非常值得关注的学术文章。前者既区隔了视觉与视觉性,又明确地指出了视觉与视觉性之间的嵌套互交式联系,并强调了视觉体制在理论建构中的关键地位,条分缕析地建构了西方近代以来的视觉观照模式;后者对《视觉和视觉性》一书以及哈尔·福斯特的观点进行了回应,借助于分析苏格兰历史学家托马斯·卡莱尔(Thomas Carlyle)的视觉英雄主义话语,强调了视觉文化在社会权力结构和广义的政治变革中的重要性,鲜明地指出任何对主体性的诉求都无法规避视觉性。

"国内研究前沿"板块收录了三篇文章,分别聚焦于视觉技术、社会转型中的大众视觉文化和视觉体制三个层面。作者祁林细致地观察并归纳了当前视觉呈现的诸种高新技术,指出这些视觉技术改变了人们观看世界的模式,尤其是对"移动观看"起到了转换范式的效应;作者李健试图从视觉文化的角度探讨社会转型与大众文化间错综复杂的关系;作者殷曼婷则系统地分析了视觉体制的多重层面及其多个关键词。

"自我形象的自我建构"是这一本书的焦点板块,它将时下流行的自拍行为等纳入研究范域,并着重探讨了虚拟社会中的自我形象构筑和传播等问题。作者董军在文中将自拍视为一种赛博空间的社交表演,从视觉性的视角对其进行了学术研究;作者黄艳将其对自我形象构建与传播这一老生常谈之话题的探讨与虚拟社会这一特殊范畴相结合,从而论出了新意。

"新媒体与视觉文化"板块从移动互联时代的视觉空间、电影字幕的翻译形式和微信的视觉性功能等方面,对新媒体时代的视觉文化传播机制进行探究。作者刘成付以敏锐的观察力对互联网潮流下的视觉空间与文化实践做了理论化的探讨;作者苏状就"Abusive"电影翻译对 Abe Markus Nornes 教授进行了访谈,后者指出了电影字幕翻译中的暴力性问题,并提出了如何解决这一视觉暴力的另一种翻译方法;作者郑林巧妙地将时下最流行的传播工具——微信纳入学术研究的范围内,细究了微信视觉信息的功能组合与传播方式。

"多维视角"板块将学术兴奋点散布于受众式视觉研究、观像方式以及艺术和宣传间的关联等问题之中,以极大的学术张力兼容并纳了各个研究领域。作者庞弘对视觉研究做了后设性的理论反思,重点介绍了视觉文化视野中的受众研究方法;作者汪伟对观像的三种方式进行了相当理论化的阐述;作者汤筠冰对艺术实践、作品与宣传之间的关联做了深入细致的探究;作者李华强考察了中国近代月份牌广告、期刊画报、电影、染织图案等丰富多元的媒介形式,探讨大众传媒如何传播服饰文化和消费观念,进而塑造了近代中国城市的现代生活样貌。

最后一个板块"视觉事件"将研究关注点放置在节日影视中的国家形象构建、冯氏春晚和俄罗斯索契冬奥会中的视觉语码上,探究了这些视觉符号所带来的社会政治效应等问题。作者崔莉萍并不是泛化地讨论节日性的影视传播,而是着眼于国家形象在其中的呈现;作者张桦文以俄罗斯索契冬奥会为例,探讨了城市景观的新"文化资本"的营建与视觉语构;作者王晶以冯小刚所导演的春晚作为研究对象,论述了民间元素是如何介入春晚这一国家仪式的。

在看完《视觉文化传播的嬗变与前瞻》稿样时,本该因"了却一件大事"而轻松些的心情却又沉重起来。因为我看到了诸多报道,其中有一则报道是:美国社交网络服务网站"脸书"(FaceBook)的 CEO 扎克伯格宣布将把虚拟现实(Virtual Reality,简称 VR)作为公司未来发展的方向。微软、谷歌等科技巨头已纷纷投入巨资研发虚拟现实技术。国内的 BAT(百度、阿里巴巴、腾讯)等互联网企业也都开始进军这一领域。正如一位智能专家所说,在 2016 年德国汉诺威工业会展上,当奥巴马和默克尔对虚拟现实赞不绝口的时候,整个科技行业对虚拟现实的热情早已像火焰般蔓延开来。未来,会不会出现沉溺在虚拟现实中,完全脱离现实社会的一代人?人类会不会将越来越逃避现实,活在由虚拟世界构筑的"壳"里?我们对视觉文化传播的学术追踪,似乎在这方兴未艾的"视觉革命"中不断地落伍。这也许就是看完该稿样时掠过的"一丝悲凉"和"几多惶恐"。

但转念间,我却又有了番"阿Q精神":这不正是给我们视觉文化传播研究者提供了绝好的研究机会么?!蒸汽机的发明改变了农业社会,使得人类向工业化社会进发,虚拟现实、人工智能和机器人也将极大地改变我们所谓现代化了的当下社会!我不久前在为《新闻爱好者》所发的关于"新媒体文化"的一组稿件的"编者按"中不无激情地写道:"一百年前,呈现在《新青年》这一印刷媒体上的白话文运动,写就了新文化的辉煌篇章。一百年后,新媒体以迅猛不可挡之势席卷世界,使得人们的思维方式、行为方式、生活方式都发生了翻天覆地的变革。这既是一场生产力的伟大变革,也是一场人类交往的伟大革命,同时,这也是一场史无前例的文化运动。"视觉文化传播,不就是这场伟大文化运动中最为激动人心的精彩篇章吗?复旦大学国家文化创新研究中心和复旦大学视觉文化研究中心将为"视觉文化传播研究"不懈地努力前行,所秉承的也许就是那种老浮士德精神——"你真美啊,请停留一下!"

最后,我要感谢为《视觉文化传播的嬗变与前瞻》赐稿的所有学者,更要深深感谢为此书付出许多心血的汤筠冰、祁林两位副主编。

孟　建

2016年7月18日于复旦大学

目 录

国外研究前沿

视觉和视觉性·前言 ………………………… 哈尔·福斯特（Hal Foster），杨 铮译 3
论视觉性 ………………………… 尼古拉斯·米尔佐夫（Nicholas Mirzoeff），于嵩昕译 7

国内研究前沿

视觉技术与移动观看的转型 …………………………………………………… 祁 林 35
社会转型与大众文化的视觉表征建构 ………………………………………… 李 健 55
论视觉体制的三层面及其三关键词 …………………………………………… 殷曼楟 69

自我形象的自我建构

我"拍"故我在：赛博空间的社交表演 ………………………………………… 董 军 79
虚拟社会中的自我形象构建与传播 …………………………………………… 黄 艳 87

新媒体与视觉文化

移动互联时代的视觉空间与文化实践 ………………………………………… 刘成付 97
"可见的"字幕——Abe Markus Nornes 教授"Abusive"电影翻译研究访谈
 ………………………………………………………………………………… 苏 状 104
微信视觉信息的功能组合与传播方式——视觉文化传播视域中的微信研究
 ………………………………………………………………………………… 郑 林 115

多维视角

论视觉文化视野中的"受众研究"方法 ………………………………………… 庞 弘 127
观像的三种方式 ………………………………………………………………… 汪 伟 135

艺术与宣传的研究谱系 ………………………………………… 汤筠冰　144
近代服饰文化、图案风格与消费美学 …………………………… 李华强　153

视觉事件

节日影视传播中的国家形象初探 ………………………………… 崔莉萍　169
城市景观的新"文化资本"营建与视觉语构——以俄罗斯索契冬奥会为例
　……………………………………………………………………… 张榉文　179
冯氏版春晚：国家仪式的民间介入 ……………………………… 王　晶　184

国外研究前沿

视觉和视觉性·前言[①]

哈尔·福斯特（Hal Foster）

杨 铮 译

为什么称作"视觉"与"视觉性"？为什么使用这两个术语？尽管前者更多强调"观看"这一行为的物理属性，而后者却将其视为社会现象，然而无论是从自然层面还是从文化层面上看，它们都不是对立的。"视觉"也是社会的和历史的，而"视觉性"同样也包括身体与心灵。但两者也并非完全相同，在此，这两个术语之间的差异其实说明了视像内部的一个差异，这个差异同样存在于观看机制以及观看的历史技术之间，存在于视觉材料以及这些材料的话语确定之间——在我们"如何看""如何能够看""如何被允许看""如何被看"以及"如何看待这种'被看'"等诸多方面均存在各种单一和多元的差异。

针对自身的修辞和表征而言，"视觉体制"试图排除上述差异，将多元化的社会视觉性建构为一种基础性的视觉，或将其固化在一种自然而然的观看层级当中。那么，以下两点是重要的：把层叠的视觉内容从关注焦点中剔除出去以及扰乱视觉现实既定的排列秩序（尽管这可能是"看见"的唯一方法）。本书正是为现代社会实现这一观看方式提供建议与路径，这包括一些总体性的计划：第一，更细致地分析现代视觉，强调其生理基础及精神层面——无论是从社会变迁的角度还是从社会颠覆的角度考察都是如此。第二，将视觉社会化，揭示出视觉主体性（所有的作者）以及视觉主体间性的生成（基于一种偏执狂的模式，"主体"被其"他者"威胁，于是一种凝视的辩证法产生了）。第三，从普遍意义上来看，将现代视觉历史化，详细说明现代视觉的主流实践以及关键性的抵抗（这一点为马丁·杰所明确提出，其他人则含蓄暗示）。这种普遍批评的批评主义在本文中得以呈现，同时也需要寻找一种"视觉体制"的替代性方案——这让问题变得更复杂。

但是，为何选择此项主题，或者是这些看法呢？这实在是一个更难回答的问题，因为"理由"不是太多就是太少，"前提条件"不是太过充分就是太过单薄。但是，毫无疑问，几种强大的现代（主义）视觉模式的评论已经形成并发展起来，这已并非什么秘密。比如"笛卡尔透视主义"，它将主观性与客观性相分离，将前者视为超验的而将后者视为滞后的，因而一并指向形而上学思想、经验科学及资本主义逻辑。

再比如当对"艺术表现类型区分"的批评如日中天的时候，它与现代理性主义沆瀣一气，在视觉艺术中突出纯粹光线的重要性，借此，正式的绘画原理得以阶段性成立了。正是在这

[①] 原文选自哈尔·福斯特主编的《视觉与视觉性》（*Vision and Visuality*）一书的前言，该书由西雅图海湾出版社于1988年出版。

一点上,马丁·杰恰恰相反,他指出传统透视画法中的诸多断裂——实践中的矛盾、逻辑中的悖论(例如,透视法被看作是经验真实、普遍有效与惯例、真实、特殊、有效之间的对抗,这是一种"象征形式",它是潘诺夫斯基发明的诸多术语之一)。他还提出一些不一样,甚至完全相反的批评术语。一个是"描绘的艺术",这个术语是属于斯维特兰娜·阿尔珀斯的,它出现在基于制图法则的17世纪荷兰油画中;还有一个是"视觉的疯狂",它是在巴洛克艺术中发展起来的,炫耀崇高主体的晦涩难懂,并强调视觉修辞的习惯。对马丁·杰而言,每一种实践都超越了自身的历史结构,它们不仅在特定的现代主义形式中运作,还被认为在后现代的当下西方挑战了笛卡尔的透视主义,这是为了一种文化的卓越。

乔纳森·克拉里也拒绝任何关于"笛卡尔透视主义"一致性或连贯性的理解与解释。事实上,早在19世纪早期,他就以如下转换锚定其理论位置:从几何光学转换到基于视觉的生理光学,从暗箱范式、诚实的视觉范式、主客体两极对立的范式转向"身体作为非真实视觉的产物"的范式,这种"非真实视觉"是与真实世界的指涉毫不相干的。

这个沿革使其他原本相近的学说逐渐疏离:一方面,它被迫修改或拒绝;另一方面,任何技术发展进程中的线性叙事(从暗箱到摄影),如同现代主义的抽象概念,但凡历史性突破的简单概念都英勇地宣告着透视主义无法成立。此外,"左"派激进分子想要知道,透视主义作为一种认识论的模式,是否偏离了其核心。

但是,歌颂生理因素——视觉的现代主义自主性作为前提,或新自由主义的抽象基准,或更高层面的真相,乔纳森·克拉里将此指代为现代主体性的建构和视觉的重构,感官、身体则作为运行的媒介和客体。顺便说一句,这里的讨论于艺术史而言,意味着其关键理论的严谨,一方面不仅没有预设一个本质的观察者,另一方面没有使观察者严格地局限于文化形式的历史过程——仿佛观看者没有其他的范式,仿佛这些形式在主体生成之前已经存在,并且生成的过程并不复杂。

罗莎琳德·克劳斯在其论文中剖析了现代主义中视觉的无意识性,此外,还有杜尚、恩斯特、贾科梅蒂(瑞士雕塑家和画家)等代表。这些关于视觉的直觉,都与肉体的欲望有关,因而形成了敏感性,并因此否定了视觉相对的物化。现代主义的其他迹象同样表明,这是一个讲求"纯粹释放,纯粹透明,纯粹自觉"的领域。实际上,克劳斯将其视为一个学术支流,因其与克拉里所论证的"视觉生理概念"背道而驰,同时与布雷森、罗斯讨论的"周围环境心理分析"概念亦不相同。特别的是,克劳斯提出了"视觉矩阵"(包括呼吸、心跳、节奏)的存在,它既不为时空所限,也不为高低语境的文化所限,其形式种类复杂,易消解视觉与艺术、文化、历史紧密联系的特质。在她绘制的毕加索肖像中,这种视觉的异质性也表露出来,而这些作品也正是庆祝这一概念的正式提出的力作。

接下来是诺尔曼·布莱森,他认为"视觉又一次被看作对主观性的销蚀"。根据萨特和拉康的观点,视觉作为对他者的凝视,已然消解了主观性。但在这个体系中,布莱森认为,中心的主题仍然被保留——抗争,就像过去那样;而依照现状来看,即使是被弱化、受到威胁的残存的主观性,也使得萨特与拉康多角度地提出"凝视"这个偏激的说法。在某些东方哲学中,布莱森甚至认为,主体的偏离更为彻底。重要的是,这一观点受到欢迎而并非遭到抗拒,因此,"凝视"并未被视为一种恐怖的行为。从艺术的构建及其技巧而言,这对于构建其主观性与空间,有着非常重要的作用。但是布莱森却并未提出其他的传统惯例(尽管这已是讨论的发展趋势),而是提出了新的方式,它足以改变我们习以为常的视觉实践。简而言之,即"视线政治",即最终威胁我们文化的,并非"凝视"这种经历,而是其作为社会的产物,取决于权力而不是自然因素。如果将"观看"理解成为"一件本质恐怖的事情",那么理解"什么使观看变得恐怖",将成为一件更加困难的事。

杰奎琳·罗斯探寻到了视觉探讨中精神层面的隐喻手法,特别是后现代主义作为其基本属性的新空间形式,作者提到詹姆士、德勒兹、瓜塔里和利奥塔等人用"总体社会危机"一词来描述"后现代主义"。而这样的"危机"被反复提及,无论是令人欣喜还是遗憾,它总是出现在精神生活瓦解的时候:社会成为精神分裂症患者。作者质疑这种精神分析法的使用,特别是此概念一经提出,它的负面效应即迅速挥散。性别间的差异被抹去(女权主义的公民权被剥夺),精神生活被净化(它的痛苦来源于我们的快乐)。作者认为,无罪的性别和精神包含了图像的纯粹性,仿佛在精神分裂视觉前存在着即刻的视觉。理论上仍然不能确定的是,她推断这种精神分裂的比喻也许存在政治上的危险性,特别是当面对被压制的权利,就像打开了恐怖和欲望这些无意识的闸门。

即使并未预设所谓的讨论范围,但它却客观存在。当然,整体的讨论集中于后结构主义和精神分析的主体和映像。视觉作为一个可替换上述术语的结构体而被研究。在这点上,女性主义者对性别的精神叠加因素和图像尤其重视,因其基于性别差异且被欲望撕裂。这些见解已逐渐形成,大体是艺术史中"感知主义者"和"形式主义者"(特别是艺术理论"形式主义者")的解构。在这方面,此次讨论也和"反基础"评论结盟,例如基于自然认知论的艺术史;再如,当代关于历史化的大行其道也显得至关重要,因为讨论的前提条件是认识到视觉也是有历史的,而这是与"视觉性"的区别之一。视觉的"政治无意识"及其构造的"考古史"可能令人想起詹姆士和福柯观点的强大影响。有争论提出,是否需要以更世俗化的角度来考察视觉现象,这也就意味着,对每一位读者而言,这种考察会更为具体与特殊。

但是,性别歧视者、异性恋者和种族歧视的恶意,在西方大都市通过男权社会和分裂的政治经济体系不断深化,这使得我们不得不改变某些讨论并告知对它们的反应。对将我们包围的全新图像技术和主体视线、观看技术,情况也同样如此。

最后一篇——关于透视主义的文章,生理视觉的关联、对于"凝视"的分析等这些都已不是新概念。数十年前,潘诺夫斯基(美国物理学家)就已指出透视的传统;海德格尔则认为视觉与主体合谋形成主控权;梅洛·庞蒂(法国存在主义哲学家)着重强调"视觉的生理性";拉康提出"凝视的精神消费"观点,以及法侬建构了"殖民主义输入"理论。但当下的讨论与上述理论有着显著不同:主要是对之前分析的局部质疑。因此,罗斯提出,上述评论建构了哪些积极的术语?(例如,如果这是形成精神干扰的特权,在无意识中我们是否想要寻找一个可代替的视觉领域?)马丁·杰则告诫后现代对"疯狂的视觉"的庆祝。(例如,什么随着透视的距离丢失了?)这些质疑并未打算纠正当代的视觉分析,而是恰恰保留了其中的核心所在。未将局部趋势变为整体传统,未将多元差异变为激烈反对,在这一点上,也出现了寻求视觉性代替物的评论,无论是否定位于无意识或身体,无论处于过去的时代(如巴洛克时代)或非西方地域(如日本)。它们出现的理由如此接近,即并非阻止上述差异,而是开放差异,以至于替代项不至于雷同或完全以其他的形式出现——如此,多元的视觉性得以保留,视觉的差异性也将始终存在。

作者简介:哈尔·福斯特(Hal Foster,1955—),美国著名艺术批评家和艺术史家,现任普林斯顿大学艺术与考古系讲席教授,美国《十月》的编辑。曾主编著名的《反美学:后现代文化论集》(1983年),成为后现代批评家的杰出代表。他的批评实践活跃而多元化,著述甚丰,从早年的《重新编码:艺术、景观、文化政治》(1985年)、《强迫性的美》(1993年)、《实在的回归:世纪末的前卫艺术》(1995年)和《设计之罪》(2002年)等等,到近期的《第一个波普时代》(2012年),迄今共计15本之多。2010年,他获得了克拉克艺术中心颁发的"杰出艺术写作奖"。2013年,他获得了美国大学艺术学会颁发的马瑟奖。

译者杨铮为湖北文理学院文学院新闻系副教授。

论视觉性①

尼古拉斯·米尔佐夫（Nicholas Mirzoeff）

于嵩昕 译

在批评性实践领域中逐渐闻名的视觉文化从哈尔·福斯特（Hal Foster）编撰的文集中获得了标志性的推动力，这部文集名为《视觉和视觉性》，距今已有18年的历史。文集标题中的两个术语分别是指视觉的生理过程和视觉性的"社会事实"，不过，福斯特并不同意将两者如此简单地区分，而是提出两者具有辩证的交叉关系，能够产生新的作用并将单一的主导性文化或资产阶级文化广泛传播。为此，众多学者应用后结构主义、精神分析、艺术史和历史学的工具为西方现代性中视觉和视觉性的这种状况制定了雄心勃勃的计划。"视觉性"本身是少有的几个并未发生巨大变化的关键术语之一，它远非后结构主义的艺术学词语，事实上，复杂而备受争议的苏格兰历史学家托马斯·卡莱尔（1795—1881）在19世纪30年代晚期率先使用了"视觉性"及其他相关词汇，如"视觉化"。福斯特的解释尽管确实承认了历史前辈如潘诺夫斯基（Panofksy）的重要性（Foster,1988:xiv），但是，不足为奇的是，在当时的讨论中，卡莱尔并非主角。正如一个研究卡莱尔的权威批评家所做的典型描述，"卡莱尔毫不掩饰的反民主精神、自我放纵的文风、毫无羞耻的种族主义以及可深切感触的性别歧视，让当时的人们对他几乎毫无好感"（Levine,1997:45）。不过近些年来，针对19世纪的研究已经重新审视了那个时代的总体观念和卡莱尔这样的个案。对这个时代的研究并没有聚焦针对处于统治地位的资产阶级的批判，而是强调时代的复杂性（Joyce,1994），并争论如"表征"这种术语的地位（Plotz,2000），而且最重要的是，对这一切的理解都与帝国主义相关（Hall,2002）。在这种语境中，卡莱尔作为一个关键人物浮现了出来。他反对从法国大革命衍生出来的宪章运动、全景敞视主义和所有的解放运动，他想象了一种道德帝国主义，由视觉化叙事中的伟人领导，而这种叙事在那个时代逐渐产生了巨大的共鸣。实际上，在这个基督精神激发帝国主义冒险的时代里，他的观点在当代也并不陌生。对于那个时代解放运动中的许多关键人物而言，卡莱尔的英雄视觉形象必须被踩在脚下，正如马克思将黑格尔踩在脚下，以便创造一种可能性的感知。这些策略可以被视为视觉主体现代生产的一部分，视觉主体是一个人，他既是视觉的中介（无关"看"的生物机能），也是视觉性话语的客体。在许多案例中，视觉主体性的诉求是西方国家中对多数主义身份地位的一种普遍性诉求。对于大英帝国文化来说，卡莱尔视觉英雄主义话语的核心在于，任何对主体性的诉求都无法规避视觉性。视觉性共鸣蕴含着矛盾，其根源在于：作为视觉文化

---

① 原文刊载于《视觉文化杂志》（*Journal of Visual Culture*），2006(1):53-79。

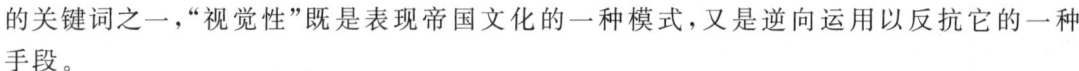

的关键词之一,"视觉性"既是表现帝国文化的一种模式,又是逆向运用以反抗它的一种手段。

视觉性(1988年)

福斯特1988年文集的导言被持续而广泛地摘引,因为很少有人像他这样如此努力地去界定"视觉性"这一术语(Rose,2003),因此,他的套路依然非常重要。在开篇中,福斯特提出:"尽管视觉意味着'看'是一种生理过程,而且视觉性的'看'是一种社会事实,但两者由自然到文化却并不矛盾。"朱迪斯·巴特勒(Judith Butler)以及其他学者的一些批评性作品已经行之有效地减少了自然/文化的区隔(Butler,1990;Halberstam,1998),这种做法在对待视觉与视觉性之间的区隔时也更加明显:

> 这两个术语之间的差异标志了视觉内部的一种差异,也标志了我们如何看、我们能如何看、我们被允许如何看,或我们被强制如何看,以及我们如何看见其中可见的和不可见的东西。(Foster,1988:ix)

不过,这些差异都被认为是分别受到一种"视觉体制"的控制,并被带入"一种根本性视觉"。《视觉与视觉性》通过讨论视觉的生理机能和心理摄入,试图打破两者均质化的过程,并"使视觉社会化",也使其主体性的生产社会化。视觉性与"作为主体间性的视觉性生产"之间有一种张力,将个体视觉性置入这种张力中,可以获得对"凝视的辩证"的理解。这种做法的总体方案是试图"使现代视觉历史化",从而产生需要被界定、被确定并被质疑的历史。事实上,这是一个雄心勃勃的计划,而且,很明显它具有久远的重要意义。不过,正如自然/文化之间不断降低的区隔所示,用以支撑这种区隔的批评机制经常会忽略概念上的困境。马丁·杰(Martin Jay)采用了电影理论家克里斯蒂安·麦茨(Christian Metz)的观点,后者认为一个给定的"视觉体制"在一个特定的时代拥有霸权(Jay,1988:3;Metz,1982:61)。马本·杰反对笛卡尔哲学传统的主导性,他认为西方的现代性应该"被理解为一个处于竞争中的领域,而不是一个视觉理论与实践和谐地整合在一起的复合体"(Martin Jay,1988:4)。马丁·杰将这些处于竞争中的视觉性命名为"视觉亚文化",这是从文化研究的伯明翰学派借来的术语。当雷蒙德·威廉姆斯(Raymond Williams)在他的经典著作《文化与社会》(*Culture and Society*,1958)中拿出一章论述卡莱尔时,这个术语对于视觉性而言显得非常合适。在亚文化方面考虑视觉是一种很具煽动性的理念,它意味着对视觉和视觉性的一种审视,正如跟随威廉姆斯的保罗·吉尔罗伊在一个不同的语境中所称谓的"感受、生产、传播和记忆的结构"(Paul Gilroy,1993:3)。事实上,马丁·杰提出了一个方案,他承认这种方案是暂时性的,但与文艺复兴和巴洛克式的"看"的方式相反,"文艺复兴"被分割为"透视的"和"描述的"模式。乔纳森·克拉里运用类似的语言介绍了他为人熟知的理论——"暗箱"的崩塌,"暗箱"作为断裂性视觉的一种模式,处于"西方视觉推测和观测传统的主导范式中"(Jonathan Crary,1988:29)。

作为对启蒙及其解放进行保守性批评的视觉性，如何在现代性这个特定而亢奋的运动中出现在西方话语中？本文通过对此问题的研究，探讨了视觉性的观念，而后论述了"亚文化"实践是如何挪用、逆用、遮隐了这种观念，使之成为获得那些解放的一种途径。

革命与启示

托马斯·卡莱尔在1837至1841年间的一系列作品中使用了名词"视觉性"和动词"视觉化"，这些作品被构想用于创造精神的良药去治愈现代性的问题，不过，现代性却是帝国主义强有力的支撑。这两个术语与他作品的理念一致，是为了使"历史之眼"形象化（1989［1837］：8）。他并不是要据此谈论客观性，那是现代历史学家和卡莱尔的同辈如利奥波德·冯·兰克（Leopoldvon Von Ranke）所推崇的。与其他同时期学者麦考利（Macaulay）不同，他反对历史研究中的技术性工具，如档案，甚至是图书馆（Rigney，1996：348；Schoch，1999：27－30），他将其视之为"书呆子先生"的产品（Carlyle，1843）。对于卡莱尔而言，历史远非事实的堆积，而且历史学家们本身就是可疑的，因为他们将事件呈现为"连续性的"，"但是事情的发生常常是'同时的'"（Schoch，1999：29）。为了捕获这种"同时的"特性，卡莱尔想表达一种"整体性的理念"（Rigney，1996：344），他采用的方式是他所谓的"一系列生动的图像"（Schoch，1999：38）。可以说，这些图像是"历史画"，它们能在单幅画框中保持一个叙述角度，很久以来，这种能力为人们所喜欢。视觉性以一种清晰易懂、直观可视的方式使现代生活中繁杂琐碎的事件井井有条、清晰明了。重要的是要注意到，卡莱尔很明确地反对那种新的视觉生理机能（Crary，1988，1991），在这种观念中，"看"和"理解"是相同的过程。例如，英国科学家大卫·布儒斯特（David Brewster）在1832年解释道：

> "思想之眼"实际上就是身体之眼，视网膜就是普通的写字板，两种类型的印象都被印在上面，通过这种方式，它们获得了视觉的存在，并依据相同的视觉法则。（Smajic，2003：1115）

依照那个时代英国作品中的惯例，卡莱尔区分了"向内的"和"向外的"视觉印象，他认为两者都是毫无意义的，除非由内在或精神之眼所激发，此眼一开，无心的"观者"（observer）便可转化为有心的"看者"（seer）（Smajic，2003：1118）。同音异义的"观者"（see-er）和"看者"（seer）的区别，源于卡莱尔试图强调一种精神激发的历史视觉景象。

1789年7月14日，圣安东尼近郊的"长裤汉"攻占了巴士底狱，这种视觉化的历史可以在卡莱尔对此事的描述中看到。针对历史上的一个小人物——竞选人杜里奥（Thuriot），卡莱尔运用他的"历史之眼"使事件明晰：

> 但是，看外边，啊，杜里奥，人群那样地奔涌，如泉水般冲洗着每条街道；警钟狂躁地鸣响，鼓声击打着一切；圣安东尼城郊翻滚而来，完全就如一个人！如此的视觉景象

(如幻似真),啊,杜里奥,当你从"视觉的巅峰",在此刻注目:千万种梦幻的预言,胡言乱吼的"幻象现实",你尚未看见,但一定会看见!(Carlyle,1989[1837]:198)

从卡莱尔"视觉的巅峰"中,历史学家能够看到"未来",但历史人物当然无法看到。他的"革命"被视觉化为一幅图像,配有声音效果,成为一部幻象现实的戏剧。他的同辈赏识他作品中非同寻常的特性,朋友拉尔夫·瓦尔多·爱默生(Ralph Waldo Emerson)在1837年写给他的一封信中赞扬他的新风格,并断言:"我认为你在图像中看见了。"爱默生的评语意味着有可能看到图像之外的意涵,那是一系列不相关的形象和意象。仅有感官数据是无法形成这个意义上的图像的,这里的图像似乎预感到海德格尔(Heidegger)声称的"世界图像时代"的到来。爱默生思考着卡莱尔图像化的书写,饶有兴趣地继续说道:"他的书写具有巴比伦的遗香。"爱默生的这个比喻暗指现代都市的复合体(Lavally,1968:12)。卡莱尔要称作"视觉性"的这种图像化视觉,是史前的,也完全是现代的,是一种向深渊敞开的现代性。

卡莱尔的图像化历史是在回应他所谓的"'织布机时代'及这个时代的'法国大革命'和'犹太人启示'"(Carlyle,1989[1837]:ix),他将"法国大革命"和法国犹太人的解放联系起来。现代色彩的机械化混乱与他父权的传统观念深刻地对立着,不过,他意识到必须对此做出回应。政治革命与获得自由的启示如此地纠缠在一起,导致了"我们事务的错乱状况"(Carlyle,1855:2),这里他要表达的是启蒙运动事实上宣告了一个非理性时代的到来,而非践行其所声称的以实现合理性。普通人永远倾向于联合起来形成"革命",与他们的幻象现实相对照的是,卡莱尔创立了一种视觉化的历史形式,由英雄们主导。在演讲《论英雄》中,他认为只有英雄才能在历史发生的时候通过视觉看见历史,英雄的视角对于普通人来说是模糊不清的,因为他们处于解放的幻象和梦幻中。卡莱尔设想的历史之眼可以涵盖他所谓的"清晰的视觉性",通过历史的小演员自身去"可视化"不可见的事物(Carlyle,1993[1841]:此处与下文都引自OH)。那么,视觉性就是历史的清晰图像,英雄可以凭之看到历史的发生,史学家可以借此回溯。普通人是看不见的,他们只是简单地看到事件,却没有形成视觉性。由此可见,卡莱尔的"视觉性"这种新提法很明显与边沁主义的改良理论相对立,后者已经成为圆形监狱视觉机制的缩影(Foucault,1977)。卡莱尔所关心的是要为他反解放的保守主义模式提供历史和理论的支持,抵制后来的"边沁(式的)宪法"、宪章运动以及奴隶解放。在他看来,站在黑暗的现代性浪潮对立面的英雄是:

> 富有生命的光之源泉,接近他不仅有益,而且快乐。他的光正在照亮,并已经照亮了世界的黑幕;这不仅仅是点燃的灯火,更像是一个天然形成的发光体,源于天国的恩赐;如我所言,他就是原初便具有天生慧眼的、充满男子气概的、英雄般高贵的、流动着的光之源泉;在他的光芒中,所有的灵魂都会感到与之相伴是多么的美妙。(OH:2-3)

这种视觉化的"英雄"既是启蒙的真正根源,也是它最初的开端,是一种时间上的飞跃,只能在视觉化的书写——图像中被理解。

启蒙运动是在卡莱尔的历史观中被翻转,成为反理性的,如他所断言,世界是"奇幻"的,对于那些"思考"它的人来说更是如此。"英雄"搏斗的对象是"时间的伟大奥秘……这种力量并不是我们"(Carlyle,1991:9)。虽然卡莱尔将他的作品描绘成历史,但他的英雄谱系略去了标准的时间年代,而且推崇"传统",贬低"理论建构"。路易斯·达盖尔(Louis Daguerre)和威廉·亨利·福克斯·塔尔博特(William Henry Fox Talbot)之后的作品刚刚宣布他们在摄影器材方面的成功,卡莱尔便宣称:

>"传统"是多么巨大的"暗箱"放大镜!……让我们足以去领悟那个巨大"暗箱"影像中心闪耀的光芒,即便它很微小,距离无比遥远;它的中心并非疯狂而空无,而是理智值得注目。(Carlyle,1991:23)

这段话要比想象的更具有预见性,因为摄影放大的照片是即将到来的技术进步。即便"暗箱"是已经落后的一种生理感知模式(Crary,1991),但它揭示了而非蒙蔽了"时间"中固有的那些真相,卡莱尔将此"时间"称为"传统"。这种反理论化、反编年史的"历史"如一道光穿透相机里的黑暗,怀揣着希望去保存理智,这种理智是从挪威众神并经由莎士比亚、但丁、歌德(卡莱尔并不按时间顺序)到"众神黄昏"所遗留的传统。

在对但丁英雄主义的评价中,卡莱尔认为《神曲》就是一首"歌曲","它的每一段都是用炙热的诚挚打造成的真实,具有清晰的视觉效果",成为一幅"画作"(OH:79)。有趣的是,从"视觉性"这个特定的概念衍生出来的是多媒介术语,连接着艺术、文学和音乐,正如卡莱尔所坚称的,"但丁的绘画不仅是图像的,它简洁、真实,生动得就如黑夜中的火焰"(OH:80)。这种形式的语言带来了明确的视觉比喻,即便它的精神形式使其意义有些晦涩难懂,甚至是不可知的。卡莱尔创造了一种视觉的柏拉图主义,只有人类才被期望去看到洞穴墙壁上的影子,人类的背后是"宏大、深刻、神圣、无限的无知,无论行至何方,我们都无法穿透,一切科学都在其中游荡,好似一部肤浅的电影"(OH:80)。卡莱尔在这肯定不是最后一次提出对电影业似乎是预见性的期望,博德里(Baudry)和其他学者也提出过相关理论,卡莱尔要指明的是现代性使瓦尔特·本雅明(Walter Benjamin)所称的"视觉无意识"达到的具体化程度。卡莱尔提出的是悲观主义辩证法,在其中只有"英雄"毅然反对"民主、自由和平等的呼声,而且我毫不了解——那些记录都是伪造的"(OH:12)。需要普通人做的不是获得视觉性,而是去崇拜英雄,彻底服从英雄的半神权威。

英雄主义不可避免地将性别定位于充满活力的男性,这与殖民主义观念中固有的男性气质相一致(Levine,2003:258-9;Wilson,2003)。如帕姆·莫里斯所说:"英雄将一种特定的男性民族理想具体化;英雄的男性气概极力驱离文化柔弱化和种族退化的危险"(Pam Morris,1999:288)。具体化并没有被卡莱尔的视觉性理论所否定,而是转化成英雄气概的一种特定形式。这种观点无疑将英雄和历史学家并列起来,他们都反对现代性的混乱(Rigney,1996:

351)。卡莱尔将英雄和英雄崇拜当作"现代革命史的一个支点"(OH:15),事实上,他将这个点变成了两个点,以代表英雄及其崇拜者——历史学家。英帝国的视角是复杂的,甚至是自相矛盾的。卡莱尔有关英雄主义的作品都很好地被采用了,除了他的新用语问题,包括下面要谈到的"视觉性"术语。在《每月评论》(The Monthly Review)的一个具有代表性的通告中,卡莱尔的作品被认为是过分的而且是德国式的:"就文章的风格而言,没法采用比卡莱尔先生更危险的模式了。假如我们大多数作家都模仿他,那么我们的语言很快就会非英语化。"(Barrett,1997[1841]:97)作者约瑟夫·巴雷特(Joseph Barrett)毫无疑问会提醒读者们,卡莱尔人并非英格兰人,也就是说,他是苏格兰人,这样可以引起大家对他作品异类用语的注意。1835年,卡莱尔的一个竞争对手,历史学家托马斯·巴宾顿·麦考利(Thomas Babbington MacCauley)将正统的英帝国臣民定义为善于模仿的人(Bhabha,1994:81),而卡莱尔被评价为"一位很高水平的原创者"(Barrett,1997[1841]:97)。对于多疑的英帝国头脑而言,大英帝国就是英语的帝国,它的凯尔特边缘地仍然是非英语的,那是与"类人猿"更为接近的一个阶段,那里是最近的时候才获得的殖民地,这正是评论家提醒读者的。正如吉尔罗伊所言,被设定的这种"英语风格"同质化所产生的紧张不安需要与"超国家的帝国世界"相结合(Gilroy,1993:11)。确切地说,它意味着要将视觉性当作废奴运动和"英格兰状况"之间的一种对比,下文将有详述。

反英雄者

显然,卡莱尔一直考虑将英雄置入复杂的帝国系统中。他所推崇的解放与拯救无所不能的英雄主义愿景挑战了边沁主义的改良监狱模式,这种监狱模式之后被福柯及其他学者认为是19世纪视觉秩序的霸权模式。一个由英雄统治的世界需要严格对待反英雄者。例如,对惩罚和改革前景的意见冲突使两者的争斗在澳大利亚的殖民历史中留下了印记,澳大利亚曾被称为"古拉格(gulag)大陆"①(Perera,2002:9)。尽管边沁100页的宣传册《圆形监狱与新南威尔士州》(The Panopticon vs. New South Wales)倡议在澳大利亚建立圆形监狱,但是,作为罪犯流放地的殖民地明确地拒绝了边沁的全景敞视主义。"流放"被认为与监狱改革相对立,但仍然被施行。澳大利亚的罪犯曾一度被要求为政府劳作,以期刑满释放成为合法人群,从而摆脱刑犯的身份,成为正常的公民,不过,他们永远都要面临触犯法律就会被收押的威胁。同时,由于释放已经成为白人罪犯的目标,原住居民就不可能获得了。1860年,新成立的"保护澳大利亚原住民委员会"建立了原住民收容集中营,以使原住民和公民相区隔(Perera,2002:18)。这些集中营将不同语言和不同地区的原住民分离开来,用牛栏相隔。官方所期望的是"纯血统"原住民以一种简单的方式灭绝。解放对于一些人来说是有条件的,而对于其他人则完全不可能,这些无法解放的人则被迫成为隐形人。

---

① 译者注:gulag 意为集中营。

如此一来,卡莱尔的观点就不足为奇了,他认为罪犯是"魔鬼军团的同伙",不应以仁慈的方式对待他们。一个得力的监狱长"会非常迅速地将他们驱逐到诺福克岛(Norfolk Island)、某个特定的罪犯流放地或国内遥远的荒野中、某个石墙围起来的禁声系统(silent system)中"(Carlyle,1855:14)。诺福克岛临近新南威尔士州海岸,是罪犯流放地中的流放地,1825年之后,那里采用极为严厉的措施训罚拒不服从的罪犯。"禁声系统"是19世纪在监狱中采用的强制沉默管理措施,边沁曾强烈反对:

在孤独的状态里,孩童般的迷信、幽灵、鬼怪常常会出现在妄想中。这本身就是不采用这种惩罚方式的充分理由,它会摧毁心智的力量,产生无法治愈的悲伤。(Semple,1993:132)

边沁看到的是一种不常采用的惩罚措施,它成为一种体制,卡莱尔和其他保守主义者对此表示支持。卡莱尔的"视觉性"反对全景敞视主义成为视觉秩序的一种模式和规训的一种特定体制。其"视觉性"仇视社会改革和解放,提供了一种历史图像化的现代模式。整个19世纪,这种模式都与全景敞视主义和自由主义在实践和理论成果方面进行斗争。

英雄观察者

卡莱尔反解放的"视觉性"定义使人想起克拉里被广泛引用的观察的历史,它设想了从"暗箱模式"到具体化观察者的根本性转变。正如我们所见,卡莱尔想象了作为视觉性中介的具体化"英雄",其处于传统的暗箱之中。这两种不同假设模式之间的交叉在歌德(Goethe)的案例中有集中的体现,而歌德对卡莱尔有着巨大的影响。克拉里的作品体现了歌德的《颜色论》,标记出了新旧模式的断裂,而这恰恰是"我们现代性的门槛"(Crary,1991:71)。同时,歌德也是卡莱尔"选定的文人英雄典范",他认为歌德拥有"一种视觉能力,可以看清内在本质的神圣奥秘:不可思议的是,世界从他的作品中浮现出来,被再度想象为与神相似,仿佛是神的工艺和殿堂"(OH:136)。这种描述可能会使人想起透纳(J. M. W. Turner)的画作《光与色(歌德的理论)——洪水灭世后的清晨——摩西书写〈创世纪〉》(1843),作品描绘的是洪水之后重新浮现的世界(见图1)。这幅画被克拉里引用,并作为"观察者新地位"的证明。这幅画创作于卡莱尔《论英雄》出版的两年后,也可以说它创造了一个案例,去阐明卡莱尔"暗箱"传统理论中的"英雄",以及歌德"平和的天国光辉"的景象(OH:136)。

与其强行将透纳的画作归入某个试验性的类别,可能更应该将之视为与视觉性进行的斗争。有关《光与色》及其后续画作《阴霾与黑暗——洪水灭世之夜》(*Shade and Darkness:The Evening of the Deluge*,1843)(见图2)的学术文献充满了对牛顿、歌德和透纳笔记的研究。在延展的回旋中,有时似乎根本不可能将任何确切的含义归之于两幅画作(Finley,1999:200-8;Gage,1969:173-88)。《光与色》画中处于主导地位的那个圆环被克拉里视作太阳,而杰拉德·芬利(Gerard Finley)则解读为歌德"'渴求光'的棱柱型水泡"理论的一种展示。或许

图1 透纳(J. M. W. Turner)《光与色(歌德的理论)——洪水灭世后的清晨——摩西书写〈创世纪〉》Light and Colour (Goethe's Theory) —The Morning After the Deluge—Moses Writing the Book of Genesis,1843,伦敦泰特(Tate)美术馆,2005 年

是因为奇特的矛盾状态,画中的象征性元素并未被足够仔细地研究过。《光与色》呈现的是洪水刚刚过后的那个史前时刻,历史从那里重新开始。后来的画作《站在阳光中的天使》(Angel Standing in the Sun,1846)(见图3)也被克拉里所引用,与之不同的是,1843 年那幅画中间的那个人形很难被看出来,这种对清晰的拒绝同样挑战了视觉和视觉性。事实上,"摩西书写《创世纪》"在其画中本身就有时代错误,因为洪水之后的时代远远早于摩西的时代。德里达(Derrida)把将来完成时这个时态说成是幽灵的时态,这幅画将摩西置于这样的时态中,似乎是说"摩西将要完成《创世纪》"。画作右下角成群的溺水鬼魂正是在加强这种幽灵效果,这些鬼魂也在预示着"审判日"的到来。这些溺水的身影——让人想起"阴影"(shades),这个词在那个时代也有鬼魂的意思——也和透纳的《奴隶船》(The Slave Ship,1839)产生了视觉上的联系,这艘船上溺亡的非洲人使人想起全然不同的"堕落"和迁徙(Gilroy,1993:13-14)。在画作的边缘,透纳抄录了歌德的色彩理论:"没有什么关于阴影或影子的东西会如同绘画的或视觉的影子和阴影。"(Finley,1999:203)透纳认为,在与光的张力中,黑暗是一种积极的视觉力量,而非只是简单的缺少光。所以,尽管《光与色》很明显是关于光的,但它也同样在字面上和图像中为阴影找到了一个位置。在关于歌德的作品中,卡莱尔引用了歌德的不可能摆脱"我们自己的阴影"的格言,之后评述说:"无论何处,人类灵魂皆处于一半光明、一半黑暗之

间。"(Harris,1978:80,62)透纳有关这幅画作的短诗源自他的诗作《希望的谬误》(*The Fallacies of Hope*),基督教末世论有洪水之后便是清晨的救赎承诺,透纳的诗题揭示了这种承诺的虚假:

> 方舟牢固地停靠在阿勒山上;升起的太阳
> 使地面潮湿的水泡蒸腾,它们每一个都渴求阳光,
> 反射着失去的形状,穿着棱形的衣装
> 希望就是先兆,短暂如夏日的蝇虫
> 浮现,掠过,膨胀,死亡。

图2 透纳《阴霾与黑暗——洪水灭世之夜》(*Shade and Darkness*:*The Evening of the Deluge*,1843),伦敦泰特美术馆,2005 年

鬼魂就是短诗中"失去的形状",它们来了又去,就如夏天的苍蝇。画中这些比喻和时代错误较少引起关注,可能恰恰是因为如果注意这些方面会降低其启蒙的现代性,并引发对其迷信和超理性维度的关注。画作不去解决歌德与牛顿、浪漫主义与启蒙运动、宗教与理性的争端,而是去表现在时间与空间方面不稳定的现代性,它被大西洋奴隶贸易的鬼魂与启蒙运动纠缠着。

图3　透纳《站在阳光中的天使》(*Angel Standing in the Sun*,1846),伦敦泰特美术馆,2005 年

双重视觉性

透纳拒绝评判可见的、不可见的、阴影中的和被想象的,如此一来,福斯特文集中视觉与视觉性的对立就被复杂化了。在《观察者的技术》一书的结论中,乔纳森·克拉里为我们提供了二选一的观察方式:

> 一个方式指向的是对新近获得权力的身体产生的视觉统治权和自主权的多重确认,处于现代主义及其他地方;另一个方式指向的是具有预见能力的身体所拥有的智慧促使观察者的标准化和管制不断增加,产生了依靠视觉抽象化和形式化的不同权力形式。(Crary Jonathan,1991:150)

这个论述的目的有值得关注的特点:正是视觉内部的张力有效地取代了视觉性。一方面,具体化的视觉会被"现代性"这个浪荡子的"统治"权所集中呈现,因此有了波德莱尔(Baudelaire)的"王子在每个地方都隐瞒自己的身份"。另一方面,源于那种视觉形象而进入抽象图式的正式知识组织处于现代科学的中心。而视觉性既不是身体的属性,也非可以计量的抽象物,因而消失了。卡莱尔讲演之后的十年,一个核心的政治和文化争论被忽略掉了,它

涉及谁或什么被视为"英雄"。19世纪40年代,大不列颠从宪章运动到贵族统治的所有政治旨趣都在商讨对策以处理与卡莱尔视觉化英雄话语的关系(Morris,1999:287)。换言之,这个争论根本无关视觉,而是关于表征,它的构想处于视觉化的术语中。英雄领导地位及其施展视觉性的核心问题是谁最有能力去施展视觉性。夏洛蒂·勃朗特(Charlotte Brontë)——卡莱尔理论的批评性仰慕者——在她的作品《雪莉》(*Shirley*,1849)中写道:托利党(Tory)首相"威灵顿(Wellington)是英格兰的灵魂……是一个强大、坚毅、明智、诚实的国家的恰当代表"(Morris,1999:288)。托马斯·阿特伍德(Thomas Attwood)以一种相似但是对立的方式在1839年7月呈递宪章派请愿书时声称:"他们将证明伯明翰人就是英格兰人"(Plotz,2000:88)。也就是说,宪章派和激进分子声称他们的政治运动明确陈述了他们的愿望和目标,国家必须对此做出回应,因为宪章运动者就是这个国家。对此做出的最强大回应来自卡莱尔迅速写成的书《宪章运动》(*Chartism*,1939)。卡莱尔争论说:宪章运动的人群"内心深处无能力表达且口齿不清",他们宣称一些东西,但无法说清楚到底是什么(Plotz,2000:97)。这些人只是"发病"似的宣称,对此,卡莱尔提出了著名的"英格兰状况"。我们可以预见到,卡莱尔对工人阶级问题的解决方案是将他们迁徙到殖民地去(Carlyle,1915[1839]:234-8)。"帝国"成为解除英格兰疾病的药方。正是宪章运动的影响促使卡莱尔创造了视觉化英雄的理论。他声称这个问题是由"放任自由"导致的,然而"工人阶级再也不可能脱离政府而生存下去;不可能真正离开领导和管控"(Carlyle,1915[1839]:19)。他采用的权宜之计是回到由"最优秀、最勇敢"的人构成的"真正的贵族社会"(Carlyle,1915[1839]:201)中去。卡莱尔强调这是个帝国的问题。他说,既然已经征服了世界,那么"世界史中的英格兰人"的第二任务就是"如何分享果实和所谓的征服"。无法完成这种任务的方式是边沁主义者的"选举权、投票箱、代表大会"(Carlyle,1915[1839]:214)的理念。简言之,英雄视觉性的话语及其世界图像是对世界历史分配给英格兰人的帝国任务的特定回应,是为了遏制民主并提升少数精英主导的柏拉图式的精英社会。视觉性是政治和文化话语对表征意义的一个争论点。表征只能通过英雄的男性身体达成,还是其他人也可以代表?那些"其他人"是个体的还是一种集体表征?在都市和殖民地中的庶民群体和亚文化群体如何实现表征?

关于现代性的类似问题在庶民研究中也被广泛地提及。以安东尼奥·葛兰西(Antonio Gramsci)作品中的术语"庶民"(subaltern)为例,这种研究在追问历史如何能够接近那些被认为是历史"之外"的人,如农民和印度殖民地的达利人(Dalits)。视觉性人物出现的年代与马克思资本理论的年代相同,在对后者的研究中,迪佩什·查卡拉巴提描述了两种模式的历史。"历史一"的历史取决于资本,资本自身就是其存在的"一个先决条件";而"历史二"即便将资本作为一种预见性的东西,历史也无法写进资本的历史中,所以,历史就被排除掉了(Dipesh Chakrabarty,2000:4-63)。查卡拉巴提试图恢复"历史二",但并不赋予它特权使之成为新的具有主导性的"历史"模式,也不将它作为"历史一"的辩证对立面,而是建议"'历史二'最好作为承担一定功能的范畴,时常打断'历史一'总体性的驱动力"(Dipesh Chakrabarty,2000:66)。这种双重的交互作用为思考视觉性提供了一种模式,视觉性既可以在个体和集体两个层面包含其具体化的维度,同时也可以作为文化与政治的表征。这样看来,"视觉性一"是一种叙述,它专注于现代性连续且易于理解的图像形成,可以在实践中——甚至是英雄主义的实践中——采取行动。规诫视觉的新方式对适于资本的视觉性的形成具有更加重要的意义,比如,19世纪40年代对产业工人开始进行的色盲测验,完全不顾他们按现代标准所呈现的工作效率。如此一来,在泰勒(Taylor)和福特(Ford)的体制中达到顶峰的现代生产过程开始依赖一种反射性的手眼并用,这要在运动中训练,通过分发使用矫正性的透镜来完成,并用视觉测试来控制(Smith,1993)。"视觉性二"是自我或集体的图像,它超越或先于被资本与帝国带入视觉商品化的企业。这种视觉性的一个版本是"非理性的现代主义……从适宜的逻辑中……逃走了"(Jones,2004:24),如达达主义(Dada)的特定形式。卡莱尔对这种视觉性的推崇清晰地论述道,这种特征描述并非意味着"视觉性二"必然是政治上激进的或进步的,只是说它不是资本"生命历程"的一部分。"视觉性二"有许多种形式,以至于差异性就"存在于与资本亲密而多样的关系中",有的敌视资本,有的保持中立(Chakrabarty,2000:66)。这两种视觉性模式在一个二元体系中并不对立,而是以一种解构的方式运作,两者处于差异性的关系中,这种关系一直延宕下去。

从这个意义上说,视觉文化就是"视觉性一"和"视觉性二"碰撞、交叉、互动的产物,处于资本的世界图像和不能商品化或规诫的图像之间。"文化"一词是在其19世纪令人兴奋的意义上使用的,以界定表征的各种可能性(Williams,1958)。这种戏剧性的场景被马克思明确地描述为"所有固体都融化进了空气",而卡莱尔则反过来将之描述为"混乱",对争斗敞开大门,以在持续变化的环境中获得表征。尽管两种视觉性将不同的价值置于持续的流动性中,但两者都认为这种流动性源于卡莱尔所称的"工业主义"、"现金关系"以及由此而产生的"游牧生活"。为了改变法兰克福学派贴的标签,视觉文化产业可以被描述成一个过程,在这个过程中,"视觉性二"中过度的视觉性可以成为"视觉性一"现代化过程的一部分。视觉性远非当代视觉文化断言的后现代解决方案,去处理基于媒介的视觉规诫产生的问题,而是现代性及潜藏其中的表征的概念架构问题。如果我们把视觉理解为个体的人如何表达视觉的感官印象,那么视觉性与图像化有很大关系,与视觉就没什么关系。在论及19世纪的民主主体时,帕特里克·乔伊斯将这种想象的模式称为"一种假想,并非什么事物的意象,但是若没有这种假想,那一切都不可能拥有了"(Patrick Joyce,1994:4)。这种想象的实例可能是工人阶级、妇女或是非洲离散的犹太人的表征,他们在现存的政治体制中没有位置,但却需要一个位置。正是这样的观念萦绕在卡莱尔对法国大革命历史的论述中,他在大革命中看见"'已经习惯的事物'崩塌了;通过模仿、通过创新,'并不习惯的事物'迅速建立起来",导致了"'天性'如此意料之外地爆发,比如'妇女的暴乱'"(Lee,2004:110,127)。卡莱尔的英雄及英雄崇拜系统正是用于阻止"视觉性二"这样的暴乱,但是永远难以胜任。

用这种方式谈论两种视觉性可能太过学术化了。但是,19世纪具有现代性的剧作正是以这种方式建构了视觉性。比如,在埃德蒙·戈斯①经典的回忆录《父亲和儿子》(*Father and Son*)中,他的父亲是基督教普利茅斯教友会(Plymouth Brethren)的一名成员,他奋力地通过

---

① 译者注:此处原文有误,原文为爱德华·戈斯(Edward Gosse)。

外在观察来解决其内在的自我意识问题,这种观察是通过他作为一位化石科学家就进化论问题进行争论实现的。老戈斯拒绝接受达尔文主义,甚至也不愿放弃他自己的研究。在这些事情过去很久之后,戈斯重塑了他父亲内心的挣扎,他认为那是无以比拟的:

> 在1857年的科学危机中,我父亲的脑海中激荡着两种思想,每一种都引人入胜、令人折服,但却无法调和。真理有两种形式,每一种都无可争辩,但两者却水火不容,这种悖论中蕴含着奇特的苦闷。(Edmund Gosse,1963[1907]:84)

对于小戈斯而言,他所谓的"迷信"与"理性"的征服性洪流之间并无真正的冲突。老戈斯坚信"当颠覆性的创新行为发生时,世界立刻就会展现出一个星球的结构性外观,在其上,生命已存在很久了"(Edmund Gosse,1963[1907]:87)。地质学家和基督教徒同样将这种理论归于荒谬,致使其作者被人嘲笑。但是,今天的网络调查却抛出了几十个这样创新的账户(参见网站 www.creationism.org),而且2003年2月的一次民意调查显示,美国仅有28%的民众认同进化论,而63%的人认为魔鬼是存在的。我并不是要支持这样的观念,但是可以清晰地看到,《父亲与儿子》的现代叙事并没有将它们祛除。2004年,乔治·布什(George W. Bush)刚一赢得连任,乔治亚州的学校董事会就试图在他们的生物学教科书中加入一个标签,以声明进化论只是一种理论,而非科学事实①。

不受束缚的混乱

事实上,尽管卡莱尔的观点随着他的年龄增长变得越发悲观,但他的影响力却与日俱增,这使他"在反对革命方面给后人留下了长久的(且很大程度上未被注意的)遗产"(Plotz,2000:95)。如果没有在19世纪产生如此广泛的影响,并作为积极和消极灵感的源泉,那么他的那些浮夸的言语只能引起古文物研究的兴趣。如果卡莱尔起初有关视觉性的思想是源于法国大革命的记忆和近年来奴隶解放运动的体验,那么,在保持对真理的洞悉的可能性方面,19世纪40年代的大不列颠和欧洲历史则增强了他的悲观情绪。宪章运动在1848年的大革命时期达到顶峰,卡莱尔在此之后将关注点转向了英帝国的状况,一系列的文章集册出版于1855年,命名为《现代短论》(*Latter-Day Pamphlets*)。题名的末世意旨反映在文章呈现的现代性悲剧结构中。卡莱尔呈现的是"'宇宙'、上帝、人类的美德"的力量与"混乱"的力量之间宏大的搏斗(Carlyle,1855:16)。卡莱尔明确地反对"边沁式宪法"改革,也否定了改革和解放的可能性:"是的,我的朋友们,混蛋就是混蛋:那永远都是一个事实"(Carlyle,1855:42)。这种语调招致了其他人大量的公开批评,安东尼·特罗洛普(Anthony Trollope)就是其中一位

---

① 名义上的"蓝州"如威斯康星和宾夕法尼亚以及南部"红州"的学区也正在采取相同的策略(《纽约时报》,2005年1月17日,第A1版)。译者注:"蓝州"指大多数选民支持民主党的州,"红州"指大多数选民支持共和党的州。

(Heffer,1995:12),但是,有关解放这个关键问题,卡莱尔的态度随着时间的推移却获得了更多的拥护者。1849年他发表于《弗雷泽杂志》(*Fraser's Magazine*)的文章恶名远扬,此文之后被重印为一个小册子,题名为《黑人问题散论》(*Occasional Discourse on the Nigger Question*,1869[1853]),在文中,他重申了解放的不可能。他的这篇文章被广泛引用,主要是由于他描述了在非洲获得解放的牙买加人,认为他们终日游手好闲(p.295)。卡莱尔所称的"解放法则"并没有片刻缓和这种种族主义言论,但却成为他典型的失败时刻。依据他的这种观念,废除奴隶制只是在一系列的改革中"首先被解决的,而且很可能是首先处理妥当的"。和他同时代的许多评论家一样,卡莱尔坚称解放并没有在加勒比地区创造出一个黑色的工人阶级,而是生产出了大量慵懒而不道德的个体。基于牙买加种植园的衰落(Holt,1992)和1823年红糖奴隶叛乱的经历(Da Costa,1994),卡莱尔总结说:

> 除了通过"主人"与"仆人"关系,想象不到还有其他什么方法能摆脱"暴政"和"奴隶制"。"宇宙"不是"混沌",仅以此特性,它就是被管控的。智慧设法管控,甚至是近乎管控的地方,一些就是正常的,或者是一直努力地成为这样。(Carlyle 1869[1853]:26)

永恒的主人地位需要持续性和稳定性,而不是运动和变革。他借用哈姆雷特的方式抱怨道:"现今,主人之于仆人、上级之于下级的关系在各个地方都不幸地分崩离析了。"(Carlyle 1869[1853]:306)因此,卡莱尔坚信在人类的关系中,"'游牧生活'是个坏方案,而稳定的生活才是好的选择"(Carlyle 1869[1853]:311)。

在《黑人问题散论》中,卡莱尔的语言显然同时是黑格尔式的和莎士比亚式的,他创造了现代反解放话语的一种光怪陆离的谱系,并同时用美学的古典语言与视觉性的现代称谓进行表述。这部作品的出版标志着英国舆论的一次转变,如凯瑟琳·霍尔所言,"舆论势头正转向废奴者现实情况的对立面"(Catherine Hall,2002:353)[①]。这种转变对1865年莫兰特海湾(Morant Bay)大起义之后的局势产生了重要的政治影响:"在地方法官不得人心的裁决之后,整个地区的黑人与白人之间、劳工与法律制度之间持续数月的紧张关系变得一发不可收拾,导致了示威游行和尝试性拘捕。"(Catherine Hall,2002:23)在接踵而来的暴力事件中,18名官员和民兵成员被杀害,迫使总督爱德华·约翰·艾尔(Edward John Eyre)召集军队,超过400人被处决,另有600多人被鞭笞,1000多个家庭被毁掉。在之后的公众愤怒中,"保护艾尔委员会"(Eyre Defence Committee)在英国成立,与卡莱尔一同参加的有如此多的文化界领军人物,如查尔斯·狄更斯(Charles Dickens)、阿尔弗雷德·丁尼生(Alfred Tennyson)以及透纳作品的拥护者约翰·罗斯金(John Ruskin)。委员会对此事处理得相当好,以致艾尔从未因他的行为被提起公诉,但牙买加的地方自治被废除,由英国政府直接管辖。卡莱尔关于

---

① 亦可参见霍尔(2002:347-353)在《黑人问题散论》中有关种族男性气质和殖民地男性气质相互作用的分析。

统治是必需的这种理念，远非被边缘化，在当时已经是帝国的政策。

卡莱尔的作品和思想由爱默生带到了美国，他既是卡莱尔思想的媒介，也从卡莱尔那里获得了灵感。他自己的小册子《代表人物》(Representative Men)正是对卡莱尔《论英雄》的回应，爱默生据此作品在1849年发表演讲，并在1850年正式出版。尽管爱默生并不是简单地模仿卡莱尔的观点，但他也没有针对历史的伟人观(Great Men view)创造一个民主的备选方案(Harris，1978：46－96)。他设想"撒克逊民族的每个孩子都获得教育以期成为一流"(Emerson，1987：13)，尽管这是种族分立的，但他仍赞成这种体制。不过，1844年之后，他开始支持废奴运动，原因很明确，他认为解放的奴隶事实上可以工作得很好。因此，他和卡莱尔争执的是有关解放所带来的经验主义后果，而非关于从被解放者中需要获得什么样的回应。他对伟人的描绘使用了卡莱尔的视觉词汇，但没有明确地建立一个视觉化的历史理论，这种理论不可能通过暗示得到表达——或许，他设想他的读者可以从卡莱尔那里推断出来。他声称"因而伟人是洗眼剂，可以明目，使我们摆脱妄自尊大，能够看到其他人以及他们的成就"(Emerson，1987：15)，相反，"正是凡夫俗子的欣喜使旁观者眩惑而盲目"(Emerson，1987：11)。由此，爱默生明确而直接地表达了作为世界图形的"视觉性一"和作为视觉过度的"视觉性二"之间的区别，后者拒绝与前者的图像保持一致。

反视觉性

如此一来，有必要且有可能去探究卡莱尔的英雄主义帝国视觉与他如此厌恶的其他视觉之间的对比，他的厌恶是由废奴运动唤起的。废奴是卡莱尔思想中的关键性矛盾，集中体现于他对1840年9月世界废奴大会的美国妇女代表团的蔑视(Heller，1995：208)。她们本以为《论英雄》的作者肯定是她们事业的支持者，但是卡莱尔却坚称那与他毫无瓜葛，他甚至将解放蔑称为挫败。卡莱尔的视觉化英雄史在那个时代处于如此的中心地位，以至于那些寻求解放的人根本无法绕过，只能创造一种逆反的或遮隐的视觉性以回应男性气质的帝国英雄。反视觉性存在于视觉体验的任何时刻，他或她所见事物的浓密或模糊对观者的主体性提出了质疑。这些闪烁的、过度的、超现实的、遮盖的、分离的、分神的时刻就是视觉性眼中幽灵般的灰尘，导致眨眼并产生片刻的视盲。隐视觉性有相似的功能，它通过遮隐将视觉性一分为二，这种遮隐同时是可见的，也是不可见的。这种重构的视觉性模式可以追溯到一个表面看来并无可能的例子(此例并不作为起因或根源)：杰弗逊·戴维斯(Jefferson Davis)这个人物，即美利坚联盟国①的总统。1865年，卡莱尔考虑创作一个小册子以替戴维斯辩护，将其视为一个英雄人物，不过，这成为他唯一放弃的一次选择，因为即便对卡莱尔而言，戴维斯也是令人难以容忍的(Harris，1978：186)。不过奥斯卡·王尔德和杜博斯却这样做了，他们意图不同，但结果相似。当然，这些复杂的人物不能简单地根据两人对卡莱尔和爱默生英雄理论的回应来透彻理解，但是作为一

---

① 译者注：亚伯拉罕·林肯当选美国总统后，美国南部六个蓄奴州于1861年2月4日宣布建立"美利坚联盟国"，以图脱离合众国，美国内战随即爆发。

个探究的路径,关于他们两人却可论述颇多。据叶芝(W. B. Yeats)所言,卡莱尔是"'80年代'和'90年代'初自学者的主要启迪者"(OH:xiv)。王尔德是这些自学者的发起者,他被卡莱尔"暴风雨般的辞藻"折服,并在1874年见到了卡莱尔,后来,他将卡莱尔的书桌买来为自己所用。王尔德能够背下卡莱尔《法国大革命》中的长篇段落,他自己的写作也留下了卡莱尔影响的印记。在1882年的美国旅行中,他表现为伊丽莎白时代的一位唯美主义者,正如拿破仑·沙乐尼(Napoleon Sarony)为他所绘的画像所展现的那样。他的姿态展示出他是"欧洲曾经最具贵族气派的民族",即爱尔兰人的一员(Lewis and Smith,1936:225)。王尔德设想这种英雄气概会转移其他所有的批评,但是他的性别与性取向问题却是众所周知。富有同情心的安娜(Anna),即勃瑞蒙特伯爵夫人(Comtesse de Brémont),认为"他的女性灵魂,是在错误的脑颅中挣扎的囚徒",这是"颠覆"的教科书般的定义,但是波士顿长官托马斯·温特沃斯·希金森(Thomas Wentworth Higginson)并不赞同,他认为王尔德是"没有男人气概的男人"(Burns,1996:94-5)。《华盛顿邮报》(*Washington Post*)在1882年1月22日邀请其读者参与讨论"这个与那个之间有多大的距离",两幅图片被标注文字:一幅是婆罗洲岛(Borneo)的传奇野人,另一幅是王尔德手持一朵向日葵。这种对所谓逆进化的伪达尔文主义的恐惧,塌陷成为一种混合的视觉符号,《哈勃周刊》(*Harper's Weekly*)在之后的一周将图片变成了一只猴子在倾慕一朵向日葵(Blanchard,1998:33)。远非被视为英雄主义的王尔德的唯美主义被认为是一种逆行的或颠覆的女性气质,是人种的退化。相应地,在英国罗切斯特和美国纽约,学生们雇了一个工人装扮成黑人艺人来模仿王尔德,似乎在暗示他的女性气质已经使他的白人气质丧失了(Lewis and Smith,1936:157)。这种讽刺贯穿他的一生,如在佩莱格里诺(Pellegrino)1884年的漫画中,他被画成"猩猩";1893年适逢王尔德的著名剧作《无足轻重的女人》(*A Woman of No Importance*)上演,潘趣(Punch)卡通则刻画了"无足轻重的基督艺人"(O'Toole,1998:80)。如他之前的卡莱尔,王尔德发现当性取向不同的问题被提出时,作为大英帝国殖民地白种臣民的身份就被忘却了。他似乎要将自己重新塑造成卡莱尔那样,因而通过1882年6月的公开出访来做出回应,而出访的对象不是别人,正是杰弗逊·戴维斯,他将爱尔兰人在英帝国中谋求独立的努力与美利坚联盟国的状况相提并论:

> 我脑海中美国内战的南方恰如今天的爱尔兰。它的搏斗并非要去肢解帝国,而只是想看到爱尔兰人的解放,而爱尔兰仍然是大英帝国心甘情愿和不可或缺的一部分。

几天后,王尔德以更加强调的形式重复了这个评论:"生活在爱尔兰的我们反抗帝国为自治法则而战,反抗中央集权为独立而战,为美国南方在战争中要争取的那些原则而战。"(Lewis and Smith,1936:366,372)如果身为爱尔兰人却因性取向不同而无法成为一个英雄的贵族,那么王尔德则把这种不同重新打造成为一种反抗暴政的英雄主义形式,无法赞同大英帝国延续下去。

王尔德颠覆英雄本身之时,正是他借用了于斯曼(Jorij-Karl Huysmans)著作的题名《逆天》(À rebours),并将其人格化,王尔德作品中的亨利·沃顿勋爵(Lord Henry Wotton)赋予道林·格雷(Dorian Gray)的正是爱默生(1987)所称的"伟大的凡人,他在其才能中增加了一种均衡和平等以达到最佳的思维,由而,人们在他身上看到了他们自己的梦想和隐约的感觉成为现实,并能装扮成他们的样子"(Wilde,2000:34)。1894年,王尔德在写给阿尔弗莱德·道格拉斯勋爵(Lord Alfred Douglas)的信中使用了与卡莱尔形式相似、意义相反的语言:"我倾向于认为有更充足的证据表明'混乱'比'宇宙'更能成为'聪慧的创造者':这种观点可能会广为流传。"(Wilde,2000:602)卡莱尔如此害怕现代性的特征——"混乱"会毁掉宇宙,而这种观念被王尔德视为是上苍自身的证明。王尔德的编码式语言表明他自己的智慧创造是一种特定混乱的产物,这种混乱使注意力分散,并允许他"穿过"一种与爱默生所用大有不同的感觉。王尔德使自己成为"花花公子派"(Dandiacal Sect)的"英雄",卡莱尔则控诉他和穷人们都在分裂大不列颠(Lee,2004:116)。王尔德创造了一种放肆的言语符号,并隐去了身份信息,他在维多利亚时代的伦敦扮演着一个自由想象的幽灵。这种特异的景象使人目眩,王尔德的身份伪装也形成了一种崇拜式的接受,英国的上层社会在一定程度上着迷于王尔德和他的同伴们。美国观众在1882年所看到的清晰明了的王尔德,在1890年至1895年间的反英雄主义中就不那么确定了。例如,王尔德喜欢在扣眼中戴一朵绿色的康乃馨,那是一个精致的人工饰品,这被他的交际圈广为接受,并在各处都显示了一种神秘感。马克斯·诺尔道(Max Nordau)则很不赞同地在他的文章中写下"退化",认为王尔德"奇装异服激起的是不赞同,而非赞许",但他并没能说清楚为什么(Sinfield,1994:96)。作为一位颠覆式英雄,王尔德并未成为清晰的视觉对象,而是驱散了自己身上的光辉,变得若隐若现,难以看清。

这个康乃馨之后被罗伯特·希琴斯(Robert Hichens)在其戏谑小说《绿色康乃馨》(*The Green Carnation*)中被"揭发"出来,导致1895年在对王尔德最初的审判中,康乃馨成为针对他的证据。对如此细节的观察是19世纪探案的最重要方式,因而也被那个时期的历史学家们采用。在王尔德反英雄的模式中,他的绿色康乃馨并非客观的证据,而是不确定因素,似乎在闪烁,但又看不清。

这种反视觉性也被妇女用于创造女性英雄形象。一个显著的例子是索杰娜·特鲁斯(Sojourner Truth),如内尔·欧文·佩因特(Nell Irvin Painter)所言,她是奴隶解放运动中唯一一个积极的妇女形象〔哈丽特·塔布曼(Harriet Tubman)的作品展示的是不同的人〕(Painter,1996:1-3)。特鲁斯作为解放运动代言人的力量,部分源于她的视觉形象,如奥莉芙·吉尔伯特(Olive Gilbert)在她著名的作品《叙事》(*Narrative*)中强调的:

> 当被高傲或深沉的情感打动时,伊莎贝拉(Isabella)给她审计员留下的印象永远都无法传递到纸面上(用其他人的语言),直到某种达盖尔(Daguerrian)行为的出现,我们才能够将表情、姿态、声调与奇特而又合适的表达相关联,才能将它们转换成激动人心的动画,在这个时代,动画贯穿了她所说的一切。(Olive Gilbert,1993:31)

吉尔伯特用特鲁斯奴隶主赐给她的名字伊莎贝拉·冯·瓦根伦(Isabella van Wagenen)

称呼她,而不用她1843年给自己起的名字索杰娜·特鲁斯,吉尔伯特再次期望她期待中的电影会将特鲁斯的"表情"传递给其他人。特鲁斯本人很擅长利用她自己的照片来表现那种表情的"阴影和实质",以获得对其运动的资助。在这些精心摆拍的图像中,特鲁斯试图仔细挑选一些符号以反驳早先废奴者照片中呈现出的矛盾情绪。穿着体面的中产阶级服饰,特鲁斯的姿态似乎是抓拍于织衣服的过程中。她的这种与性别相符的行为和服饰使她可以表达出她正在接触思想和学识,这也通过她的眼镜和展开的书展现出来。她为卡片提供的标题文字说明她意识到照片意义的矛盾性:"我展示阴影以支持实质。"照片仅仅是作为阴影展示出来,而非作为特鲁斯,特鲁斯本身是主体,是实质。在这里,这个解放的妇女使她自己的形象成为金融交易的客体,取代了其实质,她整个人都曾处于交易中。这种商品化被大量地应用而证明合理,他们的交易被认为是废除对人的所有权。同时,特鲁斯坚持自己掌管金融过程,她声称这是"被解放"的人没有完全掌握的一个固有的自由(Hartman,1997:115-24)。肯尼斯·S·格林伯格(Kenneth S. Greenberg,1996)认为"通过主人赠礼获得的假定解放只能是不完整的"(p.66)。正是由于这个原因,杜博斯之后坚称,被奴役者已经使他们获得了解放,这就是为什么特鲁斯以这样的方式将自己的形象传递到了世界,声称她拥有的不仅是她的人,也拥有了自由的实质。

特鲁斯在1858年印第安纳举行的废奴大会上展示了这种自由。观众中的一些男人宣称特鲁斯是个男的,要求看看她的乳房。根据《波士顿解放者报》(*Boston Liberator*)当时的记录,在口头表决结果支持质疑者之后:

> 索杰娜告诉他们,她的乳房喂养过许多白人孩子,但却没有哺育过她自己的孩子;其中一些白人孩子已经长大成人;尽管他们吮吸过她黑人的乳房,但是在她看来,那也比他们(她的迫害者)看起来更有男人气概;她平静地质问他们,当她露出她的胸部的时候,他们是否也希望来吮吸!(Painter,1996:139)

特鲁斯以相当大的勇气将她自己的身体改造成"女性男子气"的展示,这是朱迪斯·霍伯斯坦(Judith Halberstam)在不同的语境所用的称谓。特鲁斯的黑人女性身躯比她周围的那些男人更能展示出男子气概,他们被她贬低为婴儿,并为他们提供她的乳房。身体的这种展示进一步挑战了人类学的一些观念,这些观念认为乳房可以标识种族差异(Wilson,2003:177-89)、白人美的观念(Dyer,1997)以及为"自由"而战的革命人物具有象征意义地袒露乳房(Pointon,1990)。因为"自由"用其象征意义的乳房哺育了这个民族,而特鲁斯声称被奴役的非洲妇女事实上比她的诋毁者哺育了更多具有"男子气概"的男人。特鲁斯一直过着游牧生活,一直在追求着解放,她从时代的陈腐中创造了一种复杂的,甚至是混沌的视觉。

隐视觉性

对于杜博斯而言,卡莱尔视觉化英雄的遗产应该被遮隐,而非被逆反。作为菲斯克的一名学生,杜博斯非常喜欢卡莱尔的作品,《法国大革命》对他整个创作生涯的风格产生了持续的影响。作为菲斯克学生报《先驱报》(Herald)的编辑,他鼓励读者接受卡莱尔的观点,甚至鼓励他们将俾斯麦(Bismarck)作为他们的"英雄"(Lewis,1993:5-74,16-115;Zamir,1995:23-67)。在哈佛大学,杜博斯从威廉·詹姆斯(William James)那里获得了对卡莱尔"英雄"观的进一步支持。1890年,他创作了一篇论述卡莱尔的文章和一篇哈佛大学毕业典礼演说词,两篇文章都明显是爱默生式的主题:"杰弗逊·戴维斯是文明的代表"(DuBois,1986[1890]:811-14),事实上,他将"英雄"作为失败而非胜利的人物形象。他写道,戴维斯的军国主义和对冒险的热爱使他成为"一个典型的日耳曼英雄"。但是,作为一种"文明的类型",戴维斯的"强人"视觉最终导向了"荒唐,一个民族的古怪捍卫者为自由而战,为的是让另一个民族无法获得自由"。这一步是王尔德八年前没有成功的,而这使杜博斯重新考虑"英雄"的整个体系。在将自己打造成"英雄"的过程中,戴维斯——扩展开来,白人文化作为一个整体——已经开始接受"过于自信的'我'的意识,结果却忘却了'你'"。在历史上,这种结果已经显示为日耳曼人对黑人的压榨。不过,杜博斯认为,黑人的角色不是简单地为世界历史的磨坊提供谷物,而是用"顺民"(Submissive Man)的命题挑战"强人"命题,尤其以黑人为代表。其结果将是"强者的力量顺从于所有人的进步",这是一种更加完美的个人主义,它将肯定甚至是"民族中最渺小的人"对文明做出的贡献。这种互相作用将阻止专制与奴隶制度的灾难性后果。杜博斯并未简单地驳斥卡莱尔,而是试图将他在《衣裳哲学》(Sartor Resartus)中讨论的"我"和"你"与《论英雄》中的"伟人"命题融合到一起。如沙蒙·扎米尔所言,杜博斯在同一年有关卡莱尔的演讲中,捍卫的"不仅仅是俾斯麦的仰慕者和《英雄崇拜》的作者,也捍卫了工业化的批评者和伦理文化的倡导者"(Shamoon Zamir,1995:65)。杜博斯进一步从卡莱尔那里提取了过去与现在必须纠缠在一起的理念,但是,他所达成的是一个有关缠绕的非常不同的设想,后来他在《黑人的灵魂》(The Souls of Black Folk)中称之为"旧与新",这使他"高兴,很高兴,不过——"(DuBois,1986[1903]:412)。他提出了极具影响力的方案以解决对非裔美国人代表性人物的需求,他称颂这些代表人物的领导才干,并称他们为"有才能的十分之一"(The Talented Tenth)。杜博斯接受了爱默生"代表性"的界定,认为"才能和性格的贵族阶层"要代表他们的同胞去采取必要的行动:"黑人种族,如其他所有种族,将被其杰出人物所拯救。"(pp.847,842)这种套路完全是从卡莱尔和爱默生的英雄理论中衍生出来的,尽管卡莱尔可能至少会反驳这种应用(Zamir,1995:65)。杜博斯重新思考了"种族"框架中的英雄,重新陈述了个体和集体之间的张力,这种张力在他有关杰弗逊·戴维斯的讲演中已经被强调过,但是现在却成为他自己社群内部的一种互动。

在他之后的著作中,杜博斯开始考虑内在和外在有关视觉性的张力。在《黑人的灵魂》一书的著名序言中,杜博斯将"黑人"(Negro)定义为"某种意义上的第七子,出生时带着面纱,在美洲的世界中被赐予了第二视觉——那个世界并未赋予他真正的自我意识,但是,那只是让他通过其他世界的启示来看清他自己"(Du Bois,1986:365)。这种"双重意识"重新阐述了"有才能的十分之一"与其同胞的地位,将卡莱尔"清晰的视觉性"一分为二。同时,他强调非裔美国人音乐的艺术性,以重新谈论视觉的混杂性,正如卡莱尔唤起人们对但丁之"歌"的回忆。杜博斯划分视觉性的关键性视觉比喻是面纱(veil),它是一种视觉的装置,在传统时代让妇女透过它观看,但不被看到,但是这种观看的位置却是由男人限定的。在杜博斯看来,面纱使非裔美国人与白人之间产生隔阂,也使他们无法看清自己,除非是从那个主导性的视角。白人的观看并非一种观察或旁观者的位置,而是一种"启示",这是卡莱尔喜欢的另一个词。杜博斯认为,如此一来,面纱同时阻止了白人与黑人清晰视觉的可能性,迫使非裔美国人求助于"第二视觉"。在有关"自由民局"(Freedmen's Bureau)那章的末尾,杜博斯从面纱的角度使解放失败的戏剧性场面视觉化:

> 我看到一片充满欢乐的土地,阳光明媚,孩童欢歌,起伏的山坡如激情洋溢的女人在丰收中嬉戏。在大马路(King's Highway)边,曾经坐着且正坐着一个蒙着面纱、背如弯弓之人,身边是旅行者匆匆而过的脚步。僵腐的空气中,孕育着恐惧。三个世纪的思绪,是在直起弯下的人心,揭掉他的面纱,现在要看看这个责任与行动的新世纪。20世纪的问题是种族界限的问题。(Du Bois,1986:391)

杜博斯在故意的时序错误中将"旧"与"新"混合起来,甚至通过对同时代人讲述当前和未来的责任来谈论种族界限的问题。

在之后的作品中,杜博斯继续发展并拓展了隐视觉性的理论,1913年他创作了一篇题为"文学艺术中的黑人"(The Negro in Literature and Art)的文章,文中写道:"黑人天生就是艺术家",他们的天赋大都表现在音乐方面(Du Bois,1986:862)。在哈莱姆文艺复兴(Harlem Renaissance)期间,他重新回到《黑人的灵魂》中谈论的问题。1926年在《黑人艺术的标准》(Criteria of Negro Art)一文中,他认为成为"有充分资格的美国人"并不够:"我们这些黑人能用白种美国人没有的方式看清美国。鉴于我们的国家是这样的,难道我们对目前的目标和理想满足了吗?"(Du Bois,1986:993)他让他的观众去想象种族平等的目标忽然实现了,去想象他们也已拥有了财富。他描绘了一幅购买新车、新衣服、新房子的图景,但而后他用卡莱尔的语言声称:"即便你们看见了你们心中的这些理想,但这些并不是你们真正想要的。"杜博斯进一步提出了"美丽世界"的愿景,努力工作将使之成真,但是"人们的创造、实现自我"才能使之存续下去。对于杜博斯而言,"美"就是科隆大教堂(Cologne Cathedral)与西非韦斯(Veys)村落的对位;或是米罗的维纳斯(Venus de Milo)与《南方的南方》(The Southern South)中一个乐句的对位——唱出美妙的小曲,余音萦绕,引人入胜"。远非要引起一种对立的形式主义,杜博斯很快就补充道,他可能使用的任何"美"的理念都与他对"真理"与"正义"的追求密不可分。尽管他仍在使用卡莱尔的词汇及其割裂的暂时性,但杜博斯创造了隐视觉性的理论,并将之作为一种途径去寻求卡莱尔已试图阻止的那种解放。他认为,与提供给社会统治阶层的清晰视觉性相比较,隐视觉性更是一个杰出的洞察领域,杜博斯以此勾勒了一个激进的跨文化教育学。

对于当代的批评家而言,视觉性有一个复杂且极具挑战性的谱系。但它并未将我们带入19世纪至20世纪早期错综复杂而无比繁冗的视觉科学,而是表达了它与跨民族、跨文化形式的表征政治之间的密切关系。英语世界的解放政治运动将卡莱尔一直预设为白人男性英雄的"清晰视觉性"切割成碎片,切割的界限就是种族界限,也是性别和性取向的界限。如我们所见,这些界限常常但并不总是交叉,显然是由于帝国的臣民如此强烈地依靠一种特定的"强大、沉默的男人"的视觉形象。回到先前我所说的视觉主体,它是由视觉的中介和视觉性的话语交叉构成的,现在看来,两者的这种遭遇并不是一种如雅克·拉康(Jacques Lacan)著名画作的几何图形,而更像是一个空间或一个领域。这个领域不受时间的束缚,而是"'在存续中具有时间性',它既非共时的,也非历时的,它的在场与缺席存在于它的多样性和同时性之中"(Mbembe,2001:8,原文有强调)。应对这种复杂性,"历史的书写必须内在地假设一种多元的时间共存,一种当前与其自身的断裂"(Chakrabarty,2000:109)。在这种意义上用现在的术语表述,视觉性就是一个基于时间的媒介。这一系列相互连接而又分散的界限,穿越了时空,形成一个网络。同时,近来已经被确定的是,集体性(更不必说一般性)身份已经被身份政治削弱了。这种说法更加表明,正是代表或表征的理念使关于谁将被代表或表征的争斗形象化了,雅克·朗西埃(Jacques Rancière)称之为"可感知事物的分化",这是一种同时是政治的和美学的分享与分割(Rancière,2004:12)。19世纪有限的、有条件的解放明显是为了阻止广泛地进入众所周知的"资产阶级公共领域",这是在一个特定的时间内被严控的空间领域,与网络状的视觉性相矛盾。显然,单独的男性英雄或女性英雄的理念,甚至是给定阶层中的少数精英理念,在一个网络化的语境中都是难以为继的。视觉性使表征政治成为可能,它商讨种族、性别和性取向的界限,那些都是不可见的,在我们的时代中也都是非常可见的,视觉性仍然处于核心的重要位置。

作者简介:尼古拉斯·米尔佐夫是纽约大学艺术与艺术职业专业的教授。代表作有《观看巴比伦:伊拉克战争与全球视觉文化》(**Routledge,2005**)等。

译者于嵩昕为复旦大学新闻学院博士研究生。

参考文献

[1] Barrett, Joseph H.. Review of Carlyle's On Heroes. Reprinted in D. J. Trela and Rodger L. Tarr (eds) The Critical Response to Thomas Carlyle's Major Works[M]. Westport, CT: Greenwood Press,1997.

[2] Bhabha, Homi. The Location of Culture[M]. London: Routledge,1994.

[3] Blanchard, Mary Warner. Oscar Wilde's America: Counterculture in the GildedAge[M]. New Haven, CT: Yale University Press,1998.

[4] Burns, Sarah. Inventing the Modern Artist: Art and Culture in Gilded AgeAmerica[M]. New Haven, CT: Yale University Press, 1996.

[5] Butler, Judith. Gender Trouble[M]. New York: Routledge,1990.

[6] Carlyle, Thomas. The French Revolution, ed. K. J. Fielding[M]. Oxford:Oxford University Press,1989[1837].

[7] Carlyle, Thomas. "Chartism", in English and Other Critical Essays[M]. London: J. M. Dent,1915[1839].

[8] Carlyle, Thomas. The Norman and Charlotte Strouse Edition of the Writings of Thomas Carlyle: On Heroes, Hero-Worship and the Heroic in History, notes and introduction by Michael K. Goldberg, text established by Michael K. Goldberg, Joel J. Brattin and Mark Engel. Berkeley: University of California Press,1993[1841].

[9] Carlyle, Thomas. Past and Present by Thomas Carlyle[M]. New York :New York University Press,1843.

[10] Carlyle, Thomas. "Occasional Discourse on the Nigger Question". Reprinted in Critical Memorial Edition of the Works of Thomas Carlyle, vol. 18[M], Critical and Miscellaneous Essays. Boston: Dana Estes, 1869.

[11] Carlyle, Thomas. "Model Prisons", pub. March 1850[M]. Reprinted in Latter-DayPamphlets. London: Chapman Hall,1855.

[12] Chakrabarty, Dipesh. Provincializing Europe: Postcolonial Thought and Historical Difference[M]. Princeton, NJ: Princeton University Press,2000.

[13] Crary, Jonathan. "Modernizing Vision", in Hal Foster (ed.) Vision and Visuality[M]. Seattle, WA: Bay Press,1988.

[14] Crary, Jonathan. Techniques of the Observer[M]. Cambridge, MA: MIT Press,1991.

[15] Da Costa, Emilia Viotti. Crowns of Glory, Tears of Blood: The Demerara Slave Rebellion of 1823[M]. New York: Oxford University Press,1994.

[16] Du Bois, W. E. B.. Du Bois: Writings[M]. New York: The Library of America,1986.

[17] Dyer, Richard. White[M]. London: Routledge,1997.

[18] Emerson, Ralph Waldo. Representative Men: Seven Lectures in The Collected Works of Ralph Waldo Emerson, Vol. IV, introduction by Wallace E. Williams, textestablished by Douglas Emory Wilson[M]. Cambridge, MA: Belknap Press of Harvard University Press,1987.

[19] Finley, Gerard. Angel in the Sun: Turner's Vision of History[M]. Montreal: McGill-Queen's University Press,1999.

[20] Foster, Hal ed. Vision and Visuality[M]. Seattle, WA: Bay Press,1988.

[21] Foucault, Michel. Discipline and Punish: The Birth of the Prison, trans. AlanSheridan[M]. New York: Vintage,1977.

[22] Gage, John. Color in Turner: Poetry and Truth[M]. New York: Praeger,1969.

[23] Gilbert, Olive. The Narrative of Sojourner Truth, ed. Margaret Washington[M]. New York: Vintage Classics,1993.

[24] Gilroy, Paul. The Black Atlantic: Modernity and Double-Consciousness[M]. Cambridge, MA: Harvard University Press, 1993.

[25] Gosse, Edmund. Father and Son[M]. New York: WW Norton,1963[1907].

[26] Greenberg, Kenneth S. Honor & Slavery: Lies, Duels, Noses, Masks, Dressingas a Woman, Gifts, Strangers, Humanitarianism, Death, Slave Rebellions, the Proslavery Argument, Baseball, Hunting, and Gambling in the Old South[M]. Princeton, NJ: Princeton University Press,1996.

[27] Halberstam, Judith. Female Masculinity[M]. Durham, NC: Duke University Press,1998.

[28] Hall, Catherine. Civilizing Subjects: Metropole and Colony in the English Imagination, 1830—1867[M]. Chicago: University of Chicago Press,2002.

[29] Harris, Kenneth Marc. Carlyle and Emerson: Their Long Debate [M]. Cambridge,MA: Harvard University Press,1978.

[30] Hartman, Saidiya V.. Scenes of Subjection: Terror, Slavery and Self-Making in Nineteenth-Century America[M]. Oxford: Oxford University Press,1997.

[31] Heffer, Simon. Moral Desperado: A Life of Thomas Carlyle[M]. London: Weidenfeld & Nicolson,1995.

[32] Holt, Thomas. The Problem of Freedom: Race, Labor and Politics in Jamaicaand Britain, 1832—1938. Baltimore[M], MD: Johns Hopkins University Press,1992.

[33] Jay, Martin. "Scopic Regimes of Modernity", in Hal Foster (ed.) Vision and Visuality[M]. Seattle, WA: Bay Press,1988.

[34] Jones, Amelia. Irrational Modernism: A Neurasthenic History of New York Dada [M]. Cambridge, MA: MIT Press,2004.

[35] Joyce, Patrick. Democratic Subjects: The Self and the Social in Nineteenth-Century England[M]. Cambridge: Cambridge University Press,1994.

[36] Lavally, Albert J.. Carlyle and the Idea of the Modern: Studies in Carlyle's Prophetic Literature and its Relation to Blake, Nietzsche, Marx and Others [M]. NewHaven, CT: Yale University Press,1968.

[37] Lee, Yoon Sun. Nationalism and Irony: Burke, Scott, Carlyle[M]. New York: Oxford University Press,2004.

[38] Levine, George. "Carlyle, Descartes and Objectivity", Raritan 17 (Summer):45-58,1997.

[39] Levine, Philippa. Prostitution, Race & Politics: Policing Venereal Disease in theBritish Empire[M]. New York: Routledge,2003.

[40] Lewis, David Levering. W. E. B. Du Bois: Biography of a Race, 1868—1919. NewYork: Henry Holt,1993.

[41] Lewis, Lloyd and Smith, Henry Justin. Oscar Wilde Discovers America[M]. New York: Harcourt Brace and Company,1936.

[42] Mbembe, Achille. On the Postcolony[M]. Berkeley: University of California Press,2001.

[43] Metz, Christian. The Imaginary Signifier: Psychoanalysis and the Cinema[M]. Bloomington: Indiana University Press,1982.

[44] Morris, Pam. Heroes and Hero-Worship in Charlotte Bronte's Shirley[J]. Nineteenth-Century Literature 54(3): 285 – 307.

[45] O'Toole, Fintan. "Venus in Blue Jeans: Oscar Wilde, Jesse James, Crime and Fame", in Jerusha McCormack (ed.) Wilde the Irishman[M]. New Haven, CT: Yale University Press,1998.

[46] Painter, Nell Irvin. Sojourner Truth: A Life, a Symbol[M]. New York: W. W. Norton,1996.

[47] Plotz, John. Crowd Power: Chartism, Thomas Carlyle and the Victorian Public Sphere[J]. Representations 70 (Spring): 87 – 114,2000.

[48] Pointon, Marcia. Naked Authority: The Body in Western Art 1830—1908[M]. Cambridge: Cambridge University Press,1990.

[49] Rancière, Jacques. The Politics of Aesthetics, trans. Gabriel Rockhill[M]. London:Continuum,2004.

[50] Rigney, Ann. The Untenanted Places of the Past: Thomas Carlyle and the Varieties of Historical Ignorance[J]. History and Theory 35(3), October: 338 – 57.

[51] Rose, Gillian. On the Need to Ask How, Exactly, Is Geography"Visual"? [J]. Antipode 35(2): 212 – 21.

[52] Schoch, Richard W. . We Do Nothing But Enact History: Thomas Carlyle Stages the Past[J]. Nineteenth-Century Literature 54(1), June: 27 – 52,1999.

[53] Semple, Janet. Bentham's Prison: A Study of the Panopticon Penitentiary[M]. Oxford: Clarendon Press,1993.

[54] Sinfield, Alan. The Wilde Century: Effeminacy, Oscar Wilde and the Queer Moment[M]. New York: Columbia University Press,1994.

[55] Smajic, Srdjan. The Trouble with Ghost-Seeing: Vision, Ideology, and Genre inthe Victorian Ghost Story[J]. ELH,2003(4): 35.

[56] Smith, Terry. Making the Modern: Industry, Art and Design in America[M]. Chicago: University of Chicago Press,1993.

[57] Wilde, Merlin Holland and Hart-Davis, Rupert (eds). The Complete Letters of

Oscar Wilde[M]. London: Fourth Estate, 2000.

[58] Williams, Raymond. Culture and Society 1780—1950[M]. London: Chatto and Windus, 1958.

[59] Wilson, Kathleen. The Island Race: Englishness, Empire and Gender in the Eighteenth Century[M]. London: Routledge, 2003.

[60] Zamir, Shamoon. Dark Voices: W. E. B. Du Bois and American Thought, 1888—1903[M]. Chicago: University of Chicago Press, 1995.

国内研究前沿

视觉技术与移动观看的转型

祁 林

所谓"移动观看",是指观者在观看过程中的视点是不断移动的。换言之,观者看到的或是若干幅图像的前后承接,或是一幅画面内部历时性的变化。说起移动观看,人们通常想到的是电影电视的视觉传播,或是剧场表演形成的舞台景观。但中国在很久以前就在绘画中形成了自己移动观看的传统,这就是散点透视的绘画技巧和手卷的物质形态,后来又有了连环画这样移动观看的民间视觉文本。这一传统一直延续到当代中国,并对电子时代的视觉传播产生了重要影响,这也是当代中国视觉文化的一个特色,并形成了中国迥异于西方的电子视觉文化形态。

一、中国传统的移动观看:散点透视、手卷和连环画

1. 散点透视和移动性

移动观看首先体现在中国绘画的"散点透视"。

"散点透视"是中国传统绘画的独特技法和理念,是指画面表现出来的画家观察点不是固定在一个地方,也不受特定视域的限制,而是根据需要,移动立足点进行观察,凡各个不同立足点上所看到的东西,都可组织进自己的画面。所以,中国绘画可以表现咫尺万里的辽阔境界。这形成了与西方绘画完全不同的"视觉性"的特点,即"移动的"的视觉性。若要完整地观看一幅中国传统绘画,眼睛就必须先后读解不同视点所形成的画面,这种移动或是上下穿梭(立轴),或是从右至左(卷轴)。在移动过程中,人的思维必须要整合这些由不同视点构成的画面之间的关系,从这些画面中读解相应的含义。这有一点类似于文化研究所谓的"接合"(articulation)——把两种异质的元素进行连接整合从而形成新的含义。这种思维乃至想象力的运作正是中国传统绘画的美学品质——气韵生动、妙、逸等形成的心理机制。

其次体现在中国手卷(也称长卷、横卷)造就的移动的观看模式。观赏手卷本身就是一个视觉移动的过程。中国古代的手卷,并非像今天博物馆那样完全摊开来陈列,而是观赏者的双手同时抓住手卷的两端,一面展放左手的展开部分,一面收卷右手的起始部分。也就是说,观赏者右手卷着过去的视觉,左手握拢着未来的视觉。在收与放之间,展现在观赏者面前的,始终是大约一米的视觉画面。在这一长度内,被展示出来的这一小块画面一直都在移动,"已经消隐"以及"将要出现"的画面之间始终在形成相应的组合——与其说观者

在读解画面,不如说他在处理前后看到的画面之间的关系。所以,长卷不仅是空间的静态展示,而且还是空间的移动和整合;不仅是时间片段的凝固,更是时间绵延的体现。

散点透视的"视点移动"以及手卷的"画面移动"虽不具备直觉上的视觉写实性,但它们或能表现一种更深刻的真实,即一种视觉无法涵盖的、逻辑上的真实。这与西方绘画的"焦点透视"一对比,其意义就显现得尤为清楚。关于此,西方画家的感受可能更能说明问题。比如英国画家大卫·霍克尼认为,西方绘画"焦点透视"的表现方式是需要改进的。因为焦点透视使观看者只能从一个固定的角度看到一个完整的全局,但人们看待这个世界并不是这样的——这个世界的角度不是只有"一个",全局也是复杂的。因此,现实中人们眼睛的焦点是不断移动着的。换言之,一种更真实的观看方式恰恰是打破固定视点的观看,这正是中国传统绘画的意义。同时,散点透视和手卷也蕴含着一种不同于西方的"时间观"——在绘画中,画面不是片段性的静止,即没有截取一个时间的片段,观者对图像的判断也不是"立等可得"的,画面并非自然地投射到人的视网膜上,人立刻就能明了这幅图像的含义是什么,而是在时间的进程中视觉从一幅图像感知另一幅图像,逐渐形成一种整体印象和体验①。

散点透视和连续观看的经验在中国古代并不为文人士大夫阶层所独享,它也渗入民间,对民间文化产生了重要影响。这体现在两个方面:一是由于印刷术的普遍使用,社会上出现批量化和规模化的绘画制作,一种新的移动观看的视觉文本出现了,这就是连环画。连环画成熟于宋代,在世界上很多国家都有较长的发展历史,但在中国却是一种独特的视觉文本形式,尤其是在民间文化层面上,它有机地将"移动观看"和"说书艺术"这二者结合起来,成为中国民间文化重要的一部分,也就是说,传统评话、神话、志异传说等等往往是连环画的重要内容。连环画是一小幅一小幅具有独立情节的画面前后衔接铺排成的完整的叙事文本。就单独画面来看,连环画构图大量采用了散点透视的方法,因此使得其表现的空间更为广阔,而其画面前后衔接装订的方式强化了观看者移动观看的形式。二是出现在寺庙、道观、私塾、书院等空间中的大型壁画,这些壁画一方面借鉴中国传统的绘画技法,另一方面也通常是连续地讲一个故事,有一点像一种"放大且被展开"的手卷。连环画往往以年画的方式进入普通百姓家里,壁画在公共场合或宣扬宗教教义,或宣讲道德,延续了中国传统文化中民间视觉移动观看的传统(参阅图1)。

中华人民共和国成立以来,传统壁画基本消失,连环画则蓬勃发展起来。其中,传统文化是重要的表现内容,这也形成一系列堪称经典的连环画作品,主要包括两类:一是以《三国演义》等为代表的传统经典,包括《聊斋志异》《东周列国志》等;二是改编自中国传统评话的连环画,如《岳飞传》《杨家将》《兴唐》等。连环画成为中国民间承接传统文化,尤其是传统民间文化的重要表现形式。中华人民共和国成立以后的古典题材的连环画既延续了中国古代的观看传统,又以一种新的方式表征了传统文化。这里面既有技术和技巧的因素,也有文化和意识形态的"询唤"的作用,即让读者将自己置身于一个传统文化的场域中进行相应的文化解

---

① 大卫·霍克尼北大讲座文字版[OL]. http://news.99ys.com/news/2015/0415/9_191589_1.shtml.

图 1　太原晋祠关帝庙壁画

读,进而认可自己传统的文化主体身份。这是中国民间文化在变成大众文化和流行文化之前,或者说在影视技术普及之前的一种独特的视觉性展示——印刷术、散点透视的绘画技巧、传统绘画的美学风格等等这一切技术性因素"部署"了中国人在 20 世纪七八十年代的"视觉性"。这种视觉性本身不仅询唤主体,更塑造记忆,成就了这一时期中国连环画的艺术特质和经典意义。近 20 年来,收藏市场上古典题材连环画的火爆就是明证,比如 1958 年版的一套《三国演义》市场价格已经达到了 30 万。更重要的是,这一时期连环画的视觉性还极大地影响了随后而至的中国影视文化的特质。

2. 图文互动

1949 年之后出现的传统题材连环画在绘画技巧方面充分继承了中国古典绘画传统,相应领域的领军人物,如钱笑呆、徐正经、施大畏、戴邦敦等,他们均在民国时期接受美术教育,深受中国古典绘画风格的影响。但是,连环画和中国古典主流绘画毕竟所处文化语境不同,其艺术表现技法和传播形态都显示出鲜明的时代特性。

第一,题材的继承。从题材上来看,由于连环画多是在讲故事,因此,人物肖像的描绘是其重要内容。换言之,连环画用新的形式重新继承和发扬了中国古代肖像画的传统。中国古代肖像画兴起于魏晋,到唐朝时逐渐成熟。肖像的题材主要有二,一是"仙灵",二是"圣贤",这正是姚最的《续画品》里所谓的绘画是"九楼之上,备表仙灵。四门之塾,广图贤圣"的新时代的表征:一方面,传统的神话故事始终是重要的题材,大师胡若佛笔下的《西游记》《聊斋》是这方面的代表;另一方面,所谓的"圣贤"在新的历史时期逐渐转变为"英雄",后者成为连环画的主角。古典题材连环画中有大量的英雄叙事,《三国演义》《水浒传》《岳飞传》等延续的都是这一传统。由此,传统题材的连环画在新时期具备了"神话叙事"和"英雄史诗"的味道,这二者又都与口传文化有着千丝万缕的联系。值得注意的是,这一时期,中国大众文化中出现了非常典型的、本雅明所谓的"讲故事的人",他们是刘兰芳、袁阔成和单田芳等评书演员,他们口中的《岳飞传》《三国演义》《隋唐演义》等通过收音机等渠道成为这一时期家喻户晓的故事,且成为这一时期影响力最大的流行文化产品。在本雅明看来,"讲故事"这种口传文化最重要的功能就是"表达和传承经验",这是在不同的个体之间只能通过心领神会而形成的一种共通的生命体验。从这个意义上说,从20世纪五十年代到八十年代,连环画和评书等中国传统的口传文化结合在一起,成为中国"传统经验"的表达。换言之,在连环画和评书的世界里,存在一个完整的中国传统文化的"经验感知体系",这种经验不仅仅体现在相应的情感结构的建立,更体现在它自成一体的伦理道德框架。可以说,这是中国传统文化,尤其是传统民间文化未被现代性熏染之前的绝唱。

第二,技法上的继承。从绘画技法上来看,连环画承接了中国传统人物肖像的绘画传统,以线条白描为主,寥寥几笔不仅勾勒出人物的轮廓,更凸显出人物的精神气质,即人物内在的心灵世界——而这正是中国传统人物肖像画的特色。正如徐复观所说的:"(中国古代)以人物为主的绘画上的传神,气韵生动,实即来自人物品藻中所把握到的神,所把握到的气韵,要求在绘画上加以表现;于是,神中之逸,气韵中之逸,当然也可称为绘画中之逸。"①这体现出赵宏本、钱笑呆、戴敦邦等连环画名家卓越的美学素养和绘画技能,他们就此实现当代中国社会的古典文化从文字到图像的一次关键性的转变。换言之,他们对古典文献中的文字做出了自己的视觉解读,完成了一系列古典人物和场景的形象塑造,这种塑造对于随后30年的中国古典文化的视觉表征具有基础性甚至决定性的意义。比如20世纪九十年代初,央视拍摄电视连续剧《三国演义》,其演员遴选和人物造型大量借鉴甚至完全模仿上海美术出版社出版的连环画《三国演义》,导演甚至比照着连环画去找合适的演员。戴敦邦不仅画《水浒传》人物连环画,而且还担任1995年央视版电视连续剧《水浒传》中人物形象的总设计师。而某些人物,如关羽,改革开放以来各种视觉版本的人物形象都脱胎于连环画《三国演义》,无论是电视连续剧,还是各种电影作品,如2011年麦兆辉导演的电影《关云长》、2008年李仁港导演的电影《见龙卸甲》,其中关羽的基本形象都和上海美术出版社的连环画保持一致,足见这一时期的连环画在视觉文化传播方面的巨大影响力。

第三,传播方式的革新。连环画的传播依赖印刷术和当代中国特有的新华书店的发行体制。印刷术可使文本大规模地生产,新华书店的发行体系解决了印刷文本的物流问题,作为一个统一的、国有的图书发行企业,新华书店在全国布下自己的销售网点,如此一来印刷术解决了连环画"信息传播"(communication)的问题,而新华书店解决了连环画的"交通运输"的问题,这使得某一本(或某一版)连环画能在特定的时期内成为相应的流行文化。

第四,"看""读"结合的文本解读形成了独特的审美体验。如果从接受美学的角度来看,连环画的审美接受是颇值得玩味的,这是由它的技术形式决定的。

首先,就连环画整体来看,它是将诸多画面按照次序串联成一个整体。读者会先验地认为,作者不会无缘无故把这些画面如此装订起来,它们之间一定具有逻辑上的因果关系以及时间上的前后承接关系。读者会在文字解读的帮助下,调动自己的想象,把这些一幅幅静止的画面连接起来,并最终赋予它们意义。从这个意义上说,连环画的意义最终如何完成,完成的质量怎么样,完全是由读者自己造就的。换言之,当一部连环画被绘制完成之后,"作者即

---

① 徐复观.中国艺术精神[M].上海:华东师范大学出版社,2001:193.

死"。从这个意义上说,连环画完全是麦克卢汉所谓的"冷媒介",它具有大量的需要读者自己解读的不确定的含义,尤其是单幅画面与画面之间的空白,其解读效应如何,完全视读者自身的情况而定。

其次,单独的页面内部也有相应的移动性特征。在连环画页面中,图像占了大部分面积,在页面底端或页面右侧,则有一些文字来解释页面的含义。如此,连环画的阅读是图像与文字同时进行的,即一边看图,一边读文字。这既和中国传统绘画的欣赏不一样,也和后来日渐普及的电影、电视剧不同,因为它可以将整个欣赏解读过程分为好几个层次,用罗兰·巴特的话来说,即同一能指背后具有多重所指。

罗兰·巴特曾经通过解读一幅黑人士兵向法国国旗敬礼的照片来说明同一能指背后具有多重所指的道理,这样一幅照片既能表达法国国民对国家的忠诚和热爱,也能表达法国统治的殖民地的人民心向母国的情怀,即"法国帝国主义的正面形象",如此单一所指则具有多重能指①。连环画的图文符号也具有同样的运作机制,它至少可以表现出三种所指的含义:一是,单独画面所表示的含义;二是,对照文字解释,读者所阅读出来的含义;三是,图像和文字结合在一起所延伸出来的含义。这三种含义来自两个方面:一是读者自己理解的含义;二是在连环画前后画页连续构成的语境中所形成的含义。我们以1958年版《三国演义》的第三集《虎牢关》中的一幅画页为例说明这个命题。

图 2　连环画《三国演义》——关羽温酒斩华雄

图 2 是《三国演义》中的一个精彩片段,即"关羽温酒斩华雄"(华雄连斩二将,正在耀武扬威,忽然关羽刀随马到,来不及招架,便被一刀切断。)这幅绘画至少可有三重所指:第一重所指是单独画面所表示出来的含义,或者说是画面的意思,关羽手持大刀将华雄劈死;第二重所指是文字和画面结合起来的含义,这里的含义突然变得复杂,既有文字结合前后画面的语境

---

① [美]约翰·斯道雷.文化理论与通俗文化导论[M].杨竹山,等译.南京:南京大学出版社,2001:114.

所形成的含义，即"华雄连斩二将"——前面两页画的正是华雄斩将的场景，也有含义的补充，比如"耀武扬威"——这是在画面中所看不到的，第二重所指其含义已经溢出了这幅图像框架本身，引导读者做视觉的前后延展和联想，这正是连环画"移动阅读"的最重要的体现；第三重所指是读者整合前两类含义最终自己得出的新的含义，这正是优秀的古典题材连环画的精彩之处，即它继承了中国传统绘画的美学特征，所谓"计白当黑"——用想象力填充空白进而得出新的意蕴，比如这幅画面的视角是从左下角向右上方构图的，而且按照中国传统绘画的构图和阐释框架，其空白之处自然被理解为"战场的旷野"，而画面左上角影影绰绰的墨点也很容易被理解成"庞大的军队"，如此，这幅绘画的核心是一个动作场面，但整个构图却将整幅画面拉得非常辽远，或者说，它有一点郭熙所谓的"自山下而仰山巅，谓之高远"的境界——读者不仅仰视关羽一刀劈死华雄，更仰视着空旷、辽远的汉魏时期古战场的雄伟和拙朴。

　　这正是连环画对中国传统的"移动阅读"进行推陈出新后形成的崭新境界。一方面，用本雅明的话来说，"散点透视"使得读者在观看连环画画面的时候能够"凝神观照"，无论画面的构成元素多么令人"震惊"，因为是主动阅读，所以读者都有可能将视点拉开，调动想象力，熔铸内心中更深远的意象和含义；另一方面，连环画前后画面的连续、承接，又将一幅幅单独的画面纳入一个个更恢宏的叙事当中去，一种具有历史感或时间感的"移动阅读"就此形成，也就是说，画面之前有画面，画面之后还有画面。而且，画面与画面之间连接的节奏和秩序是读者可以控制的，于是，大量的"空白"就此产生，审美主体性在这个空白中得以成形。空白不是空无，而是未完成和无限可能。人们之所以欣赏卷轴画是因为右手握住过去，左手放眼未来，眼前一米见方的画面则是现在，而即便是现在，因为散点透视，又有"计白当黑"和"平远、深远和高远"的无限可能。人的肉眼看到的是具体的画面，但人的精神世界因为这种视觉的牵引而被导入无限的时空里。优秀的连环画也延续了这一传统，它以民间文化和流行文化的方式将中国传统的"移动观看"进行了一次精彩的绝唱。随着影视技术的介入，传统文化的视觉表征开始形成性质完全不同的"移动观看"。

二、被影视技术刷新的现代视觉性

　　中华人民共和国成立后相当长的一段时期内，因为连环画这样的视觉文本形式，传统移动观看的民间视觉性没有彻底断裂，直到改革开放后中国影视文化的全面勃兴。

　　在某种意义上说，改革开放的过程也是中国影视事业实现跨越式发展的过程。这里有两个因素的互动，一是相应的媒介机构和媒介事业的发展。1978年，原北京电视台更名为中央电视台，开始了自己国家大台的发展历程。1983年，当时的广播电影电视部召开会议，正式确立所谓"四级策略"，即在中央、省、市和县四个行政级别分别开设相应级别的广播电视事业。中国电视台的数量一跃成为世界第一。从20世纪90年代中期开始，我国又启动了卫星电视和有线电视的发展历程，各省级卫视成为卫星频道，而数量众多的专业频道得以在有线电视的平台上百花齐放。总之，规模越来越大、数量越来越多的电视机构对节目源提出了越来越高的要求。

　　电影事业的发展同样蓬勃。改革开放伊始，中国电影一方面全面恢复生产（"文革"初期中断),另一方面解禁了几百部在"文革"中被禁、被批的电影,包括"十七年"电影("十七年"故事片总产量603部)和新中国成立前的左翼进步电影,同时还开始大量引进日本、美国、欧洲等国家和地区的电影。20世纪80年代,在改革开放和商品经济大潮的影响下,中国电影开始了商业化和娱乐化的探索,同时"第五代导演"开始了自己主动走向世界的努力(如张艺谋等人在国际上获奖频繁)。从20世纪90年代开始,中国电影开启了体制改革,无论是以票房分账发行的方式进口海外大片,还是实施"电影精品九五五〇工程专项资金"项目,都逐步形成了独具特色的中国电影发展机制。在这一切努力的背后,是影片数量的增加,电影银幕数量的增加,以及观众数量的不断增长。影视文化成为大众文化和流行文化中最重要的环节。

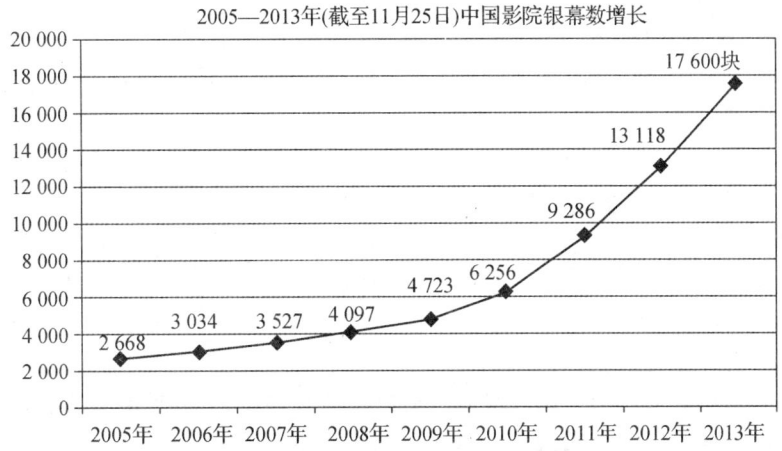

图3　近年来中国银幕数量增长趋势

(资料来源:http://news.mtime.com/2013/12/02/1521239.html)

图4　近年来中国电影票房增长趋势

(资料来源:http://news.mtime.com/2013/12/02/1521239.html)

总之,改革开放以来,观众可看的影视作品数量越来越多,观看机会越来越多。尤其是观看电视,在相当长的时期内,都成为人们业余时间的主要娱乐消遣方式,这极大地影响了中国民间视觉文化的结构和性质。换言之,从八十年代开始,电影、电视以及九十年代随之崛起的网络视频,这些技术的使用都是遵循完整的西方文化的观看传统,或者说在当代中国文化语境中延续了西方文化的视觉性,中国文化传统的"移动观看"开始慢慢退出历史舞台,虽然一直余音袅袅。

1. 中西观看传统的分野

影视技术在中国大规模普及——无论是制作还是欣赏接受,这种观看行为背后的视觉性特质是与西方文化的观看一脉相承的,而与前述的中国传统文化的视觉性关系不大。

从总体上看,西方文化的观看传统与中国的最大不同在于:西方文化始终把"观看"置于一种"真实/虚拟"的框架中,这个在古希腊哲学中就有所体现(比如柏拉图的"洞穴寓言"),一直延续到电脑多媒体技术的出现(比如鲍德里亚讨论的"仿拟"背后"真实"缺席的问题);而中国传统文化面对观看,从来都是取消上述二者之间的对立,把客观的图像和人们内心构想的"想像"或者叫"心像"等同,进而着力建构它们之间的关系和共通性,最高境界是让所谓"眼中之竹、手中之竹、心中之竹"三者合为一体。中西两种完全不同的观看(视觉性)传统导致不同的观看的主客体的定位:西方文化一直强调一个清晰的观看主体,即理性、冷静、理智、独立的观看主体,这个主体有能力读解自身的观看对象,而且能够通过观看来透析对象的本质。而中国的观看传统则鼓励主体"失去自我(主体性)",与观看对象融为一体,所谓"物我两忘"就是中国式观看的最高境界,即神、妙、气韵生动等等,连环画延续的其实还是这样一种传统。

我们可以用如下的图5来表示中西视觉性传统的不同。西方传统视觉性的结构类似于两个交汇的圆,一个代表真实的世界,一个代表想象出来的"图像",人作为理性的主体是在这二者之间进行各种运作和调和。而中国传统的视觉性结构类似于一个太极图,真实和想象之像之间是流动的,而人(主体)就是太极阴阳中的小的黑白圆圈,这是一种虚实相间、你中有我我中有你的结构。

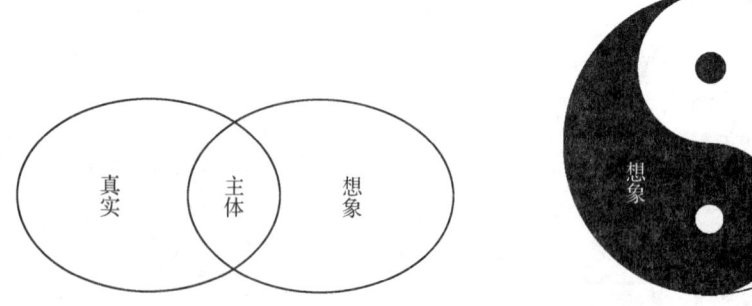

图5 西方传统的视觉性结构和中国传统的视觉性结构的对比

我们之所以说影视技术所造就的视觉性延续的是西方的传统,是因为这种技术的发明、运作和进化都是在一个"真/假"对立的框架下进行的。也就是说,"绘画的透视法—摄影—电影/电视—电脑等多媒体"这种技术进步的逻辑就是一个人们的眼睛如何处理观看的真实与虚假之间关系的逻辑。每一次新技术的革命性进步,其根本原因就在于由既有技术建构的"真实"被颠覆了。比如,之所以有"油画之死",是因为摄影出现了,于是油画无法再充当"模仿现实最忠实的工具";之所以会有"摄影之死"(也包括电影之死和电视之死),是因为电脑数字化破坏了"摄影(包括摄像——作者注)基本的前提,即当快门打开时,镜头前面必须要有东西"。总之,当技术造就的视觉真实无法成为"本真的真实"的时候,一种技术(技法)就死亡了。从这个意义上说,视觉技术"勃"是拜"表现真实"的能力所赐,"衰"也是因为"表现真实"能力的丧失[①]。

无论是用透视法创作出的油画,还是使用摄影术创作的照片,抑或是影视技术生产的影视作品,这些视觉文本本身又只能是"真实的表征",而非真实本身。这就是福柯所谓的一幅关于烟斗的绘画既是一个"烟斗"(真实烟斗的表征),又不是一个"烟斗"(真正物理形态的烟斗)的含义。所以,视觉技术的发明本身又带来了一种吊诡,即人们为了表现真实而发明从透视法到电脑多媒体的各种技法或技术(这些技术也确实更好地帮助人类表征了真实),但是每一种技术的成功发明同时又意味着人类多了一种表达"虚拟/虚假"的能力。透视法既能纤毫毕现地表现真实场景,如卡拉瓦乔的现实主义作品《以马忤斯的晚餐》中,"一篮逼真的水果放在桌边摇摇欲坠,随时都有可能掉下来"[②],也可以用于视觉宣传中的"以假乱真",如拿破仑1800年翻越阿尔卑斯山的时候,明明骑的是毛驴,但路易·大卫在绘制这一题材的油画的时候,却把毛驴换成了骏马——这样才能衬托拿破仑的伟大。用摄影、电影来营造虚假(如通过裁剪修饰照片而作假)或者表现幻觉(如各种科幻电影、鬼怪电影等),即创作和传播现实生活中不存在的场景和画面则更为常见和容易。换言之,人类表现真实的能力越强,生产幻觉的能力也就越强。可以说,"表达真实"的同时"制造虚假"是所有视觉技术的一体两面的功能,这也形成了它的两大功能。

2. 影像的功能和新视觉性的形成

所谓影像,是摄影、电影和电视等光电媒介制造和生产出来的图像。它的特点是在一个二维的平面——相纸或屏幕上呈现真实感极强的三维空间的景观。从"视觉性"的角度来说,影像的出现重塑了人们的观看模式和视觉期待,这也是影像的两大功能——表达真实以及表达虚拟(幻觉),这在电影和电视的技术发展过程中表现得尤为明显。

首先我们来看电影。电影诞生伊始,就形成了自己的两大传统:写实主义的传统和技术主义的传统[③]。所谓写实主义,是强调用电影的技法对真实生活进行原样再现,电影纪录片和现实主义的故事片就是这一传统的表现;所谓技术主义,则是把技术(技巧)放在电影制作的最重要的位置上,为了"娱乐"或者"宣传教育"等明确的"人"(创作主体)的目的而制作影片。如此,电影技术就拥有了两大功能:第一,生产真实生活的表征,即所谓的纪实性电影,观众看这样的电影就可以了解真实的世界。电影技术刚刚诞生的时候,欧洲大量出现的纪录片,以及后来的诸如意大利新现实主义这样的电影流派,承接的都是电影的纪实主义传统。第二,

---

① [美]米尔佐夫.视觉文化导论[M].倪伟,译.南京:江苏人民出版社,2006:81,109.
② [英]梅因斯通.剑桥艺术史:17世纪艺术[M].钱乘旦,译.南京:译林出版社,2009:21.
③ 邵牧君.西方电影史概论[M].北京:中国电影出版社,1982:10-14.

制造想象中的世界,即作为营造幻觉的工具,这就是电影作为白日梦的存在。好莱坞电影是最典型的技术主义传统,所以所谓"梦工厂"是其最形象的称谓。

电视也一样。电视技术被发明之后,经过一段短暂的探索,迅速形成两大类型的电视节目:纪实类的电视节目和虚构类的电视节目。前者如电视新闻、电视纪录片,后者如电视剧。此外,还出现了一些介于这二者之间的电视节目,如真人秀。

于是,人们就此形成自己看电影和看电视的目的。也就是说,无论观众在看什么类型的影视作品,他们的目的不外乎两类:一是通过电影和电视文本了解和认知真实的世界,这是影视纪实性功能的体现;二是通过视觉观赏,进入一个想象的世界,或者说一个并不存在的符号世界,在这个世界里,虚拟地体会一些在真实世界无法体会的感觉,或者是想象中的感觉。为了达成这两个目的,影视技术也形成了自己相应的视听语言,即相应的画面组接的逻辑规律以及声画关系。一般说来,长镜头因为画面拍摄不间断,能够完整记录一个事件发生的全部过程,一般被认为具有所谓的纪实性的特性。而蒙太奇因为是把事件的不同片段前后组接起来,一则剪辑者的主观意愿会渗透其中,二则完整的叙事内容需要观看者自己读解,因此被认为"主观性"较强,其纪实性也不如长镜头。而就声画关系来说,"声画合一"(声音和画面完全保持一致)被认为纪实性较强;"声画对位"是指声音和画面各自按照自己的叙事逻辑同时进行,二者相互配合激荡,让观众在读解画面和声音不同含义的时候产生新的想法,也就是达到"1(画面)+1(声音)>2(声音、画面各自含义的机械累加)"的效果。所以,声画对位的方式更适合表现较为复杂、多线索的内容,或者干脆用于抒发情感,其纪实性远不如声画合一。

上述判断仅仅是影视画面视觉表现的一般逻辑和规律,事实上,真正创作的过程要比这些判断复杂得多。对真实还是虚拟的表达,对情感还是事实的论述——这些视觉语言的应用都要灵活得多得多。正如邵牧君所说:

> 一部影片是否能正确地能动地反映现实生活,传达时代精神,并不完全取决于影片的制作方法,而是决定于创作者的思想立场和观点。严谨完整的剧作结构和精心设计的蒙太奇绝不可能必然成为现实主义创作方法的有害手段,相反地,把镜头对准人生表面现象的自然主义手法却一定会损害影片对现实生活的概括力量①。

影视技术这两大功能进而形成的两大类型的影视文本,形成了改革开放之后中国民众新的视觉惯例。这体现在以下三个方面:第一,对于真实世界的了解,人们开始追求"眼见为实"的效应,即他们对电视新闻和纪录片提出了新的要求。他们不再满足于之前主要由报纸、杂志等文字媒介提供的新闻信息,而是要看到"活的影像"才会真的相信。而且,随着电视机的普及,以及电视新闻播出的日常化(如 2003 年中央电视台新闻频道的开播,不仅实现了新闻的滚动播出,而且还提供了大量的新闻深度报道和新闻评论节目),人们越来越依赖电视影像来建构自己对真实世界的了解。第二,观众对自己眼睛看到的视觉奇观的要求越来越高,自

---

① 邵牧君.西方电影史概论[M].北京:中国电影出版社,1982:12.

己建构了一个现实生活中并不存在的、虚拟的世界。第三,在影视创作过程中,"真实"和"虚拟"结合的技巧越来越高超,二者之间的关系也越来越复杂。很多虚构的作品,因为真实地反映了社会深层次的真实,即社会的逻辑和规律,反而被认为是真实社会的体现。相反,也有很多所谓真实题材的作品,或由于创作者艺术水准不够,或由于片面地要符合主导意识形态的需求,反而让观众感觉不真实。

三、连环画逻辑的余响和更新

影视技术造就了一种新的"移动观看",中国传统的观看模式就此断裂了。但是,值得注意的是,中国本土的影视创作者并未彻底抛弃中国的移动观看的传统,而是或被动或主动,或有意或无意地在影视创作中吸纳连环画的表现手法,进而形成了中国影视创作的独特魅力。

1. "电视连环画"

首先,在改革开放早期的中国古典名著的电视改编中,我们能看到连环画视觉逻辑的影子。从20世纪80年代到21世纪,中国古典四大名著全部被搬上影视屏幕,其中《水浒传》被搬上屏幕三次,相关题材则更多,《三国演义》两次被拍摄成电视剧,以三国人物为主题的影视作品也是不胜枚举。《西游记》总共出现了四个电视版本,还出现一系列衍生的影视作品,如《西游记后传》《大话西游》等。《红楼梦》两次被搬上电视屏幕,一次被搬上电影银幕,每次都引起社会的巨大反响。就古典文化的民间视觉传播来说,曾经最重要的连环画开始退出历史舞台,电影和电视开始部署中国民间社会新的关于古典的"视觉观看"。但在中国电视剧发展的早期,我国拍摄的很多电视连续剧还残留着连环画的视觉性传统和特征,尤其典型的是中央电视台的鸿篇巨制《三国演义》。这部电视剧总共有84集,气势恢宏。但播出之后即有评价,说这部剧就像一部电视版的连环画,总结起来,主要体现在以下两个方面。

第一,这部电视剧的剪辑没有很好地贯彻一般意义上的影像剪辑的规范,而是依旧遵循类似连环画的"静止画面的机械连接"——这是绘画和印刷时代的产物。尤其是在很多地方,画面与画面之间缺乏连贯性,只能靠画外音和字幕来帮助观众理解——这和连环画"画面+文字"的传播逻辑是一样的。尤其是到了最后几集,可能因为资金短缺等原因,诸多重要的战役、历史事件等等都是"简单几个画面+冗长的画外音"就应付着交代过去了,这完全不符合人们观看影视画面的期待。

第二,在画面冲击力的展示方面,由于技术和拍摄手法等方面的限制,这部电视剧过多注重静态画面(镜头)的造型展示,而忽略了画面内部的流动和镜头之间的衔接技巧。比如,观众普遍认为这部电视剧的武打戏拍得太弱了,其原因恰恰也是连环画的视觉性影响。连环画在绘制武打场面的时候,往往截取一个精彩片段,然后辅以文字予以解释,这是一种基于原著文字的图像设计,前文所述的"温酒斩华雄"就是典型的例子。

《三国演义》这部电视剧在拍摄武戏的时候也延续了这一思路,即导演所谓的"武戏文唱",它不是依据动作的逻辑(视觉冲击力)来设计和编排画面,而是依据文字营造的氛围和意境来拍摄画面(这是连环画的创作逻辑),这导致了在影像表现过程中导演往往也就是设计了一个静态的场景，厮杀双方倾向于动作静止，摆出造型，而不是做出各种动作，这样的画面当然缺乏视觉冲击力，而且有的时候看上去就像两个演员在比赛谁力气大，对于描绘古代战争来说，这显得过于儿戏。

图 6　电视剧《三国演义》视频截图

同样是"移动观看"，连环画和影视传播的审美效应是完全不同的。如前所述，当读者看到连环画中的一幅图像的时候，会调动自己的思维和想象力将这幅画面和前后的画面连接起来，并结合文字解释丰富这幅画面的含义。但观看者看电视剧是不同的，观众不会调动任何想象力去填补和完形，而是直接渴望看见有视觉冲击力的画面，如果看不见，他们不会自己去完形与想象，而是直接下结论——这部作品不好看。

四大名著的电视剧改编，或多或少地都存在上述情况，只是《三国演义》把这一问题暴露得最突出。究其原因有二：第一，在所有的古典题材的连环画中，《三国演义》的影响力最大，因此它也最大限度地影响了央视版同名电视剧的拍摄。其实后来编导自己也承认，从人物造型到场景设置，电视剧都大量借鉴了连环画。而其他三部作品相对好一些，但这并不是说连环画的视觉性在其中不存在。《红楼梦》因为全部是文戏，所以连环画的静态画面前后承接的方式观众并不觉得有何不妥。《西游记》和《水浒》（山东版）大量借鉴了中国传统戏剧的表现方式，在画面内部实现唱念做打，大大弥补了其影视视觉性的不足。第二，这里也有宏观文化背景和政策背景的原因。从改革开放伊始一直到 20 世纪 90 年代中期，中国社会对传统文化的态度是非常复杂的。在 80 年代文化热的浪潮下，整个社会掀起一股反思甚至否定传统文化的思潮，这里既有主流文化对传统文化中的封建主义、专制主义的批判（如周扬、于光远、王若水），也有知识精英以西方文化反观乃至贬低传统文化的思潮（如刘小枫、甘阳），还有寻根文学对传统的令人震惊的神秘一面进行的展示和再梳理(如阿城、韩少功)①。在这种情况下，以中央电视台为代表的主流媒介则以一种严肃正统的方式和态度对待传统文化，或者说以一种继承道统的心态面对传统文化，即肯定传统文化的伟大价值，并以继承者的心态自居。所以，央视拍摄古典名著遵循的一条重要原则就是"忠于原著"——这一提法和态度当然没有问题，但是落实到具体业务上，如何"忠于原著"则很难有明确的标准。因此，忠于原著在很大程度上变成了"忠于文字"。如此，在拍摄相关古典题材电视剧的时候，真实的情况是"文字先行"，然后"画面跟上"——这样最保险，却无意中遵循了连环画的创作逻辑，而影视剧创作过程中一个非常重要的环节，剧本则被简单化了。文字先行造就了这一时期中国电视的整体文化品格，即文人电视。

2. 文人电视的图文教化

在20世纪整个80年代和90年代前期，中国电视被形象地称为"文人电视"或者"知识分子电视"。这充分体现在两个方面：第一，电视创作秉承了中国"文以载道"的传统，即要表现出强烈的思想性以及思想性背后的"教化作用"；第二，这一时期的电视节目制作要体现出知识精英阶层特有的品位以及他们的文化使命感，其要用这种品位感染观众，而不是去迎合观众的欣赏口味。而这二者，都依赖文字在电视创作中的直接挪用。比如，无论是《三国演义》还是《红楼梦》，其电视剧中的许多台词都直接来自原著，演员之间的对话充满了"之乎者也"，这样文化素养不高的观众可能会不知所云。电视剧《红楼梦》干脆直接把原著中的诗词拿来作为电视剧主题歌和插曲的歌词，这些歌词意境典雅，含义高深，如果对原著文字没有一定认识，是体会不出这些歌词在电视剧中的作用的。但这并不妨碍普通观众对这部剧的喜爱。在观众看来，读不懂这些台词和歌词是正常的，因为他们都是"高雅文化"，是专家们才懂的东西。

从电视创作者来说，他们也会秉承知识分子的使命，比如《红楼梦》的创作者王扶林之所以要拍摄《红楼梦》，是因为两点：第一，鉴于"读书无用论"等观念在中国社会中造成的伤害，他认为自己有使命改变这一现状；第二，他在英国留学学习英国戏剧时，发现英国BBC电视台大量拍摄、播出由莎士比亚、简·奥斯汀、狄更斯等大作家的文学名著改编的电视系列剧，因此想到"中国有如此昌盛的文脉，为什么不能电视化呢？"②——这是人文知识分子情怀从文字向影像转移的一个证明。在《红楼梦》的剧本创作过程中，剧组充分尊重以周汝昌为代表的红学家的意见，吸纳当时红学界的最新研究成果，尤其大胆改编了高鹗续写的后40回的故事情节——以学术研究成果替代通行的小说原作，这把电视剧中的知识分子因素提到前所未有的高度。

除了电视剧，"教化"功能还突出地体现在这一时期的电视新闻和纪实类电视专题片中。这一时期电视新闻的形态非常简单，就是一些新闻现场画面的机械连接再配上新闻解说词，长镜头、同期声几乎都没有。此时，电视新闻的基本使命还是宣传(比如，中央电视台《新闻联

---

① 王学典."80年代"是怎样被"重构"的？——若干相关论作简评[J].开放时代,2009(6).
② 参阅北京电视台电视系列节目《电视往事》第八集.

播》在播出新闻的时候一直有配乐,直到1984年才结束),所谓"新闻专业主义"还不为电视记者们所熟知。这形成了电视新闻界后来一直着力批判的电视新闻的制作逻辑:"画面+声音"变成了"声画两张皮"的机械拼贴。此时,文字在电视新闻中扮演主要角色。它既能说明事实,又能达到宣传的目的。尤能体现文人电视特征的是这一时期中央电视台拍摄的一批纪实类电视专题片——《丝绸之路》《话说长江》《话说运河》《望长城》等,它们更能体现所谓知识分子的情怀。这首先体现在创作者的创作理念方面。比如《话说长江》的总编导戴维宇如此总结这部专题片的拍摄主旨:"以真实流畅的画面展现一条中华民族的血脉河流,以真善美唤起人的爱国主义情感,变灌输教育为形象教育。"①从创作手法上来看,这些专题片的拍摄都是先写出文采斐然的文字脚本,然后再循着脚本的线索去拍摄镜头,于是形成了"画面优美,剪接流畅,解说词富有文学色彩,辞章华美,配音配乐悦耳"的特色,充分显示出优美、典雅的文化品位,这与"画面+解说"的连环画的逻辑是分不开的。

四、基于流动影像逻辑的移动观看

在哈贝马斯看来,技术拥有自己独立的生命、功能和品格。技术诞生之后,会按照自己的逻辑形塑人们的使用,形塑人的主体性,进而形塑整个社会的进程和逻辑。因此,技术对人和社会都有一种统治力,这就是"技术的意识形态"。从这个意义上来说,影视技术也一样,它可以强制人们尊重它的使用方式和使用规律。所以,与其说爱森斯坦、普多夫金等电影理论大师,以及后世无数的导演、剪辑人员、影像特技工作者逐渐发明并完善了流动画面的使用规则,不如说他们是发现了原本就蕴含在流动影像中的表情达意的规律和逻辑。就像米开朗基罗从一块大理石中看出一个"大卫"的塑像一样,影视工作者也是在流动影像的内部逐渐发现其源源不断的表现力。在这一过程中,传统的"移动观看"的逻辑得以刷新,换言之,一种新的"移动观看"的视觉性出现了。

如果说视觉性是"我们怎么看、我们如何能看、我们如何被允许看,如何被迫看,以及我们如何看待这种'看'和'不看'",那么,发轫于20世纪90年代初期的中国新的影视文化,其视觉性率先改变的则是一个最基本的命题,即通过屏幕"我们看什么"。人们看到的不再是经过图像化的文字,而是全新的视觉创作,这种创作是遵循影视技术自身的逻辑,而非将影视逻辑纳入文字逻辑中,这也迎合了观众对电子视觉技术造就的视觉文化文本的期待。

1. 从文字逻辑向影像逻辑的转型

所谓影像逻辑,是指在影视作品的拍摄过程中,强调用影像自己的力量来达到叙事、抒情、说理等诸多传播的目的,而尽可能地不要依赖文字或声音的阐释和解读。这包括两个方面的内容:第一,强调画面制作的质量,即画面的直观性——画面本身给人带来的第一眼的震撼力、冲击力和吸引力,而且观者对画面是一看即可理解的,不需要经由文字或声音的解释;第二,强调画面剪辑的质量,即尽可能地通过画画与画面的连接来表情达意,同样淡化文字和

---

① 朱羽君,殷乐.生活的重构——新时期电视纪实语言[M].北京:北京广播学院出版社,1998:55.

语言的解释。在这样的逻辑下,连环画的视觉性将不再出现了。

我们还是以古典名著改编的电视剧为例。可以说,连环画的逻辑既让《三国演义》保留了部分古典韵味,同时又让它因为缺乏影像的冲击力而广受诟病。广泛的批评导致后来的创作者在重新拍摄古典名著的时候刻意避免这一点,这首先体现在《水浒传》的拍摄上。1995年播出的央视版《水浒传》,公然宣称不再将"忠于原著,慎于翻新"作为自己不可动摇的信条,而是要从《三国演义》"武戏文唱"的失败中吸取教训,不再按照文字的描述来拍摄武戏,而是按照画面(视觉)的逻辑来拍摄。所以,其武戏设计和拍摄完全脱离了施耐庵原著文字的限制,调动各种技术手段使得动作场面变得精彩①。比如,"拳打镇关西"一节,原著文字是着实打了三拳,进而用通感的修辞方式调动读者的想象力去联想——镇关西挨了三拳,分别像走进了染料铺、酱料铺和乐器铺,也就是眼睛、口鼻和耳朵分别受到重创,这是典型的文字逻辑。但电视剧的拍摄则不然,两位演员的打斗远远超过了"三拳",而是"你来我往"打了很久,换言之,文字可以调动读者的味觉、听觉和视觉,但是画面只能调动人的视觉,所以要最大限度满足人们的视觉需求——这是电子移动影像的逻辑。

而新世纪拍摄的《新三国》则彻底摆脱了《三国演义》图解画面的连环画的构图逻辑,完全按照"视觉至上"的影视画面的逻辑重新改编原著。如果说《三国演义》是用画面重新解读了一遍罗贯中的原著,那么《新三国》则是用电视画面重新创作了一个"三国"。我们略举一例即能看出这二者之间的差别,前文提到的"温酒斩华雄"这一桥段的拍摄,在《三国演义》中编导完全遵循原著的文字描述,即:

> 操教酾热酒一杯,与关公饮了上马。关公曰:"酒且斟下,某去便来。"出帐提刀,飞身上马。众诸侯听得关外鼓声大振,喊声大举,如天摧地塌,岳撼山崩,众皆失惊。正欲探听,鸾铃响处,马到中军,云长提华雄之头,掷于地上。其酒尚温。

图7 《三国演义》中"温酒斩华雄"的段落,编导贴上的画面是"士兵呐喊"和"一杯冒着热气的酒",而没有任何动作画面。

---

① 参阅北京电视台电视系列节目《电视往事》第十八集.

《三国演义》的拍摄基本按照这段文字的描述来进行,所以当表现"关公斩华雄"场景的时候,画面显示的只有"鼓声大振,喊声大举",并无两人交战的画面。罗贯中之所以这么来描写,运用一种独特的修辞手法,就是要用文字调动人们的想象,进而使读者产生阅读小说的快感。但这不是流动画面的逻辑,因为如果要用画面来表现这一场景的时候,观众要的不是"自己想象"——这还是阅读文字的逻辑,而是要亲眼看到"斩"的过程,这才是流动图像的逻辑。

《新三国》对这场戏的演绎,极尽了动作镜头的渲染,画面不仅调动了各种镜头的语言,而且还配合相应的特技和音响效果,呈现给观众的完全是一场视听盛宴,见图7、图8。

图8 《新三国》中"温酒斩华雄"的段落设计了精彩的动作画面

《三国演义》前后两个版本的拍摄差异表明中国电视创作者开始逐渐脱离文字的约束,转而遵循流动影像画面自身的逻辑。这意味着他们开始"用画面思考画面",而不是"用文字思考画面",进而使整个影视视觉文化的教化作用也发生变化。

2. 变教化为迎合

"用文字思考画面",即所谓以"文字先行"的方式制作影视作品,很容易落入"视觉教化"的窠臼,尤其在中国"文以载道"的传统框架下——文字先形成道德训令,进而再创作相应的画面予以形象的阐释。这在中国甚至不是影视的发明,而能追溯到古老的绘画时期。比如东晋大画家顾恺之创作的《女史箴图》就是用画面宣扬所谓的"妇德"的典型。但当画面脱离了文字的羁绊,完全可以自我叙事的时候,其"视觉冲击力"就成为影响观者的第一要素。如此,"好看"成为视觉文本创作必须遵循的最重要的标准。关于这一点,电视连续剧《渴望》的创作有着革命性的意义。

《渴望》于1990年播出,这部看似剧情冗长的电视连续剧(50集)创造了电视剧的收视奇迹,掀起了收视热潮,也引发了理论界广泛的评论。这部电视剧意义之深远,在于它开创了一种崭新的视觉文化的生产方式,换言之,从视觉性塑造的角度来看,这部剧创立了一种新的"移动观看"的视觉体制,也就是说,它改变了中国观众"看什么、怎么看、如何看待自己的看"等等一系列的内容。

首先,是观众"看什么"的转型。与20世纪80年代诸多电视剧的拍摄不同,这部剧不再

图9 《女史箴图》中的"玄熊攀槛、冯媛趋进",描绘冯媛以身阻熊,护卫汉元帝的情形。

脱胎于任何文学作品,或者说,它不再有任何文学母体,有的仅仅是一个创作的诱因——"一张小报上几百字的报道"。这意味着,观众不必再像以前(80年代)那样透过一个视觉文本而看到这个视觉文本背后深邃的文字文本。这同样意味着,视觉文化的内涵没有那么深远甚至艰涩,并非每一部电视剧都像《红楼梦》那样,其身后不但有曹雪芹的皇皇巨著,还有诸多红学家的研究成果。这部电视剧就是用流动的画面展示了一个看似真实的故事而已。

从一篇新闻报道到一部漫长的电视剧,中间的部分"都要靠大家攒"。于是,王朔、郑晓龙等创作者聚在一起,像搭积木一般开始拼凑整部电视剧的各个组成部分:

> 那个过程像做数学题,求等式,有一个好人,就要设置一个不那么好的人;一个住胡同的,一个住楼的;一个热烈的,一个默默的;这个人要是太好了,那一定要在天平另一头把所有倒霉事扣在她头上,才能让她一直好下去。所有角色的性格特征都是预先分配好的,像一盘棋上的车马炮,你只能直行,你只能斜着走,她必须隔一个打一个,这样才能把一盘棋下好下完,我们叫类型化,各司其职①。

如此,这种创作不再是文字的字斟句酌,不再是强调修辞手法以及语法逻辑的创作,而是一种"视觉性"的创作,即创作者直接去构想形成叙事的诸多场景,这些场景包括人物形象、对话、环境、背景、动作等,所有的创作都直接依赖"视觉思维"。当时的创作情况是郑晓龙、王朔等人聚在一起聊,副导演和美工就在一旁迅速把场景用素描勾勒出来。也不是写好剧本再拍摄,而是通常只有一个故事大纲,演员会按照这个故事大纲演下去。

其次,与脱胎于文字的电视剧创作不同,这种以影像设置(而非文字书写和创作)为起点的视觉生产,不再是居高临下的说教式的传播,而是为了收视率和市场效益的迎合式传播,文字的那种先天的思想性优势、道德训诫的高度被取消了。这样的视觉生产呈现出一种平民化

---

① 王朔.无知者无畏[M].沈阳:春风文艺出版社,2000:8.

的旨趣,一种迎合观众的旨趣,关于这一点,创作者自身也是毫不掩饰的:

> 这不是个人化创作,大家都把自己的追求和价值观放到一边,这部戏是给老百姓看的,所以这部戏的主题、趣味都要尊重老百姓的价值观和欣赏习惯,什么是老百姓的价值观和欣赏习惯?这点大家也无争议,就是中国传统价值观,扬善抑恶,站在道德立场评判每一个人,歌颂真善美,鞭挞假恶丑,正义终将战胜邪恶,好人一生平安,坏人现世现报,用电影《平原游击队》中何翻译官的话说就是"祝你——祝你同样下场!"①

换言之,是"观众希望看到什么,我就制作和呈现什么",创作者不再居高临下,不再觉得自己有什么理念、道德等等需要告知观众,甚至教育观众,而是反过来强化观众内心既有的认知框架和道德判断。观众从所谓(被要求)的"文艺审美",甚至"被教育"转到纯粹的"娱乐休闲"中,电视也从文化事业转型为娱乐媒介,进而导致电视的商业化,这也是从20世纪90年代开始中国电视业发生深刻变革的原因之一。

《渴望》标志着一个新的电视剧创作时代的到来,也意味着一种新的电子视觉文化的产生。《渴望》开创了中国独特的电视现实主义艺术之路,即它完全取材于当代现实生活,其人物塑造、人物关系、矛盾冲突、价值观判断等直接迎合普通民众的精神世界,同时这种取向又完全是那种"流动视觉性"的,也就是说,符合人们对日常生活时间绵延逻辑的感知逻辑。导演郑晓龙如此谈到剧组当时的构思:

> 因为当时定下来以棚内拍摄为主,所以一定要搞好人物关系,否则这戏不好看……但是,拍老爷们谁爱看啊,还是要拍女孩更加好看——那张脸好看吧。而且还是要拍善良的女孩,我们认为能够把所有的优点都集中在她身上,然后大家要看那个长得那么好看(一女孩),浑身都是优点,但是她又历经磨难,这样就更好看了。②

从这段话,我们或许可以看出,这部戏在视觉上追求强烈的真实感——不仅道具、布景、服装等完全追求真实,而且连人物形象都看上去那么真实,好人长得就是这个样子,坏人长得就是那个样子。但是这部剧的叙事逻辑却完全是"做出来"的,是根据"制造矛盾"的需求编造出来的,这恰恰又是最不真实的。但这种"不真实"被掩盖在"视觉真实"的表象下面,使得人们无从辨别。比如,剧中的反面人物王亚茹总是在正面人物刘慧芳马上成功的时候跳出来"搅浑",把别人的幸福毁掉。如此,"演王亚茹的演员在拍摄过程曾经不喜欢或者不相信自己扮演的这个角色是合乎人情的,找导演谈,导演也许很同情她,但也无法对这个角色进行根本

---

① 王朔.无知者无畏[M].沈阳:春风文艺出版社,2000:10.
② 参阅北京电视台电视系列节目《电视往事》第十一集.

性的调整,因为40集戏全指望着她把好事搅坏"①。而观众看到这个角色,并不会质疑她的真假,而是会进行直接的情感判断和价值判断——讨厌她、批判她。反过来,扮演正面人物则收获另外一种情感判断和价值判断——被大众疯狂地喜爱,甚至当成完全真实的人物。演员张凯丽当时因扮演刘慧芳一夜成名,成名之后很多人把她当成了真正的"刘慧芳"——一个真实存在的现实中的好人。于是,有人把被遗弃的小孩送给她,希望她像剧中人物一样收养孩子,也有人希望她能够帮助处理家庭矛盾,等等。从这个意义上说,很多观众完全混淆了演员张凯丽和角色刘慧芳之间的差别,把王朔、郑晓龙等人做出来的"影像"当成了现实生活本身。这正是鲍德里亚所谓的"仿拟"现象在中国第一次大规模地出现——电视塑造了一个现实生活中并不存在的人物,但是他是如此的真实,于是观众将他等同于现实中的相应角色,并真切地相信,这些人表演出来的故事情节,就是真实的生活,尤其是其背后蕴含的价值判断和逻辑也是真实的。②

20世纪80年代也有反响巨大的现实主义题材的电视剧,比如知青题材的《蹉跎岁月》,反映企业改革历程的《新星》,反映工读学校改造工读生生活的《寻找回来的世界》等。但从总体上来看,尚无直接取材于当下百姓日常生活的作品。无论是知识青年的下放点,还是探索改革的企业,或是着力挽救失足少年的老师——这些环境、背景、人物关系等与人们的日常生活之间还有较大差距。更重要的是,因为秉持思想性、教育性的创作理念,剧中人物的情感往往都不具备所谓的"平民性",即他们身上总有一种超越于普通人性格气质的东西存在,如此才能形成道德感召,进而让观众仰视。而从《渴望》开始,中国电视剧正式形成了自己的一个重要传统,即取材和表征当下日常生活,从表面上看,剧中人物就像从现实生活中直接走上屏幕的一样,其穿着、打扮、说话方式、喜怒哀乐、价值追求都和人们在现实生活中看到的几乎一模一样——但这只是表象。从深层次的叙事逻辑来看,影视创作者们会刻意把一些极端的矛盾加在他们身上,进而构成强烈的戏剧冲突。前文所述的郑晓龙、王朔等人"让一个美丽的好女人经历所有的倒霉事"是一个思路,中国电视剧的创作者还形成了许多其他的思路,比如海岩作品中的一个套路就是"让警察和罪犯相爱",由此延伸出一系列冲突,形成了《永不瞑目》《玉观音》等一系列热播电视剧。

至此,我们不难发现,尽管中国电视剧种类繁多,但从视觉性的角度来看,不外乎两种。第一种类型得益于四大名著改编逐渐形成的路径,即立足文字叙事,由文字延伸出想象——形象建构,并利用最新的影视技术将形象尽可能"奇观"化。于是,我们看到,《三国演义》《水浒传》中的服装道具越来越精美,武打和战争场面越来越激烈。而《西游记》中妖魔鬼怪愈发"魔怪",比如张纪中版的《西游记》中的猪八戒真的就是一头猪的形象(如图10)。各种武侠剧、穿越剧、神话剧以及部分战争、传奇类的电视剧都是走的这一路径。

第二种类型由《渴望》开创,取材于现实生活,其主题往往就是现实社会生活中的基本矛

---

① 王朔.无知者无畏[M].沈阳:春风文艺出版社,2000:10.
② 关于鲍德里亚"仿拟和仿像"的观点,参阅 Jeff Lewis.细说文化研究基础[M].邱志勇,许梦芸,译.台湾:韦伯文化国际出版有限公司,2008:363-364.

图 10　张纪中版《西游记》中的猪八戒

盾,在人物形象塑造、社会场景方面通常强调"接地气",其传播效果强调激发人们的现实感,进而产生针对现实的价值评判,乃至批判意识。《渴望》之后,每隔一段时间,伴随着社会变化,总能出现一些反映当时社会矛盾的优秀的现实题材电视剧,引发社会关注,甚至造成轰动。比如1998年的《牵手》,触及的是当时社会中日渐增多的婚外情问题;2004年的《中国式离婚》主题是中国家庭的婚姻危机;2009年的电视剧《蜗居》直逼中国都市人面临的最严峻的生存困境——买房难;2010年的电视剧《媳妇的美好时代》探讨什么是理想的婆媳关系,这些都是大多数的普通人在日常生活中必然遭遇的生活矛盾。观众看这类作品的时候,很容易产生浓厚的现实感。

大多数影视作品在部署自己视觉性效果的时候其实都是在兼顾上述两种视觉性的表达。抑或是用一种类似"反其道而行之"的方式力图达到更好的传播效果,即如果是现实题材,那么就要在人物设定、情节编排等方面强化自身的传奇性和意外性,前文所述的《渴望》就是典型的例子;反过来,如果本来已经是浪漫题材、传奇题材,那么其人物塑造和情节设定以及矛盾冲突等等就要突出反映或者暗合当下的社会风尚或社会心理,这样才能更好被观众理解。但无论如何,一种新的移动观看的范式正在形成,即电视剧(也包括电影)正在脱离中国传统的"移动观看"的思路和逻辑,开始遵循由电子媒介奠定的崭新的移动观看逻辑,视觉刺激、视觉震惊成为主要的诉求点。这一转变也成为当代中国社会整体文化转型的一部分。

作者祁林为南京大学艺术研究院副教授。

社会转型与大众文化的视觉表征建构

李 健

在当代中国,大众文化的兴起本身就是社会转型的一个必然结果。从电影、电视和杂志,到摄影、设计、服饰和广告,再到视频网站、电子游戏乃至竞技体育等多个领域,广义的大众文化以丰富的视觉形式和内容把我们包围起来,形成了中国当代社会最具代表性的视觉文化景观。米歇尔所强调的视觉文化的辩证概念,在中国当代大众文化里得到了充分的体现。可以说,依托传媒生态系统的当代转型,大众文化不断通过各种"支配性"表征范式以及"定型化"表征实践,在"视觉领域的社会建构"与"社会领域的视觉建构"两个维度[2]都呈现出区别于其他领域的自身特征。以此为依据,本文力图以当代大众传媒的生态系统为起点,对在此基础上建构起来的大众文化视觉形象符号及其文化意义生产过程进行多重语境的剖析。

一、视觉主导的传媒生态系统

与西方一样,中国当代大众文化的兴起,在宏观层面是特定时代状况所导致的必然结果,在微观层面则与传媒形态的极速发展及其形成的媒介环境息息相关。众所周知,自20世纪80年代以来,中国当代大众传媒的生态系统已经发生了翻天覆地的变化。正如伊尼斯所言,"在一种传播形式主导的文化向另一种传播形式主导的文化迁移的过程中,必然要发生动荡"[3]。对大众传媒的生态系统进行考察,可以说是立足社会转型语境,剖析大众文化视觉建构问题的一个理所应当的逻辑起点。更重要的是,借助霍尔所揭示的"文化的循环"读解模式,文化的意义生产在若干不同的过程或实践场所中展开。这其中,文化意义尤其通过"种种不同的传媒生产出来","通过复杂的技术,通过现代大众传媒这种全球通讯手段生产出来,这使得意义以历史上从未有过的规模和速度在不同文化之间循环起来"[4]。一方面,伴随着信息

---

[1] 本文系教育部哲学社会科学研究重大课题攻关项目"当代中国社会转型中的视觉文化研究"(项目编号:12JZD019)、教育部人文社会科学研究一般项目"视觉文化语境中的艺术生产理论研究"(项目编号:13YJA760025)、江苏省高校"青蓝工程"中青年学科带头人培养对象项目的研究成果。
[2] W. J. T. Mitchell. What Do Pictures Want? [M]. Chicago: University of Chicago Press, 2005:345.
[3] [加]哈罗德·伊尼斯.传播的偏向[M].何道宽,译.北京:中国人民大学出版社,2003:119.
[4] [英]斯图尔特·霍尔.表征:文化表象与意指实践[M].徐亮,陆兴华,译.北京:商务印书馆,2003:2-3.

方式的技术更迭和大众文化在全球范围的盛行,大众传媒不仅成为我们认识、接受、阐释社会生活的最重要的传播平台,而且它本身就是最具社会影响力的文化生产场。另一方面,大众传媒在文化意义生产的过程中,对视觉形象的依赖已经到了无以复加的程度。

概言之,大众传媒经过这些年的持续发展,已经形成一个相对稳定、形态复杂、多元共生的产业结构框架。历时性地考察,其至少存在两次显著的传媒结构转型,从而将自改革开放以来的媒介发展史划分为三个阶段:一是20世纪90年代初期,彩电和卫星电视的逐渐普及,改变了20世纪80年代改革开放早期以印刷媒介为主导的传媒生态系统;整个90年代也成为改革开放的深化期。二是21世纪初期,随着电脑和互联网的逐渐普及,新兴媒体不断涌现,由此形成了一个电子媒介、数字媒介及印刷媒介多元共生的复合传媒生态系统。自21世纪以来,改革开放也相应进入了一个崭新的历史时期。共时性地考察,这一传媒生态系统可以用"跨媒体/全媒体"来概括。其特征在于"不同媒体间无法预期地互动,新技术不断地扩大了现存媒体,拥有越来越多人类功能的信息机器,以及许多无可预知的可能性"①。

媒介技术的这一演进历程,对中国当代大众文化的发展具有深远的影响。毫不夸张地说,我们已经完全被各种媒介技术所包围,不仅无所遁形而且乐在其中。以基于互联网络迅猛发展而形成的各种数字媒介为例,无论从传播覆盖率还是影响力来说,这一新兴媒介的发展趋势都令人震惊。可以说,互联网作为数字媒介的代表形态,近10年来的发展速度超乎人们的想象。数字媒介中以手机为代表的移动终端,其发展趋势同样值得重点关注,而且它与互联网技术的无缝对接,也使得网络数字媒介的影响力已经轻易地散布到社会生活的每个角落。从数据上看,这一发展趋势几乎是不可逆的(见图1、图2②)。

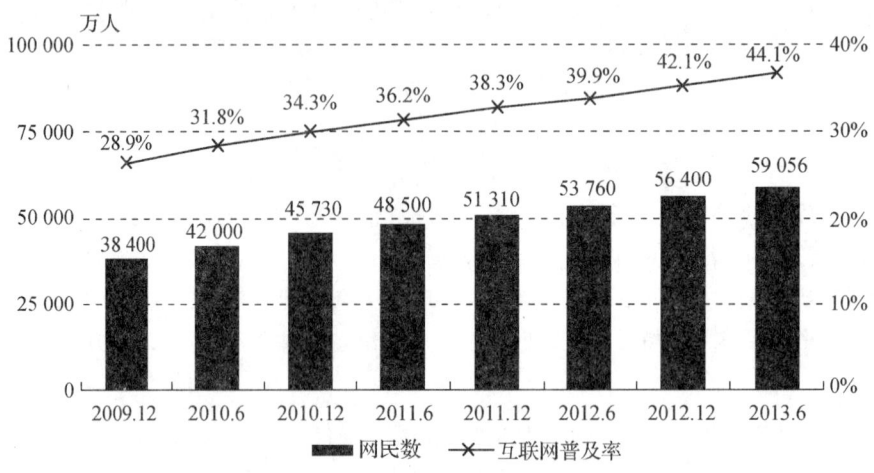

(来源:CNNC中国互联网络发展状况统计调查 2013年6月)

图1 中国网民规模与互联网普及率

---

① Mark Poster. Visual Studies as Media Studies[J]. Journal of Visual Culture, No. 1(2002):69.
② 中国互联网络信息中心.第32次中国互联网络发展状况统计报告[R/OL]. http://www.cnnic.net.cn.

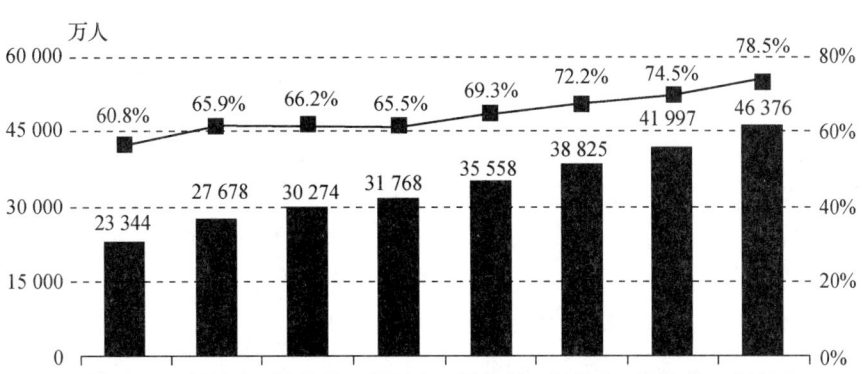

(来源:CNNC 中国互联网络发展状况统计调查 2013 年 6 月)

图 2 中国手机网民规模

依据艾吕尔的观点,人类传播"技术化"(technologization)所导致的一个后果是人类传播中的符号支持被技术支持取代了。由于大众媒介技术已经成为人与人之间沟通仅有的中介,人类"共同分享"(communion)里的固有价值在人与人的互动中被剥夺殆尽了。再者,人的意识直接打上了大众媒介的烙印,以前各种交流形式中特有的思想中介也随之荡然无存。[①]在这个过程中,艾吕尔认为,过去作为人类互动中介的语词和符号,如今"正在被形象和图像取代,形象和图像并不是走向逻辑和理性的捷径,而是崎岖的羊肠小道"[②]。

大众文化的视觉主导性无疑与此有直接关系。伴随着社会生活的深刻变迁与大众传媒的技术发展,我们不仅在日常生活中对于各种媒介的依赖程度越来越高,而且对于视觉形象的依赖尤为突出。不仅电子媒介和数字媒介已成为传播大众文化的最主要的载体,而且更具视觉性和观赏性的动态影像文化产品对受众具有更显著的影响。其中,商业电影越来越追求视觉场景的华丽效果,电视剧和电视娱乐节目也力图越来越吸引人们的眼球。这些都说明,作为一个"最具视觉化或视觉生产性的文化领域",大众文化已经不折不扣地成为我们这个时代以生产视觉享乐产品为主导的经济场:"大众文化成为一种不折不扣的'眼球经济',原本只是电视行业命脉的收视率法则,成了几乎所有大众文化的游戏规则,娱乐首先要吸引眼球,其次要生产出视觉愉悦或快感。"[③]

可以说,大众文化所依托的这一媒介生态系统,以多元链接和相互转换的"跨媒体/全媒体"为基本平台,已经带来大众文化视觉生产与消费的一场形态革命。它不但改变了视觉文化的表征系统,而且改变了人们对视觉性的感知和体验。在这里,尤其值得注意的是传媒技术在大众文化意义生产过程中的关键性作用及其两面性。新的媒介技术的出现,对文化生态

---

① 林文刚.媒介环境学:思想沿革与多维视野[M].北京:北京大学出版社,2007:75.
② 林文刚.媒介环境学:思想沿革与多维视野[M].北京:北京大学出版社,2007:77-78.
③ 周宪.当代视觉文化与公民的视觉建构[J].文艺研究,2012(10).

的影响是巨大的。这是因为当一种新媒介被引入某种文化的同时,势必会影响原有媒介的性质、含义和效果。或者说,"当一个新的因素加入到某个旧环境时,我们所得到的并不是旧环境和新因素的简单相加,而是一个全新环境"[①]。媒介技术所带来的大众传媒生态系统的当代转型本身,也因此成为我们在宏观上把握大众文化与社会转型关系的一个极具启发意义的考察维度。事实上,正如芒福德所言,"技术与文明作为一个整体是人类的有意识或无意识地选择、智能活动和奋斗的结果。一方面,它显然是极为客观的和科学的,而另一方面又常常是非理性的。……技术本身不像整个宇宙一样,形成一个独立的体系。它只是人类文化中的一个元素,它所起到作用的好坏,取决于社会集团对其利用的好坏"[②]。这意味着,在传播媒介的技术发展背后,还包含着深刻的社会政治、经济和文化等维度的复杂动因。恰恰是这些因素,构成我们理解中国当代社会转型的主要参照系。

总之,无论从历时性还是共时性的角度看,对视觉性或视觉生产性的强调都是中国当代大众传媒生态系统的核心特征之一。大众文化的娱乐性、商业性、日常性等特征,无一不是全面借助一种视觉化的方式得以呈现的。大众传媒不仅全程参与其中,而且在其中扮演了关键性的角色。甚至可以说,大众文化视觉产品及其形象的生产、传播以及消费的整个过程,都是围绕传媒来进行的。

二、大众文化的视觉形象生产

具体到中国当代大众文化通过传媒所进行的视觉形象生产,可以说,依托一个以"跨媒体/全媒体"为核心特征的传媒生态系统,其过程同样深刻地体现了当代社会转型的某些关键特征。

首先,从类型学的角度入手,我们可以在总体上对中国当代大众文化的视觉形象进行多个层面的类型区分。通过这种区分,当代社会转型在视觉形象维度的多重面向可以逐一被展现出来。其一,从本体类型上看,大众文化的视觉形象包括二维静态的图像、二维动态的影像和三维空间的景象。伴随着一个跨媒体多元互动的传媒生态系统在中国当代社会的充分发展,这三种本体类型正在以一种更为复杂多变的方式融合在一起,共同建构起大众文化的视觉形象系统及其意指实践的支配方式。其二,从媒介类型上看,大众文化的视觉形象可谓涵盖了当代传播媒介的所有形态,不同形态之间也以一种跨界融合的方式共同参与到视觉形象生产的全过程之中。这一点,既是当代传媒生态系统的核心特征之一,也是促成中国当代大众文化不断形成支配性表征范式,进行"定型化"表征实践的基本条件。其三,从主题类型上看,大众文化的视觉形象涉及当代社会生活的所有领域,并依托大

[①] [美]约书亚·梅罗维茨.消失的地域:电子媒介对社会行为的影响[M].肖志军,译.北京:清华大学出版社,2002:16.

[②] [美]刘易斯·芒福德.技术与文明[M].陈允明,等译.北京:中国建筑工业出版社,2009:9.

众传媒生态系统而在不同媒介中形成各具特色的多元主题。一方面,最近三十年大众文化视觉形象的主题类型变迁,本身就是当代社会不断转型的一个缩影;另一方面,这些主题类型又是在一个远为宏阔的社会语境中叠加生成的,其中既有本土经验的特殊内容,也不乏全球视野下的多元文化融合。

基于以上三个层面的类型划分,中国当代大众文化的视觉形象体系大致呈现如下几个特征:其一,"影像化"的跨媒介生产。从商业大片、电视广告到网络视频,影像在大众文化视觉形象生产中有着举足轻重的地位,并且其生产与传播过程几乎都是在一个跨媒介环境中进行的。其二,"伪崇高"的微观叙事逻辑。中国当代大众文化的视觉形象体系建构,在叙事逻辑上存在某种悖论和张力结构。一方面,中国当代大众文化具有西方所缺乏的官方意识形态意味,这对大众文化视觉形象生产的影响可谓无处不在,另一方面,大众文化的自足性所带来的"微观意识"又是与生俱来的。其三,"开源式"的视觉形象共享。中国当代大众文化在视觉形象生产和传播过程中,对于各种视觉和非视觉资源的利用几乎达到一种无节制的程度。这使得一方面视觉形象极大丰富,另一方面又习惯于低水平重复或模仿。对此,我们可以借助教育部哲学社会科学研究重大课题攻关项目"当代中国社会转型中的视觉文化研究"课题组所做的问卷调查来获得一定程度的直观了解[①]。从表1中不难看出,我们的观影方式已经越来越多元化,同一种大众文化产品,在各种媒介中都可以广泛传播,反之亦然。图3则揭示出互联网时代,我们对于影像的广泛需求和多元选择。

表1 观影的主要选择方式

		频率(次)	百分比(%)	有效百分比(%)	累积百分比(%)
有效	电影院	184	23.0	23.1	23.1
	手机互联网	130	16.2	16.3	39.4
	PC互联网	314	39.2	39.4	78.9
	电视互动点播	113	14.1	14.2	93.1
	DVD光盘	17	2.1	2.1	95.2
	其他	38	4.7	4.8	100.0
	合计	796	99.4	100.0	
缺失		5	0.6		
	合计	801	100.0		

---

① 本次问卷调查及数据分析工作由本课题组委托南京大学社会学院闵学勤教授及其研究团队完成,谨在此表示感谢。

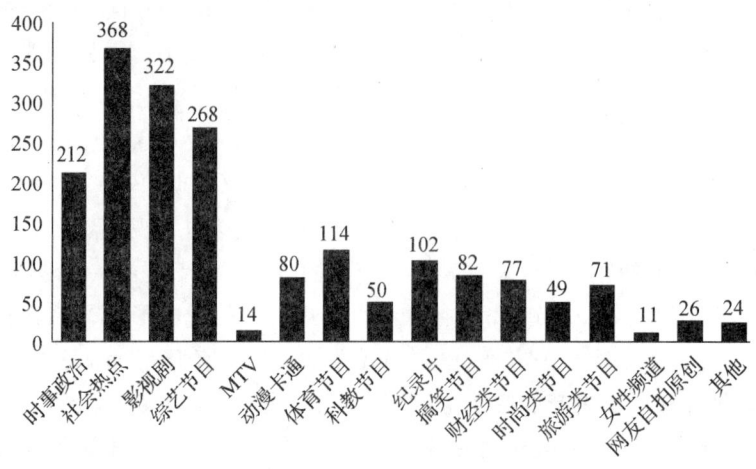

图3　通常在网络上观看的影像类资源类型

其次,从符号学、图像学的角度入手,中国当代大众文化视觉形象的"编码—解码"方式和过程,包含更为复杂的环节和制度环境。较之于西方语境,其中包含特有的"误读"现象。其一,正如媒介环境学所强调的那样,"媒介固有的物质结构和符号形式发挥着规定性的作用,塑造着什么信息被编码和传输、如何被编码和传输,又如何被解码。在这样的理论表述层面上,一种媒介的符号形式产生它编码的特征,而媒介则用这样的编码来表达信息(比如模拟式符号和与之相对的数字式符号);同时,媒介的符号形式又决定着符号组合的结构(比如命题式结构和与之相对的表现式结构)"①。在此意义上,"编码—解码"方式和过程必须以理解大众传媒自身的媒介属性为前提。中国当代大众传媒基于大众文化的自身发展规律,而与政治话语之间存在的某种张力关系,构成其视觉形象"编码—解码"实践的第一重"误读"。其二,即使从相对微观的文本语境出发,其方式和过程也涉及视觉形象表征实践的若干基本环节。这其中,视觉文本的生产者和消费者作为文本"编码—解码"实践活动的参与主体,需要作为一个复杂共生的互动结构来被我们理解。尤其是以大众面目出现的消费者对于这一过程的参与方式及其作用,值得给予更多的关注。如费斯克所言,"文化工业的商品要成为大众的,就必须不仅仅具有潜在的多元意义,也就是说,能够生产出多元的意义和快感;它们还必须经由媒体来传播,而媒体被消费的模式也是开放的、灵活的"②。换句话说,大众以消费的方式实现对大众文化的生产,并参与到视觉文本的"编码—解码"过程中。有意味的是,中国当代大众文化的消费者受制于特定的制度环境,并与之构成另一种张力关系,从而导致第二重"误读"。其三,对于大众文化视觉形象"编码—解码"方式和过程的解析,必须基于具体的视觉文本来进行。由于中国当代大众文化自身的复杂性,选取有代表性的文本是至关重要的,但这同时又会遮蔽更多的可能性。以本文所选取的在

---

① 林文刚.媒介环境学:思想沿革与多维视野[M].北京:北京大学出版社,2007:30.
② [美]约翰·费斯克.理解大众文化[M].王晓珏,宋伟杰,译.北京:中央编译出版社,2001:186.

大众文化中最具受众基础和代表性的影视作品来说,它所面对的生存环境与其他视觉文本并非完全一致。文本的选择所带来的局限性,势必导致"编码—解码"实践的第三重"误读"。

最后,大众文化视觉形象生产过程中的"挪用—发明"现象,涉及视觉资源的使用方式以及由此导致的各种问题。其一,在方法论上,这一现象所涉及的对传统文化资源的再生产、对外来文化资源的重新改造等问题,可以重点借助符号学和图像学的方法进行分析。其二,对于传统文化资源的视觉再生产,需要揭示的是作为一种具有强烈选择性的传统,它是一种不断重新"发明"的传统。其中包含着霍尔所谓"变化着的同一"的认同感:"认同使我们所做的并不是永无止境的重复解读,而是作为'变化着的同一'来解读:这并不是所谓的回到根源,而是逐渐接纳我们的'路径'。"①正因为如此,大众文化视觉形象生产对传统资源的重现,只是为我们进入现代提供一种"路径"。它永远是为"现代视野"服务的。那些成功借用"发明的传统"的视觉形象,一定是在现代与传统之间找到了契合点的形象。就此而言,中国当代大众文化的视觉形象生产更多的却是对传统的滥用,而非适度的发明。其三,对于外来文化资源的挪用,既包括以美国为代表的西方文化,也不乏以日韩为代表的邻邦文化。无论从哪个方面来看,这种挪用都是非常值得探讨的。事实上,这些文化对中国当代社会转型所带来的影响是非常巨大的。在这一过程中,充满了不同文化间的张力关系,尤其在一个全球化的语境中,这种张力关系无疑成为我们借助视觉形象生产问题来观察中国当代社会转型问题的一个非常有益的视角。突出的问题是,我们对于外来文化资源的借用,往往处于一种文化不自觉的状况之中。最终,这种"挪用—发明"现象背后所带来的各种社会文化问题,本身便构成当代社会转型的一个面向。其中,视觉形象生产对各种非视觉性资源的视觉化改造,便是一个颇受关注的议题。这一议题突出体现在关于图文关系的讨论之中。在一个以视觉形象为主要把握方式的大众文化生态中,文字的存在意义及其所扮演的角色越来越变得令人疑惑。而按照艾吕尔的观点,"每一种媒介形式都有影响人类的特征,对人的意识的视觉冲击和听觉冲击也根本不同。因为视觉倚重视觉图像,所以视觉是现实的王国,也就是环绕我们的直接经验;与此相反,耳闻(和阅读)是真实的王国。……形象必须要和语词平衡。形象不能够传递真理,只能够传递现实……对社会而言,最终的结果是'语词的羞辱';由于形象泰山压顶似的影响,连语词都丧失了意义,沦为宣传的奴隶了"②。如何揭示这种现象及其问题并给予回应,也因此成为把握当代中国社会转型症候的一项重要理论工作。

三、大众文化的视觉消费主义

在对大众文化视觉形象的生产过程进行微观考察的基础上,我们可以进一步从其消

---

① Stuart Hall and Paul de Gey, eds.. Questions of Cultural Identity[M]. London:Sage Publication Ltd., 1996:4.

② 林文刚.媒介环境学:思想沿革与多维视野[M].北京:北京大学出版社,2007:78.

费过程中更清晰地把握整个时代的脉搏。这一过程中所呈现出的消费主义倾向,便是最具有典型特征的社会转型议题之一。一方面,眼球经济和注意力经济作为大众文化最重要的文化生产法则,体现了大众文化的视觉生产及其消费的极其深刻的经济学动因。这是大众文化走向视觉消费主义的现实基础。另一方面,大众文化对注意力经济的依赖,又以当代消费社会的形成为背景。在此背景之下,大众文化借助视觉形象所建构的消费神话,对广大受众具有某种导向功能,并最终形成一个以视觉享乐主义为主导的文化消费逻辑。这一逻辑促使我们将视觉享乐作为一种基本生活方式来对待,由此造成一系列文化症候。其中过分沉溺于视觉快感而导致的过度娱乐化,使得中国当代大众文化出现包括物质至上、色欲、暴力等在内的病态和不健康的倾向。具体而言,基于一个将大众文化作为文化产业进行经济运作的"生产—消费"机制为依据的中观语境,本节将重点讨论如下几个方面的问题。

首先,作为文化产业的大众文化,通过各种视觉形象的"生产—消费"活动,已经成为当代中国经济体制中区别于金融经济的文化经济的主导性力量。其最重要的文化生产法便是对视觉性的强调乃至依赖。费斯克以电视为例,将由大众文化所代表的文化经济,与一般的金融经济进行了区分。在他看来,文化经济中与"生产者—商品—消费者"相对应的,不是"演播室—节目—经销商",而是"观众—意义/快感—观众自身"[①]。尽管这一观念过于相信大众自身的能动性,但却在一定程度上揭示了文化经济的重要特性,即"在金融经济中,消费显然与生产分离,连接它们的经济关系相对明显,能够进行分析。但文化经济的运作方式却不同。它的商品,我们称作'文本'的,并不是意义或快感的载体或传播媒介,倒更是意义和快感的促因。意义/快感的生产最终由消费者负责,只根据他/她的利益而产生……"[②]结合艾吕尔在《语词的羞辱》中关于语言和形象之间的区分,大众与视觉形象之间的亲和关系乃是现实王国的一个必然选择。所谓"有图有真相",揭示的便是消费者在通过大众文化认知世界的过程中,对视觉形象日益强化的依赖感。与此相辅相成的是,在一个后现代生活世界中,文化的融合不仅成为一个以传播媒介为依托的重要社会特征,而且这种"新媒体与旧媒体互相碰撞,草根媒体与商业媒体互相交叠,媒体生产者与媒体消费者亦以前所未有的方式互相影响"的"融合"状态,强化的不是媒介内容借助技术革新得以在一系列不同平台间的流动,而是一个要求消费者更加主动地参与到传媒生产之中的过程[③]。无论从何种意义上说,"消费"都成为理解当代社会生活的一个核心概念。就大众文化的视觉表征而言,这一概念需要在文化经济的运行机制中被我们理解。而在当代中国,文化经济的特殊性既在于它受制于政治机制的程度远高于西方社会,又在于费斯克所设想的作为生产者的消费者,同样受制于复杂的政治经济环境。

其次,在一个被描述为消费社会的时代环境中,不仅大众全程参与以视觉形象的"生

[①] [美]约翰·费斯克.理解大众文化[M].王晓珏,宋伟杰,译.北京:中央编译出版社,2001:32.
[②] [英]约翰·费斯克.大众经济[M]//陆扬,王毅.大众文化研究.上海:上海三联书店,2001:137.
[③] [英]约翰·斯道雷.文化理论与大众文化导论[M].常江,译.北京:北京大学出版社,2010:260.

产—消费"为主要形式的文化经济活动,而且这一过程本身也在更激进的意义上塑造了大众对于大众文化的选择性立场。因此,我们要了解:"在消费社会中,所有的商品既有实用价值,也有文化价值。倘若将这一要点模式化,我们必须扩展原有的经济概念,把文化经济容纳进去。在文化经济中,流通过程并非货币的周转,而是意义和快感的传播。于是此处的观众,从一种商品转变成现在的生产者,即意义和快感的生产者。在这种文化经济中原来的商品变成了一个文本,一种具有潜在意义和快感的话语结构,这一话语结构形成了大众文化的重要资源。"[①]与此同时,在当代中国,这种以消费的方式所进行的生产,最终所导致的结果远没有费斯克所预期的那样乐观。由于消费的无所不在、无所不能,更由于消费者自身的能动性受到很大的人为限制,他所强调的"多元意义和快感"更多地被消费行为本身所取代。换句话说,围绕视觉形象而展开的大众文化经济,最终可能仅以对各种视觉形象的消费/占有本身作为目的。其占有形式,由表及里至少可以分为三个层面:一是对作为商品的视觉形象的占有;二是对作为符号的视觉形象的占有;三是对作为观念的视觉形象的占有。这样一来,消费最终成为一种观念。或者说,文化经济所推销的其实不是一种具象的商品,而是某种借助商品的消费才得以传达出来的观念。可以说,中国当代社会的转型特征,突出地体现在这一观念诉求之中。

最后,当我们以消费主义来描述这种借助文化经济机制将消费本身观念化的现象时,背后所蕴藏的批判意味是显而易见的。尤其是结合这一文化经济机制所带来的与消费主义密切相关的"娱乐至上"现象,问题就更为突出了。借助威尔斯以"消费主义"和"生产主义"一组概念对现代社会的解读,当代中国事实上正在进入一个"高生产—高消费"型社会阶段。简单来说,它属于一种过度发达的享乐主义社会类型。事实上,从视觉消费主义走向视觉享乐主义,可谓中国当代大众文化经济机制的必经之路。它也因此成为当代中国社会转型过程中一系列文化症候中最值得关注的一个方面。本课题所进行的问卷调查,很直观地反映出人们对这一问题的认知(见表2、表3)。

表2 有关大众文化的评价:大众文化娱乐至上

		频率(次)	百分比(%)	有效百分比(%)	累积百分比(%)
有效	不清楚	34	4.2	4.2	4.2
	完全不赞同	19	2.4	2.4	6.6
	不太赞同	62	7.7	7.7	14.4
	一般	203	25.3	25.3	39.7
	比较赞同	284	35.5	35.5	75.2
	非常赞同	199	24.8	24.8	100.0
	合计	801	100.0	100.0	

---

① [美]约翰·费斯克.理解大众文化[M].王晓珏,宋伟杰,译.北京:中央编译出版社,2001:33.

表 3　有关大众文化的评价:目前大众文化趣味较低

		频率(次)	百分比(%)	有效百分比(%)	累积百分比(%)
有效	不清楚	31	3.9	3.9	3.9
	完全不赞同	13	1.6	1.6	5.5
	不太赞同	54	6.7	6.7	12.2
	一般	245	30.6	30.6	42.8
	比较赞同	297	37.1	37.1	79.9
	非常赞同	161	20.1	20.1	100.0
	合计	801	100.0	100.0	

从此次问卷调查的情况看,认为大众文化娱乐至上、博眼球的有效百分比占到 60.3%,而完全不赞同或不太赞同此观点的比例仅占 10.1%;认为大众文化趣味较低的有效百分比则达到 57.2%。更严重的问题在于,这里最值得关注的已经不是波兹曼所描述的"娱乐至死"现象本身,甚至也不是由此所导致的包括物质至上、色欲、暴力等在内的病态和不健康的倾向,而是借助大众传媒得以渗透进日常生活所有领域的大众文化,其消费主义观念、享乐主义倾向,已经演变为我们自觉选择的一种生活方式。只有从更为宏观的整个时代语境出发,我们才能看清其背后所掩藏的更为复杂的意识形态内容,也才能对当代中国社会转型有更为深切的体会。

四、大众文化的视觉意识形态

透过大众文化经济机制所带来的消费主义观念和娱乐主义倾向,我们不难体会到:在中国当代大众文化视觉形象"生产—消费"的表意实践过程中,包含着更为深刻的具有中国特色的意识形态内容。可以说,以整个时代状况为宏观语境,中国当代大众文化的视觉消费及其享乐绝非单纯的经济行为,更不是孤立的视觉文本的生产、传播和消费行为。它所包含的反映整个时代状况的意识形态内容,不仅贯穿于视觉形象的生产、传播和接受的整个过程之中,而且以一种隐性的方式影响甚至左右其文化意义的生成。因此,对于大众文化表征的视觉建构而言,视觉意识形态这一概念,理应成为我们理解当代中国社会转型的关键问题。

依据汤普森对意识形态运行方式的概括,我们可以发现,无论在哪一种意义上使用这一概念,都存在着视觉表征与意识形态之间的复杂关系。具体来说,他认为意识形态的一般运行方式大致包括:(1)合法化;(2)虚饰化;(3)统一化;(4)分散化;(5)具体化。[①] 从以上这些分

---

① [英]约翰·B.汤普森.意识形态与现代文化[M].高铦,文涓,高戈,等译.南京:译林出版社,2005:68.

析不难看出,尽管汤普森将意识形态及其运行方式限定在统治关系的建立和支持上,但他围绕"象征形式"对意识形态运行方式的揭示,对更宽泛意义上的意识形态使用同样具有启示性。诚如米尔佐夫所言:"视觉是一个不断处于竞争、辩驳和转变之中的挑战性场所,它不但是社会互动的场所,而且也是根据阶级、性别、性和种族身份进行界定的场所。"①从大众文化视觉表征的角度来看,这些方式都直接或间接地表明:意识形态在某种程度上其实不过是视觉表征的结果而已。而从社会转型语境出发,我们尤其需要注意围绕中国当代大众文化视觉形象"生产—消费"的意指实践所形成的复杂文化张力结构。

首先,主流意识形态与大众文化之间复杂共生的互动关系是这一张力结构中最基础性的一个。在当代中国,这一点尤为突出。费斯克认为,大众传媒不会像邮差送信一样,传送大众文化的现成品。把大众媒体看作是文化商品的传送人,把大众看作文化商品的消费者,这样会导致一种错误的观念,以为只要改变商品,就能改变大众文化,从而改变社会秩序。无论是文化或是政治,都不会如此简单②。确切地说,大众不是在大众文化的意识形态中所建构的那些被动的消费者③,他们具有反抗、歪曲、颠覆或改变主流意识形态的能动性。与此同时,主流意识形态与大众文化经济机制之间也存在着微妙的张力关系。这一点在中国当代转型语境中同样显著。一方面,经济领域有其自身的运行逻辑,较之若干年前已经在很大程度上按照自身逻辑运行;另一方面,在当代中国,主流意识形态没有放弃对经济生活的控制,改变的只是控制的方式和手段。文化经济作为一种有别于金融经济的特殊领域,尤其受到其重视。

其次,在当代中国,主流意识形态与大众传媒之间的张力关系也是颇有意味的。因为如果将传媒理解为不同利益阶层或集团争夺"意义解释权"的战场,它无疑是主流意识形态需要绝对掌控的一个领域。传媒作为"一个结构有序的意识形态领域"④,势必在其中承担着将主流意识形态进行自然、理性式意义编码的工作。但事实上,随着新的传媒生态系统的形成,两者之间的博弈也变得越来越激烈。尤其是在一个以互联网为代表的新媒体时代正在来临的转型时期,我们一方面认为大众文化所包含的各种视觉资源往往存在价值观方面的问题,需要加以整治和规范;另一方面又看到,新的媒介方式使得人们在大众文化视觉形象生产、传播与消费的过程中的参与度得到了极大的提高。因此,不仅大众文化的视觉意识形态主导着受众视觉素养的高低与价值观的形成,而且受众本身的视觉素养与价值观也同样以某种方式影响大众文化的整体状况。在这个意义上,无论是持一种激进批判立场还一种相对积极的乐观态度,都无法真实还原大众文化在价值观念层面的复杂性。一种相对多元的辩证立场,才应该更有利于我们在"视觉建构"的视域中准确把握中国当代大众文化的全貌。

此外,知识分子具有特殊话语权,在这些张力关系中扮演着更为复杂的多重角色。在当代中国,他们既可以是官方意识形态的代言人,也是文化经济机制、传媒生态系统中的一员,

---

① [美]尼古拉斯·米尔佐夫.视觉文化导论[M].倪伟,译.南京:江苏人民出版社,2006:4.
② [美]约翰·费斯克.理解大众文化[M].王晓珏,宋伟杰,译.北京:中央编译出版社,2001:219.
③ [英]斯图尔特·霍尔.表征:文化表象与意指实践[M].徐亮,陆兴华,译.北京:商务印书馆,2003:364.
④ [澳]约翰·道克尔.一种正统观念的开花[M].陆扬,王毅,译.大众文化研究.上海:上海三联书店,2001:38-39.

同时也是消费社会中为获得文化生活资源的大众文化消费者。有意味的是,随着专家身份的确立,知识分子的批判立场在当代中国已经日趋模糊,他们越来越成为这个社会宰制性力量的同谋。无论从何种角度都可以说,大众文化视觉表征的意指实践,从来都不是任意为之的。每一个视觉形象的"生产—消费"背后,都有一系列受制于特定张力结构的视觉意识形态内涵。总之,以大众文化视觉形象"生产—消费"及其意指实践得以呈现的意识形态内容,以及其中所形成的复杂张力结构,可以通过视觉文本的分析被逐一揭示出来。

五、大众文化的视觉主体建构

以上从不同语境对大众文化视觉表征所展开的剖析,不仅在理论层面有助于我们通过文化现象来把握整个社会的转型特征,也将在现实层面帮助我们应对社会生活中的复杂面相,并借助一种由大众文化所提供的视觉经验,明确自身的主体身份,获得属于这个时代的社会认同感。归根结底,社会转型最终要通过身处时代生活中的个体的主体建构来把握。大众文化的视觉主体建构问题,可以说是考察当代社会转型的落脚点。其中包含的诸多问题都与此前的讨论相关。仅就主体建构而言,至少有如下两个方面值得深入探讨。

当代中国大众文化的视觉主体建构,首先涉及时代语境下的身份认同问题。就此来说,我们至少可以从传统与现代、中国与西方、虚拟与现实等多重比较视野中予以考察。其一,借用霍布斯鲍姆的观点来说,传统所标榜的历史连续性在很大程度上是虚构的。所谓传统,其实是对"新情境"的一种回应,这些新情境只是参照了旧情境的方式,以某种准义务式的重复来确立自己的过去。在这个意义上,传统不过是我们根据需要不断发明出来的①。从这样一个"发明的传统"(invented tradition)角度出发,我们可以充分认识到:身份认同包含着"现在"与"过去"的复杂关系,包含着现代对传统的继承与改造。其二,随着全球化的进程,认同的确越来越表现为不同文化之间的交锋和融合的问题。这意味着我们不仅要了解自己如何从传统中来,而且更要认清自己会在文化的交锋中走向何方。这样一来,"认同(或身份)研究便不可避免地从静态地追溯过去,转向动态地立足现在并指向未来。把'过去时'的'我们是谁'的问题,转变为'正在进行时'的'我们会成为谁'"②。借助视觉表征对主体的身份建构,我们一方面需要意识到我们自身文化的自足性;另一方面,如汤姆林森所言,我们必须认识到,在新的文化实践中,人们将会产生更为激烈的认同渴望——"渴望完全从地方性、日常生活,甚至是从具体化和自我固定认同的束缚中解脱出来——事实上,这是一种要栖居他人生命世界的渴望"③。其三,以"消费"为关键特征的大众文化,促使我们以一种更加个人化和相对化的"消费"认同,削弱乃至替代各种民族的、传统的、阶级的、性别的、政治的等等认同方式。作为一

---

① Eric Hobsbawm and Terence Ranger, eds.. The Invention of Tradition[M]. Cambridge: Cambridge University Press, 1983.
② 周宪. 文学与认同[J]. 文学评论, 2006(6).
③ [英]约翰·汤姆林森. 全球化与文化[M]. 郭英剑, 译. 南京: 南京大学出版社, 2002: 246.

种生活方式,这种认同建构在与消费品和媒介图像——例如电影明星、广告人物以及虚构媒体角色——的关系之中。这是因为,"消费只是一个表面上混乱的领域,……它是一种主动的集体行为,是一种约束、一种道德、一种制度。它完全是一种价值体系,具备这个概念所必需的集团一体化及社会控制功能"。①

其次,从视觉表征的角度来考察,在视觉主体建构过程中,"看的方式"既是最能体现大众文化视觉意识形态的分析角度之一,更涉及转型期中国社会在主体身份建构方面的诸多问题。这其中,视觉素养的培育与视觉伦理的重建,对于理解当代社会转型及其内在问题尤为有益。尤其需要注意的是,视觉主体的自我建构并不是一个完全自觉的行为。它总是受到视觉表征所蕴含的意识形态内容的左右。因为"意识形态不仅组织人们构成现实的观念和形象,而且使人们能够构成他们自己的形象,并在这个世界占据这样一个位置。人们通过意识形态获得一种身份,成为有自己的信念、自己的意愿、自己的喜好的主体"。悖论的是,"意识形态不但提供自身的形象,而且能够勾勒出其他人的身份"②。这其中所包含的视觉霸权及其可能导致的主体身份的扭曲,恰好构成当代中国社会转型的一个非常重要的表征。就个体而言,中国当下的视觉素养总体上还亟待提升。一种体现社会转型积极面向的视觉伦理也还没有真正建构起来。这些都与真正意义上的主体身份尚未确立息息相关。大众文化在这一问题上能够起到怎样的作用也是非常值得考量的。表4的问卷调查便很能说明问题:比较赞同或非常赞同大众文化影响价值观的有效百分比达到59.7%,而完全不赞同和不太赞同的仅占4.1%。可见,大众文化在价值观方面的塑形作用已经成为当代中国民众的一个普遍性的认识。

表4 有关大众文化的评价:大众文化影响价值观的变迁

		频率(次)	百分比(%)	有效百分比(%)	累积百分比(%)
有效	不清楚	34	4.2	4.3	4.3
	完全不赞同	1	0.1	0.1	4.4
	不太赞同	32	4.0	4.0	8.4
	一般	255	31.8	32.0	40.4
	比较赞同	367	45.8	46.0	86.3
	非常赞同	109	13.6	13.7	100.0
	合计	798	99.6	100.0	
缺失		3	0.4		
合计		801	100.0		

---

① See Robert G. Dunn. Identity, Commodification, and Consumer Culture[M] // Joseph E. Davis, ed.. Identity and Social Change, New Brunswick: Transaction, 2000: 116.
② [英]奥利弗·博伊德-巴雷特,克里斯·纽博尔德. 媒介研究的进路:经典文献读本[M]. 汪凯,刘晓红,译. 北京:新华出版社,2004:646.

总之,当代中国社会正在进入一个崭新的历史转型期,大众文化通过视觉形象所进行的意指实践,则可以帮助我们更好地把握这一历史时期的总体特征。作为身处其中的个体,我们需要了解:我们有可能通过大众文化表征的视觉建构,确立起一个属于这个时代的主体身份,并因此体验一种与过去相区别的认同感。

作者李健为南京大学艺术研究院副教授,文学博士。

论视觉体制的三层面及其三关键词

殷曼㮕

在当代中国社会变迁及其视觉文化的变迁中,"视觉体制"是一个特殊的问题域。如果说形象是视觉文化的基本单元,表征属视觉文化意义生产的表意实践,那么视觉体制则代表了生成、展开这一实践的视觉经验之认知结构与具体的社会实体结构。如果说形象与表征代表了视觉文化中变幻多样的丰富性,那么视觉体制则代表了一种特定时空下的稳定性。当然,从形象的多变性与表征实践的动态性中可见,视觉体制也不可能是固定不变的结构,因而它也是在形象、表征所关涉的种种动态关系中进行相应调整的结构,因此,视觉体制的稳定性也只是相对的稳定性。本文因而从互动的角度来理解上述三者的关系,即形象↔表征↔视觉体制。就此进程而言,视觉体制便同时扮演了两个角色,它构成了表征实践发生的语境,同时又是表征实践的结果。相对于形象与表征而言,视觉体制因而既意味着规范性,又彰显出规范的相应调整。正是在此意义上体现出了视觉体制相对于视觉文化的重要性:它更直接地投射了"视觉的社会建构"这一过程内在的结构性关系,并因此也更鲜明地呈现了中国社会变迁下的视觉文化变迁的结构性关系。并且对于"社会的视觉建构"而言,它也是考察并思索其路径的最直接的参照点。

不过从视觉体制的实践方面来看,想要总体性地讨论中国当代视觉体制却是困难的。因为视觉体制作为一个极宽泛而复杂的范畴,它几乎弥漫于当下所有的文化领域内,包容了各种差异化的视觉表征方式及视觉行为模式。进而言之,在现今社会分化不断加剧的情况下,所谓"视觉体制"的特征势必呈现为社会的多维层面及各种差异化要素的聚合。这里所谓的"聚合"意在指出,一方面,视觉体制存在于这些不同要素之间的永动关系中,社会分化在现今所带来的差异化加剧、需求多元化,已经使得对"视觉体制"一体化划界变得难以实现。仅仅参考实体层面上政府对"文化及相关产业"的界定及其内部划分[①]来看,其中与视觉相关的机构便牵涉了公益服务与市场经营,传统与现代,专业与业余,官方、中间阶层与民间,实体与数字的各个不同形态的结构性关系。并且,当我们考虑从视觉体制来探究主体观看行为的"视觉性"时,它还直接与人们的意识形态、观念、心态、习惯相系,而不仅仅指机构及其制度。这些精神性要素显然也增加了讨论"视觉体制"的难度。但另一方面,总体上说,如果从视觉体

[①] 参见国家统计局设管司《文化及相关产业分类(2012)》,http://www.stats.gov.cn/tjsj/tjbz/201207/t20120731_8672.html;值得注意的是,尽管该标准承认多数行业的文化产业或文化事业的属性是较明确的,但"文化及相关产业"同时包括了文化产业与文化事业机构,这种做法也表明公益性与经营性活动在文化活动中的密切关联性。

制的某个位置出发,思考它与其他位置的关系、它与不同社会结构层面的关系①,以及它与日常行为模式中的不同观看方式的相互渗透,那么这些不同的社会位置(如大众传媒、博物馆)与各结构层面的关系则大致有着相近性。基于上述语境,我们对于视觉体制的定位便需将之置于一种结构性关系之下,并从一些更具体的要素中丰富对其的理解。

一、视觉体制的三个层面

视觉体制作为社会变迁下的视觉文化转型的直接背景及直接结果,具体反映了什托姆普卡在分析社会变迁时所采用的宏观、中观、微观三个系统层面,作用于视觉机构与视觉认知结构的动态过程,并且视觉体制范畴本身亦可视为中国社会结构的宏观、中观、微观作用于视觉机构与视觉主体所呈现出的结果。

当然因为我们这里所聚焦的是这三个层次互动作用下的视觉体制,而非更宽泛的社会体制,因而什托姆普卡的这三个系统层面所指的内容也需根据我们这里研究对象的变化而相应调整。什托姆普卡所说的社会变迁的宏观层面是指社会的国家、国际层面;中观层面则指各种实体性机构、协会等;微观层面则是围绕个体私人生活而组织起共同体关系的群体及其行动,如家庭、社区、社群等等。② 从此划分可以看出,视觉体制主要的活动范围其实是什托姆普卡所说的中观层面,但如果我们审视视觉体制相关实践的实际状况,便能发现对视觉体制的思考必须突破实体机构的范围,而充分考虑到社会的宏观、中观、微观层面的深刻影响是如何呈现在视觉体制本身的。因此,我们这里借鉴什托姆普卡的思路,认为视觉体制在理想分层上亦包含了这三个层面。它呈现为三个层面持续的密切互动所造成的中国当代视觉体制变迁中配置关系的细微转变,并具体化为这三层框架下视觉机构、形象与观众之间不断互构的关系。

其一便是宏观层面上的"视觉体制的社会层面"。中国当下政治、经济体制作为视觉文化发生、发展的宏观语境,其影响直接反映在了各视觉机构的不同形象及其形象表征模式之中,构成了视觉体制的宏观层面。

从由上至下的方向来看,政府主导和市场竞争二元体制是当下中国视觉文化发展最直接的社会体制。这二者在特定时期的特定视觉机构之中的配置关系决定了那一视觉机构所呈现的形象表征的具体形式——比如在公立博物馆早期,政府话语所影响的形象表征模式居于主导地位;又如在电视等这类通俗文化的视觉机构中,政府诉求与市场竞争之间始终进行着博弈,抗战剧中的部分"英雄"形象的痞子化便是一种体现。当然,考虑到结构的互动作用,视觉体制的政治、经济的宏观层面并不能孤立存在,而是与中观、微观层面的各要素始终处于动态的配置重组中,并最终影响宏观层面的一些行为模式。现下,我们很难找到仅某个单一要

---

① 笔者这里指的是与视觉体制互动的政治、经济等宏观结构层面,以视觉机构形式出现的中观结构层面,以及以互联网、私媒为代表的微观结构层面,详见下文。
② [波]什托姆普卡.社会变迁的社会学[M].林聚任,等译.北京:北京大学出版社,2011:7.

素起作用的场所。比如《舌尖上的中国》这类形象叙事模式的出现以及观众的极大认可,并不能视作宏观因素的单向作用的结果,而可视为它与中观、微观层面相互合作的产物。并且,从由下至上的角度加以观察,我们也同样能发现,这些要素在特定视觉机构中的配置变化往往也表征了社会体制本身的结构性变迁。

其二则是中观层面上视觉体制的诸实体机构本身。参照《文化及相关产业分类(2012)》来看,我们可以粗略地按高雅文化与大众文化划分各个视觉机构实体,而暂且不考虑这两类趣味在一个具体视觉机构中互相渗透的情况,以便突显其不同的"专业化"方向,显现这些专业化要素与宏观层面的政治经济要素的多种配置关系。前者包括艺术培训机构、艺术研究机构、艺术期刊、艺术展馆、博物馆、艺术拍卖行等等。后者则涉及电视、电影、图书出版、期刊等图像制品的制作出版发行机构,广告、多媒体制作、城市景观设计,以及提供综合性服务的互联网、手机媒体等。实际上,它们是社会各结构性要素之间不同配置关系的呈现场所及互动场所。

诚如上文所表现的那样,处于不同社会位置中的视觉机构因其所包含的差异化配置关系,无论是其性质、类型,还是其功能都是多样化的。大众文化领域的视觉机构通常提供了一种更宽泛通俗的视觉趣味,更深入大众的日常视觉行为,从而在建构大众的视觉性方面影响更为深刻。高雅文化领域内的各机构,由于它们只提供了某些更小众的趣味,从而与日常生活的视觉性产生了距离,并期待自身的形象叙事对日常视觉行为发挥引导作用。不过高雅文化领域内则又需区别地看待博物馆这类承载民族记忆、国家叙事的视觉机构,以及带有先锋性质的各种艺术机构。前者往往采取与大众视觉趣味相配合的路径,试图深入而广泛地实现视觉教育的目的;后者则大都背离了大众视觉趣味,但它却往往承担了反思既定视觉体制并促进制度变革的先锋作用,同时,从长远来看,其变革性影响也会逐渐渗透日常生活,比如当下自媒体视频中常见的拼贴戏拟手法。

其三是视觉体制的"个体化的或流动的"层面。它具体呈现在个体日常生活所发生的私人领域,并依托于互联网、计算机、手机等技术/硬件平台。该层面在当下的视觉文化发展中已构成不可忽视的力量,与实体的机构形式相应,它们提供了非实体性、松散但又具有聚合性的结构化平台。对此微观层面的关注意味着聚焦于家庭或个体的视觉生产、传播和接受机制及其与视觉体制宏观、中观层面诸要素的互动。这一领域在当代的兴盛有助于个人视觉活动介入视觉建构的过程,从而有助于社会的视觉建构在新平台的推进。

综上可见,视觉体制的结构性互动可概括为是从以上三个层面展开的。正是这三者之间的互动带来了其体制内可见性分配方面的不断调整,并建构出某种或某些公共视觉性。这便涉及视觉体制的三个关键词:可见性分配、公共视觉性、形象表征模式。

二、视觉体制的三个关键词

在上述三个概念中,可见性分配可视为视觉体制三层面之间的关系互动,涉及体制内各结构性资源/权利的分配模式。公共视觉性则是上述互动的结果,它代表了某个群体或某些群体的观看方式及认知模式,但并非固定不变的存在。视觉形象的表征模式则可视为可见性分配的显性表现。我们正是通过不同的呈现方式得以观察到其背后的可见性分配。

1. 可见性分配

这是视觉体制的一个重要概念。如果说,视觉体制作为一种文化体制基本体现为布迪厄所称的场域之中各位置之间的资本竞争与分配,即对政治资本、经济资本、文化资本,以及在个人趣味驱动下对它们的竞争与分配,那么,这种资本的竞争与分配都具体呈现为有关"可见性"的分配。社会结构的诸因素相互关系下所构成的一定秩序及相应原则都沉淀于人们日常生活的具体视觉方式和阐释系统之中。

"可见性"首先在福柯和梅洛-庞蒂等人的相关论述中受到瞩目,与之相比,可见性分配则更强调了对"可见的"与"不可见的"之间关系更为动态的理解。该思路脱胎于朗西埃"可感的分配"概念,并作为"可感的分配"的衍生问题引起了人们关注。据朗西埃所说,人们所能感知的、所见的观看方式、生活方式及理解方式都由个人所处的社会位置所决定。因此"可见性"便是个伦理问题,它不仅意味着规定什么可见、什么不可见的排斥/认可的(权利)制度秩序,也意味着对个人感知经验的组织化。"可感的分配"观点的引入,是为了提出一种更为积极的、强调被无视者得以参与并重构经验模式的可能性,在新的经验模式中,不可见物变得可见。①

参照这一见解,视觉体制的一个核心关系便是可见性分配,它一方面意味着特定的社会位置、认知模式、文化框架下,我们对形象的筛选与分类如何建构了我们的视觉经验,构成了我们自身观看方式及所见所知对象的筛选性——这包括了对不可见物、不可见主体、不可见的资源配置安排、不可见的认知方式的筛选;另一方面,它也意味着视觉体制各个层面的行动者都有可能在重新配置形象关系的进程中,调整我们的认知模式,从而实现对原本被忽视者的关注。也就是说,既定的资本占有者固然享有分配哪些物及哪些主体"可见"的话语权,但原本的"不可见"主体也有希望通过各种文化资本的竞争来影响可见性的再分配,他们甚至可以造成一定压力来要求前者与之合作,这里尤其需要关注互联网信息传播模式为可见性再分配提供的渠道资源。在上述再分配过程中,考虑到视觉体制的三个层面,从经验上说,可见性分配包括了布里恩蒂所概括的三个要素:关系性、策略性与事件性。

第一,"关系性"是可见性分配的核心,可见性分配的实现总是在关系之中才成立,这对于其中的主体可见性更是如此。"它是关系性的,它决定了看与被看,或更宽泛地说,注意到与被注意到的关系。这些关系界定了主体的地位,一个人只能在这些关系之内成为一个主体。"②视觉主体需要在某种结构性关系——某边界及其规定——之中才能定位/竞争其可见或不可见。对于视觉体制来说,"可见性分配"揭开了思考体制与主体之问题的另一视野:主

---

① 福柯.规训与惩罚[M].刘北成,杨远婴,译.北京:生活·读书·新知三联书店,2003;梅洛-庞蒂.可见的与不可见的[M].罗国祥,译.北京:商务印书馆,2008;朗西埃.歧义[M].刘纪蕙,林淑芬,等译.西安:西北大学出版社,2015.

② Andrea Mubi Brighenti. Visibility in Social Theory and Social Research[M]. Palgrave Macmillan, 2010:39.

体进入了哪种关系中？该结构性关系是否提供了他参与可见性分配的条件？我们可以发现，视觉体制三层面互动所带来的关系调整，其实可理解为可见性配置方面所进行的调整。第二，"策略性"则进一步强调可见性分配中的主体能动要素，"它是策略性的，因为它能够、也的确是由那些主体本身为了获得实际的社会影响而操作的"①。如果说可见性分配造成了特定群体无知或有知的后果，那么，可见性分配的起点，总是从主体能否走出"无知"开始的，无论是特定关系中"可见的"主体抑或是"不可见的"主体，分配的重新展开总是从这些主体是否意识到或承认结构中的"不可见"部分开始。第三，"事件性"意味着视觉体制三层面彼此作用的多方向性与多可能性。其结果未必遵循某个特定优势位置所能预先规划的效果。"它是事件性的，因为对于诸可见性关系的多样成分的结果，它包含了不确定性的内在边际。可见性可归于不同的位置、主体、事件和规则的变化。可见性的社会效果不是直接地与可见性本身关联的，而是依赖于特定位置、主体与规则性变化的相互影响。"②意识到这一点对于理解视觉体制三层面的互动尤其重要。形成这种多方向性和多可能性效应的前提在于"可见性"总是"总是互见性的"③，这句话可理解为：可见性分配真正展开的领域中，不同结构性位置下主体的互为可见是极有必要的。对于原本处于优势地位的主体来说，其自我调整的第一步便是让原本不可见的主体显现，而其效果只有在后者意识到这一点并参与后才能实现。而对于原本不可见的主体来说，他/她也需要追求上述效果。可见性分配从"事件性"上来说，是不同位置、规则之间的博弈。这可视为可见性再分配的要旨。

基于以上三点理解，可见性分配便不必局限于弱势边缘位置的出击，而可以将主导地位的视觉体制的自我调整及引导纳入考虑之中，这一点对于以博物馆为代表的公共视觉机构尤为重要，因为从我国当代公共视觉性发展的主流趋势来说，一种可见性分配的引导模式仍是可行的且必要的。

2."公共视觉性"

特定可见性分配的结果，呈现为公共空间中群体共享的某种或某些视觉性，而本文这里提出的公共视觉性则更注重其伦理方面的功能。实际上，就"视觉性"问题讨论的方向来说，视觉性只有在"公共"视野下才具有意义，也就是说，尽管私人趣味亦有价值，但只有在个人视觉方式得以介入公共空间的视觉交流的情况下才体现出其意义。所谓"公共视觉性"，具有以下四个特征。

第一，同一时期的同一场域下，公共视觉性未必仅有一种，而是可以有多种形式。比如当下视觉体制的三个层面：国家层面的以公益广告、"传承红色文化"等为代表的教化型视觉性；

---

① Andrea Mubi Brighenti. Visibility in Social Theory and Social Research[M]. Palgrave Macmillan, 2010, 39.

② Andrea Mubi Brighenti. Visibility in Social Theory and Social Research[M]. Palgrave Macmillan, 2010, 39.

③ Andrea Mubi Brighenti. Visibility in Social Theory and Social Research[M]. Palgrave Macmillan, 2010, 44.

主张市场及大众认可的消费型视觉性;更侧重草根、平民诉求的草根型视觉性,再如更多亚文化圈及私人趣味介入的视觉性等等。当然这些不同类型的视觉性差异未必截然不同,而是在很大程度上相互渗透,就比如草根型视觉性与消费型视觉性的互相影响呈现于"小月月"事件的各种淘宝、原创漫画、相片等衍生形象。

第二,纯粹的私人视觉方式不能称之为公共视觉性的形式。

第三,公共视觉性和视觉交往有关,并在建构中预期有助于视觉交往。所谓"公共",在国内最初引起关注是借鉴哈贝马斯"公共领域"的看法,而该概念的核心就是平等交往、开放讨论的共同体。而对于"公共文化"在国内的普遍共识亦体现出这种伦理功能方面的共识,这具体被归纳为如下特征:整体性、公开性、公益性、一致性、群体性、内聚性、包容性、时代性、开放性。[①] 对于公共视觉性来说,它也同样承载了这些有助于视觉交往的伦理期许。

第四,某种公共视觉性不仅为某个群体认可且共享,也可为不同群体认可与共享。这与不同公共视觉性的相互渗透相对应,并构成了公共视觉性的当代特征。实际上,在当代的全媒体繁荣的语境下,不同群体可能共享某种公共视觉性已经成为我们视觉文化塑造群体认同的重要基础,同时,这一状况对当下公共视觉性的伦理方面又提出了更高的要求。

就公共视觉性的伦理诉求而言,其关键便在于建立某种视觉可见性分配的良性机制,在其中可见性筛选行为与自觉参与的可见性竞争可以构成博弈或合作的关系,这也可以理解为一种视觉交往的良性机制的建立。

3. 形象表征模式

无论是可见性分配的既定状况,抑或是某种既定公共视觉性下的视觉经验模式,它们都以形象为原型,直接呈现为视觉表征的某种特定模式。形象也是联结视觉体制三层面之间可见性(再)分配的结构性资源。

形象之所以可以被理解为一种"结构性资源",首先是由于"形象"在既定的体制化表征与视觉主体之间的特定位置,按照吉登斯的观点,能动的行动者之所以能对自身行动进行反思性监控,这不仅是因为主体自身的自觉意识,也是由于体制本身为这一反思性监控及介入行动提供的条件。[②] "形象"便可视为视觉体制所提供的结构性资源的一种重要形式。因为按照米歇尔和贝尔廷对"形象"的理解,形象并不是指具体物质性的对象,如一幅挂在墙上的画,形象存在于那视像与视觉主体的关系中,也就是说,"形象"位于一种动态进程中的一个关系性

---

① 具体参见:"第一,公共文化是在文化的精神品质上具有整体性、公开性、公益性、一致性等内在公共性特征的文化,它培养人们的群体意识、公共观念以及文化价值观念上的群体认同感和社会归属感,追求文化的和谐发展与文化整合,公共文化最大的特点就是注重对共同的核心价值观念的培养,注重文化的整合;第二,公共文化在文化的精神内核上具有整体性、公开性、公益性和一致性等公共性特征的文化形态;第三,公共文化是某社会群体(一般为民族或国家)具有自身特色的意识形态与行为规范的总和,具有群体性、内聚性、包容性和时代性特点;第四,公共文化的最大特征是开放性,即公共文化空间场所的开放性以及由此产生的非排他性。"宋建武,张宏伟. 对公共文化产品概念的研究[M]//李景源,陈威. 中国公共文化服务发展报告2009[R]. 北京:中国科学文献出版社,2009:99.

② 吉登斯. 社会的构成[M]. 李康,李猛,译. 北京:生活·读书·新知三联书店,1998:78.

位置。按照米歇尔的说法,这是指形象对意识的依赖性,它总是存在于某个意义系统之中。[①]因此,特定形象会左右视觉主体的观看方式,但视觉主体的意识变化也会通过改变形象而变更原本的意义系统。而就贝尔廷而言,形象则存在于"各种相互作用的持续进程"之中,"而那一进程已经在人造产品的历史之中留下了它的轨迹"[②]。其次,基于上述"形象"特性,在视觉体制的诸结构性关系中,"形象"具有结构上的相对独立性与变化潜能,从而可以成为可见性分配的结构性资源。尤其是互联网数字语境下,形象往往成为一个不断移动并游离的结构性节点,也正是在这种形象相对于不同意义系统的不断游离或接近中,各种"不可见"位置获得了可以呈现的结构性空间。

三、何谓"视觉体制"

基于上述内容,我们可以进一步来思考何谓视觉体制。在国内外现有视觉文化的讨论中,它比较接近"视觉性"这个概念。福斯特对"视觉性"的理解表明,在很大程度上,所谓"视觉性"与"视觉体制"关注的其实是同类问题,而且视觉性的发现也是视觉体制得以被思考的前提。实际上,当马丁·杰提出他著名的"视觉体制"(scopic regime)时,他所表达的是与视觉性相近的范畴:一种或某些带特权地位的(貌似自然的)视觉观看模式,其背后是某种特定的视觉认知类型及相应世界观。它代表了某种带有普遍性的主体精神结构及相应的社会关系。

不过参照上文的分析来看,"视觉体制"亦有别于"视觉性",这是由于"视觉性"范畴的两点缺失。第一,"视觉性"主要关注的是主体精神结构及视觉经验认知型层面的问题,而极少把问题延伸至社会结构层面。对于我们所关注的中国当代社会变迁下的视觉文化而言,社会结构层面的关注显然是不可忽视的。第二,以往的"视觉性"所持的是一种建构论主张,并没有为"视觉主体作为能动的行动者"留下太多的空间。鉴于此,"视觉体制"应从视觉经验的认知结构与具体的社会实体结构这两个方面来理解,并兼顾体制与主体之间的互动性关系。我们因此主张如下视觉体制的定义:

> 视觉体制是以政治、经济体制为背景,以艺术期刊、艺术展馆、博物馆、艺术拍卖行、电视、电影、出版、互联网、手机媒体等视觉机构为平台,以表征之形象为核心,由客体机构、机构秩序的结构性原则、特定视觉经验的认知模式、表征意义系统及这些要素的动态关系共同构成的关系场,是文化结构、视觉主体及形象发生互渗、互动的场域。

作者殷曼婷为南京大学哲学系副教授,南京大学人文社会科学高级研究院驻院学者。

---

① W. J. T. Mitchell. What Do Pictures Want? [M]. Chicago: Chicago University Press, 2005: 84-85.
② Hans Belting. An Anthropology of Images: Picture, Medium, Body [M]. Princeton University Press, 2011: 4.

自我形象的自我建构

我"拍"故我在:赛博空间的社交表演

董 军

当早晨的第一缕阳光将她唤醒,她仔细地整理了一下头发,并力求使之惺忪自然。随后她拿起手机拍下了一天中的第一张照片并上传至网络空间,一天的生活由此正式拉开了序幕。"我要睡觉了!"随着个人空间上最后一张照片的更新,她的一天生活也落下了帷幕。

这并不是小说中的一幕,而是当代人日常生活中司空见惯的一个场景。2013 年,一项调查显示,我国 74.6% 的手机用户曾有过自拍行为,其中经常自拍和几乎每天都会自拍的人群超过了手机用户的两成。综观他们的自拍行为,可以发现以下几个显著特点:其一,手机、iPad 等移动终端已经超越传统相机成为自拍的主要工具。在经常自拍的人群中,手机使用率为 13.7%,高出相机使用率 6.5%;在偶尔自拍的人群中,手机的使用率为 55.8%,高出相机使用率近 20%。其二,女性群体和年轻一族成为自拍的中坚力量。调查显示,85.4% 的女性手机用户有过自拍行为,18 至 35 岁年轻群体的占有率则高达 75% 之多。其三,表演已成为自拍的一种常态。绝大多数人的自拍为摆拍,且 25.2% 的用户坚持或经常使用美图秀秀等图片处理软件,52.5% 的用户表示有过修图行为。其四,社会交往成为自拍的主要目的。超过四成的用户经常分享自己的自拍,超过五成的用户有过分享经历,只有 6.7% 的被调查者选择从不分享。在选择分享的人群中,已工作的群体明显高于学生群体。①

可见,当下自拍不仅仅是对个人生活的一种记录,更是一种新的社交选择。和现实生活中的日常交往相比,这种新的交往方式呈现出了明显不同:首先,弱势群体、非主流群体同强势群体、主流群体一道成为自拍的主体,虽然可能选择的方式不同,但是他们却借此成功挤进了社会公共话语空间。其次,自拍在社交网络里的"流动"和其他网络交往使得赛博空间不断挤压着现实交往空间,日常生活的交往大幅度向赛博空间转移。再次,赛博空间里的交往使得生活前台与后台的界限日趋消弭,私人领域与公共领域的界限也逐渐模糊。这些改变迫使我们重新做出思考:这种游弋在赛博空间的新的交往方式到底是如何发生的?它的出现使于当代人的身份建构发生了哪些变化?

---

① 互联网消费调研中心 2013 年中国 IT 网民手机自拍行为调查报告[R/OL]. http://zdc.zol.com.cn.

一、交往的革命

要想回答上述问题,我们首先需要厘清的一个基本前提问题,即自拍等社交活动出现的同时期,当代人的日常交往发生了什么变化,具体到当代中国,这种改变又是如何发生的。

(一)生活空间的重组

在中国历史上,曾出现过多次人口大迁徙活动,虽然有的是自发的行为,但大多数是以行政力量强行推动的。进入20世纪90年代以后,随着改革开放的进一步深化,当代中国迎来了历史上最大的一次自发性迁徙活动。工业化、城市化和全球化浪潮则是其背后的主要推动力量。

为了获取更好的就业机会和生活资源,一场由西向东、由内地向沿海的大规模自发性迁徙活动于20世纪90年代在中国正式拉开序幕。长三角、珠三角和京津唐三大都市圈则成为这场迁徙活动的主要目的地。统计显示,2013年中国"人户分离人口"达到了2.89亿,其中流动人口为2.45亿,这就意味着全国有近五分之一的人口告别了原来的生活圈和交往圈。与人口流动同时出现的,还有大规模的迁移现象,城市化则是其幕后的主要推手。截至2013年末,中国城镇化率已达到53.7%,且数字还在不断攀升之中。[①] 和流动人口的"候鸟性"迁徙相比,这批迁徙人员与以往生活的告别更为彻底。全球化的不断深入则进一步加剧了这个过程,2013年底,中国海外移民存量为934.3万人,23年间增长了128.6%,已成为仅次于印度、墨西哥、俄罗斯的全球第四移民输出国。也就是说,当代中国的人口流动和迁移不仅出现了大规模的跨城乡、跨区域现象,还显示出了跨国界趋势。由此带来的结果是,这场自发的大规模跨城乡、跨区域、跨国界迁徙活动,不仅改变了当代中国人的物理生活空间,更对他们的社会交往和社会认同形成了巨大冲击,这主要体现在以下几个方面。

其一,强纽带的弱化。千百年来,血缘和地缘就一直是中国人人际交往的核心纽带,并由此形成了亲疏有别的差序格局。自20世纪90年代开始的这场大规模的跨城乡、跨区域、跨国界的自发迁徙活动,却对这种传统的强纽带关系构成了致命威胁。一方面,物理空间的拉大使得这种主要在短距离空间内得以生存的纽带关系,逐渐失去了生长的土壤;另一方面,各种新的纽带关系随着交往空间的扩大和人际交往频率的倍增也随之出现,从而使得血缘和地缘逐渐失去了存在的唯一性,其在社会交往中的核心地位也随之逐渐消退。

其二,面对面传播活动的式微。伴随着强纽带弱化现象出现的,是面对面传播活动的式微。在城市化全面出现之前,绝大多数中国人主要生活在乡村和小城镇,面对面的传播活动,不仅是他们维系社会关系、促进情感交流的主要手段,更是他们安放精神家园的主要栖息地。随着全国人口不断向北上广等大城市、特大城市的涌入和城市空间距离的极大延伸,这种面

[①] 2013年中国城镇化率为53.7%[EB/OL]. http://finance.sina.com.cn/china/hgjj/20140120/143518015342.shtml.

对面传播活动在21世纪的今天也越来越"奢侈"。

其三,社会认同的重构。随着旧生活圈、社交圈的纷纷解体,现代人类不断陷入新的认同危机之中。越来越大的空间距离,让他们既难以恢复原来的社群关系或乡村社会,也无从兴建新的实体部落。但寻求认同的欲望却并没有因此而消失,反而更加强烈,于是他们迫切希望能在新的空间里重建自己的集体身份和社会认同。

(二)移居赛博空间

赛博空间的出现,为这种需求的实现提供了可能。所谓赛博空间,是以互联网技术为支撑的一个非实体的数字空间。它既不是虚拟的空间,也不是现实的空间,而是内包了虚拟与现实界限的"第三空间"。在荷兰学者穆尔看来,"赛博空间不仅是——甚或在首要意义上不是——超越人类生命发生于其间的地理空间或历史时间的一种新的体验维度,而且也是进入几乎与我们日常生活所有方面都有关的五花八门的迷宫式的关联域"。在其入侵之下,不仅现实世界的一部分变成了虚拟环境,人类日常生活的世界"也日益与虚拟空间和虚拟时间交织在一起"①。受其影响,人类的社会交往也发生了重大变革。

时空距离的消失是其带来的第一个重要改变。只要走进赛博空间,网民既可以突破空间距离的束缚,与千里之外的人交流;也可以突破时间的限制,实现跨时间的交流和共享。这彻底改变了过去人类主要依靠面对面传播或借助书信、电话、电报等媒介进行社会交往的局面,共同的"在线"(如在线视频、在线语音等)使得远距离的面对面传播变成了现实。在工业化、城市化和全球化全面推进的当下,这个改变不仅实现了现实交往的重大转移——移居赛博空间成为越来越多的人自发或被迫的选择,还彻底解放了人类交往的边界——血缘和地缘不再是人类交往的唯一纽带,共同的兴趣、爱好等其他纽带在赛博空间中扮演着越来越重要的角色。现代人的交往也由此变得越来越多元化和细化,并由此走向了以个性化需求为核心纽带的再部落化。

公共空间的门槛逐渐淡化,是其带来的另一个重要改变。在互联网出现之前,社会公共空间基本被精英阶层和权势阶层所垄断,普通民众受社会地位、经济实力、文化教育等多种因素所制约,很难在社会公共空间发出声音或成为公共空间的社交主体。互联网门槛的不断降低却改变了这一切。就中国而言,在互联网刚引入中国之际,一封跨洋电子邮件的费用抵得上一个教授的一个月工资,其操作技术也基本掌握在少数技术人员手里;时至今日,普通民众已成为互联网的绝对主角。截至2013年底,高中学历以下的网民占有率已逼近80%。从网民收入来看,中等收入和低收入群体已成为全部网民的主体(收入在2 001—3 000元和3 001—5 000元的上网群体规模最大,在总体网民中占比分别为17.8%和15.8%,500元以下及无收入人群占比为20.8%)。② 这就意味着,互联网的经济门槛和技术门槛都在不断下

---

① [荷]约斯·德·穆尔.赛博空间的奥德赛——走向虚拟本体论与人类学[M].麦永雄,译.桂林:广西师范大学出版社,2007:2.

② 第33次中国互联网络发展状况统计报告[R].中国互联网络信息中心,2014.

降,只要愿意,大多数普通人都可以自由进入赛博空间。社会的公共空间,因为普通人的进入,也由此发生了本质性改变——草根阶层首次和精英群体、权势阶层一起成为社会共同空间的话语主体。

后台的前台化,也是赛博空间带来的重要改变之一。在其作用下,人类交往的"后台"逐渐走向了"前台"。作为一种公开的表演区域,前台的"选择性呈现"和"理想化表演"可以帮助人们更好地实现自己的印象管理,而后台则是不向他人公开的印象制造之地。在戈夫曼看来,后台的隐蔽性不仅可以帮助他们维护自己的形象,更可以帮助他们确立起自己的权威[①]。然而在赛博空间里,一些人却通过公开自己的生活后台,获得了更多的交往权力和交往空间,热衷于自拍的晒客正是其中之一。不过值得注意的是,这种被推向前台的后台,也已不再是原来的后台,它和前台一道成为一种新的表演。由此带来的一个重要改变是,前后和后台的界限在赛博空间变得日趋模糊,表演逐渐成为网络社交的一种常态。

人类交往活动向赛博空间的迁徙,改变了千百年来人类交往的基本面貌。社会的公共空间也因此变得不再是权力阶层和精英阶层的专利,草根阶层以前所未有的激情参与到赛博空间的话语争夺中来,其日常形象的建构也随之发生了新的改变。

二、赛博空间里的身份建构

因为生活空间的重组,现代人的日常交往或主动或被迫地转移到了赛博空间。不过虽然移居到了同一个赛博空间,不同的阶层却表现出了不一样的进入态度,赛博空间的交往也由此呈现出了不一样的形态。自拍活动在当下中国,就表现出了三种明显不同的网络语态:有抗争,有固化,有延伸。

(一)抗争

2004年初,一位网名为"芙蓉姐姐"的网民,因持续在北大和清华的BBS上公开晒自己的自拍照而迅速走红。她活跃在水木清华BBS的时期,每天有数千网友在线等待她发"妖媚的PP",并数度占据天涯等网络社区的"头版头条"。2005年之后,随着社交媒体的快速发展和普及,后来居上者络绎不绝。综观这类自拍主体,可以发现一个共同的特点,这就是他们多是现实生活中的弱势群体:通常他们既没有出众的容貌、殷实的家境,也没有较高的学历和待遇不菲的工作,大多数情况下他们原本只是社会公共空间的沉默听众。如网络红人"芙蓉姐姐"和"凤姐"在因公开自己的自拍照出名之前,或处于失业状态,或在大城市里勉强维持生计,都很难进入公众视野。

对她们来说,进入网络上公开自拍照是她们能够走进社会公共空间的"唯一"武器。当她们完成抗争过程并终于走进社会公共话语空间之后,她们也曾希望按照社会主流价值观重新形塑自己,以争取主流社会的认同,却几乎全以失败告终。如"芙蓉姐姐"的前期自拍虽然标

---

① [美]欧文·戈夫曼.日常生活中的自我呈现[M].冯钢,译.北京:北京大学出版社,2008:203-204.

榜自己的魔鬼身材和独特品位,在成名之后又竭力用社会主流价值体系积极改造自己,试图将自己装扮成主流社会里的"常规女性"。"凤姐"虽多次标榜"以我的智商和以我的能力的话,往前推三百年,往后推三百年,总共六百年之内不会有第二个人超过我",但在奔赴海外回归日常生活之后,也主动在微博中承认"不管你是谁,十个人走出来九个人出身条件比我好,起点比我高"。很显然,对于她们来说,获取主流社会的认同一直都是她们的最终目的。在很大程度上她们一直都明白现实中主流社会的进入准则,但正因为看到了现实中的无望,她们才被迫选择了另一条出路——以一种自我破坏的面目出现,并希望以此在赛博空间重建自己的社会认同。

在社会学家道格拉斯(Marry Douglas)看来,人的身体具有双重性——"物质的身体"和"社会的身体"①。一个人身体的进化过程就是不断地从"物质的身体"到达"社会的身体"的过程,在这过程中他(她)可以借助身体这个特殊的媒介兴建或改变自己的人际关系和社会地位。也就是说,之于人类,身体不仅是自然的存在,更是一种社交的工具。对于弱势群体或非主流人群来说,身体则往往成为他(她)抗争最为有力也是最后的武器。

不过,同样是抗争,女性的自拍却表现出了两种截然不同的形态。一种是主动引导男性的目光,另一种却是以"背叛"的形式出现。就前者而言,她"打破了传统的男性主流文化,扭转了现代由男性主导观看女性的方式"②,但在本质上却又始终无法摆脱男性的主导性目光。事实上她们总是不由自主地主动迎合男性的审美标准,如热衷于对性感的展示等。而男性则用自己的跟帖和点击设定了游戏的潜规则:"在网络自拍中女性的身体不再是自己的,而是男性所有的!"③正因为如此,这种抗争某种意义上只是一种"伪抗争",甚至在资本的诱惑下会重新沦为一种新的归顺工具,如郭美美通过上传自己的性感照吸引现实世界里的身体交易就是典型的现象。就"背叛"而言,它往往是以一种与男性世界主导的主流审美观背道而驰的反叛态度出现的,"芙蓉姐姐""凤姐"之类正是这种类型的典型代表。但最终她们一般都会选择重新回归男性世界主导的价值体系和审美体系,如"芙蓉姐姐"选择了减肥,"凤姐"选择了整容。很显然,作为一种新的抗争手段,自拍对于女性而言,始终无法真正摆脱男性世界的主导性目光。

和弱势群体的抗争相比,同性恋等社会亚群体的决裂态度,则明显坚决得多,而自拍则成为他们与主流文化宣告决裂的重要手段,并演变成为当代亚文化的一个重要组成部分。他们通过风格化的自拍,宣告了与主流文化的决裂和自己的存在,并以此建构起自己新的集体认同。究其决裂态度的产生,一个主要原因是,在现实世界中他们很难得到主流文化的认同,又不愿回归到主流价值体系之中,所以他们只能选择抗争,自由开放的赛博空间自然而然地成为他们抗争的理想舞台,并以此为原点不断向现实世界挺进。

---

① 王铭铭.西方人类学名著提要[M].南昌:江西人民出版社,2004:427.
② 马千里.解读网络自拍文化[J].网络传播,2012(12).
③ 王玮,邱鹏.网络自拍解读[J].中国青年研究,2006(4).

（二）固化

和非主流群体、弱势群体不一样的是，自拍对于社会主流群体和优势群体来说，往往是他们固化阶级优势、社会地位的一种崭新手段和便捷途径。譬如，华人影星王祖贤虽然息影多年，且隐居异乡加拿大，却总会适时公开自己的自拍和近况。自拍对于他们来说，已成为固化其社会身份的一种有效工具。

在当代中国，热衷于将自拍作为一种新的身份维系工具的，主要有两类人群。第一类以公众人物为主，另一类则以新生代精英群体、优势群体为主。对于社会公众人物，尤其是需要保持一定曝光度的公众人物来说，自拍无疑是一种最为便捷且又能充分掌握主导权的传播手段。它不仅越过了大众媒体的选择过程，还将信息生产的主动权牢牢掌握在自己手里，这就给他们经营自己的社会形象带来了极大空间。正因为如此，自拍尤为影视明星所爱，尤其是在他们社会地位受到威胁，或者需要建立、维系或进一步强化与大众关系的时候。如台湾新生代当红影星柯震东在事业发展迎来高峰之际被曝吸毒，其社会形象也由此一落千丈。在他被迫离开娱乐界，渐渐失去新闻价值和娱乐价值，并被媒体所抛弃之后，自拍就成为他重建社会形象、修补与受众关系的主要手段——不论是化身蜘蛛侠，还是运动场上的自拍，都意图重建一个积极健康的社会形象，并试图借此恢复自己原有的社会身份。

对于新生代精英群体和优势群体来说，自拍则是他们确立社会身份、建构集体认同的主要手段之一，这就使得他们的自拍呈现出了明显的阶级属性和身份标志。以新生代中产阶级和以王思聪为典型的富二代的自拍为例，前者多聚焦在"小资生活"的展示上，譬如他们通常都乐于展示生活中精致的一面（诸如妆容、餐饮、旅行、子女教育等）和身处其中的自己；而后者多倾向于自己在社会活动和社交场合中的形象展示。自拍之于他们，已经成为他们向社会告知自己社会地位、社会身份的直接符号，并借此和其他阶层划清界限。对于他们而言，自拍不仅是一种社交手段，更是一种固化自己社会身份的工具。

如果说非主流群体和弱势群体的自拍，为了获得社会认同，不惜以抗争的面目争取大众支持的话，精英群体和强势群体的自拍却拒绝普通大众的参与，从而呈现出明显的封闭性特点。如果说社会公众人物的自拍意在建立、维系或修复与大众关系的话，那么精英群体和强势群体的自拍，则意在建立群体内部的认同。这就使得他们的自拍呈现出了明显的群体特色，甚至在一定程度上成为固化身份的又一工具。

（三）延伸

麦克卢汉认为，随着口头传播时代、印刷媒介时代、电子媒介时代的更替，人类社会也经历了"部落化""脱离部落化"和"重新部落化"三个过程。在他看来，如果说文字媒介和印刷媒介"构成了口耳相传的部落人和视觉人之间的断裂界限"，那么电子媒介就"构成了分割的古登堡人和整合一体的人之间的断裂界限"[①]。换言之，电子媒介帮助现代人重新回到了部落时

---

① 范龙.媒介现象学——麦克卢汉传播思想研究[M].北京：中国大百科全书出版社，2012：91.

代,只是和前部落时代主要依靠血缘和地缘为纽带不一样的地方在于,电子部落时代的核心纽带主要是个人的个性化需求。促使这一改变发生的,正是信息化和工业化、城市化、全球化合力作用的结果。因为工业化、城市化和全球化,现代人主动或被迫离开了原来的家园,既有的交往也随之面临着解体的危机,而信息化时代的来临,则为他们在赛博空间的相聚又提供了可能。

由于现实中的亲朋好友、同学同事等社会关系被直接移植到了赛博空间,赛博空间的交往在很大程度上成为现实交往部分的直接延伸,私密性社交媒体的出现则进一步加剧了这个移植过程。和博客、微博的公共性相比,微信、QQ等私密性较强的社交媒体越来越注重社区的隐私。它们仅对经过验证的好友公开,这就为保持现实交往的"保真度"提供了保障,使得私密赛博空间的交往和现实世界始终保持着高度的一致和互动。和公共赛博空间的自拍相比,自拍在这里也呈现出了不一样的特征:私密赛博空间的自拍更具有自然性、随机性等特点,内容也更为琐碎,形同日常生活的自然呈现,并越来越成为自拍的主流。一个有力的证据是,和微博的内容分享相比,QQ、微信等社交媒体的内容分享越来越受自拍一族青睐[1]。

如果说,公共赛博空间的自拍意在身份建构的话,交流显然是私密赛博空间自拍的主要目的。在这里,个人交往成功摆脱了时空的限制,图像成为交流的一种重要符号。自我的身体正是图像的重心,这里的人们用身体的"在线"告知了自我的存在,并以此维持着赛博空间里的部落关系,其他部落成员也会默契地通过评论、点赞等行为,一起完成这个交流和关系维护的过程。在"自拍—共享—评论"的过程中,部落成员自觉地达成了合作共识,现实生活中的关系通过赛博空间里的合作也由此获得了新生和延续。

三、结论:自我的重建

很显然,在信息化时代,自拍已经演化成为一种重要的社交表演和交流手段,它不仅出现在了私密赛博空间,也出现在了公共赛博空间。在公共赛博空间,弱势群体和非主流群体为了获得同等的社交权利和社会关注,往往只能以一种抗争的形态出现,这就使得他们的自拍在多数情况下只能选择与主流文化背道而驰,并以此获得在场的权利和自我认同的实现。也正因为如此,他们的自拍呈现出了明显的亚文化特征。当他们完成了抗争过程,并试图走进主流价值体系,或主动融入主流文化的时候,往往被主流文化所拒绝,并因此再度失去了存在的"价值",这也正是他们的悲哀所在。换言之,如果他们想在公共赛博空间获得和主流群体同样的交往权利,就只能以一种抗争的形态出现。消费文化的入侵则进一步强化了这种抗争形态,并将其形塑成一种新的消费产品。与此截然不同的是,自拍对于主流群体和优势群体而言,却变成了一种新的身份固化工具。他们的自拍和前者相比,具

---

[1] 互联网消费调研中心 2013 年中国 IT 网民手机自拍行为调查报告[R/OL]. http://zdc.zol.com.cn, 2013(9).

有明显的阶级属性和身份标志。他们借助自拍旗帜鲜明地向社会告知了自己的存在，并以此在赛博空间重现他们在现实世界的存在感和优越感。自拍之于他们，无疑已成为一种新的权力工具。

和公共赛博空间的社交表演相较而言，私密赛博空间的自拍明显少了很多表演性，多了更多的交流功能。在这里，身体逐渐演化成为一种新的交流符号，并通过自拍和赛博空间的再现，重新建立并维系着新的电子部落关系，现实中的交往也因此被转移到了赛博空间中来。

作者董军为上海师范大学人文与传播学院副教授。

虚拟社会中的自我形象构建与传播

黄 艳

随着全球经济一体化进程的推进,中国接入国际互联网二十年来,经济得以快速发展,社会发生深刻变化,我国已成为一个网络大国。人们在网络虚拟空间进行各类经济社会活动,扮演着各种不同的角色,国民生活"全面网络化"趋势明显。心理学研究认为,人的形象信号给人的视觉刺激最直接、最强烈,因而虚拟环境中自我形象的构建与传播对提高形象的影响力尤为迫切与重要。

一、虚拟社会的发展

(一)虚拟社会的概念

虚拟社会,据百度百科解释,是指高科技的网络信息时代,把意识形态中的社会结构以数字化形式展示出来。广义的虚拟社会不仅仅包括网络信息社会,还包括人类文明历史上任何符号化传递的社会关系的全部形式。虚拟社会的最根本特征是符号的传递在信息技术条件下得以社会化流动。美国学者莱恩格尔1993年出版的 *The Virtual Community* 中也提出虚拟社会。虚拟社会是一种并非真实却看似真实的图像或空间。虚拟社会中,信息通过媒介表现为不同的形态,主要有声音信息、文字信息、图像信息、数据信息、多媒体综合信息等。网络带来信息传播方式的变化,信息社会理论主要有尼葛洛庞帝的数字化信息空间理论、德鲁克的知识经济学说和卡斯特的网络社会论。卡斯特认为信息技术革命已经催生出一个新的社会模式——网络社会。李普曼认为人的行为与客观现实、主观现实、象征性现实密切联系,而拟态环境也即传播媒介经过有选择的加工后的象征性现实。

(二)虚拟社会规模增长

中国互联网络信息中心发布的《第34次中国互联网络发展状况统计报告》显示,截至2014年6月,中国网民规模达6.32亿,上半年网民数量增加1 442万人,互联网普及率为46.9%,较2013年底提升1.1个百分点;手机网民规模达5.27亿,网民上网设备中,手机使用率达83.4%,首次超越传统PC整体使用率(80.9%)。2014年上半年,中国网民的人均每周上网时长达25.9小时,相比2013年下半年增加了0.9小时。"宽带中国"战略的全面实施和"三网融合"的全面推进,加快了中国网络社会建设。由此看来,虚拟社会规模不断壮大,移动网络形式助推虚拟社会规模发展的速度,网民生活全面"网络化"趋势加剧。人们通过社交媒体进行互动交流,形成一个个新的虚拟社区,扮演众多与现实生活不一样的角色。网络的高速发展,给人们日常工作与生活带来的便捷,推进了社会发展的无限延伸。

(三)虚拟社会协同发展

虚拟社会是现实社会的补充,对促进社会和谐发展十分重要,也已成为人们寻找平衡、宣泄情绪的理想空间。网络的即时性、开放性、交互性极大地方便了人们的物质文化生活,正深刻改变社会发展。人们在现实社会无法满足的精神需求在虚拟社会可能得以实现,这也正是虚拟社会得以发展壮大的原因之一。虚拟社会的健康有序,能促进现实社会的稳定发展。但同时我们看到,现实的网络管理水平已跟不上虚拟社会的发展速度,一些不文明的现象时有出现,虚拟社会秩序仍有待进一步规范,管理水平有待进一步提高。

(四)虚拟社会衍生乱象

人们在虚拟社会中受益的同时,也衍生出一些乱象,一些突发事件中恶化、放大的网络舆情背后所隐藏的消极影响不可小觑。低俗信息的充斥,虚假信息的污染,网络诈骗的层出,网络盗版的盛行,网络安全问题的频现,种种乱象极大地扰乱了虚拟社会的正常秩序,影响了社会的稳定繁荣。深究原因,主要归结于:网络开放度高,虚拟社会形态发展过快,虚拟社会治理跟不上等。因此,创新虚拟社会的治理体制是规范虚拟社会发展的有利保障,也有利于每一位网民自我形象的构建传播。

二、虚拟环境中自我形象构建传播及现状

(一)现实自我与虚拟自我

现实自我,是在现实社会中与人交往的过程中生成的确定的自我,它是由现实社会赋予的,具有一定程度上的稳定性。虚拟自我,是在网络虚拟实在中呈现的自我,根源于现实自我,却又是在虚拟社会中存在并被认可的自我察觉、自我形象或自我感情,是一个人在虚拟社会中自我身份的虚拟性、创造性和多样性的存在,是对现实社会单一身份的再造、网络虚拟环境特殊的产物,是有别于现实自我的另一种自我的存在方式。①

"自我概念"在心理学上被称为"被类化的他者"(generalized other),指的是自己用来观照自己的复合视角,即自己站在别人的角度对自己的感知。"你"是在与别人长期进行的符号互动中形成这一"自我概念"的。② 这是芝加哥学派对自我概念的定义。社会、自我和思

---

① 马忠君.网络环境中虚拟自我的呈现与建构[M].北京:中国电影出版社,2013:16.
② 斯蒂芬·李特约翰.人类传播理论[M].7版.史安斌,译.北京:清华大学出版社,2004:173.

维是芝加哥学派米德理论最为核心的概念。米德认为人们既是信息的发出者,也是接收者,社会是人们的互动构成的网络,在互动过程中,参与者运用符号给自己和他人的行为赋予一定的意义。社会构建理论的社会科学家罗姆·哈瑞认为,自我既是个人化的,也是社会化的,人存在社会性存在的人和个人化存在的人的自我两面性。他认为,自我从空间分为三个层面,第一个层面是展示,第二个层面是实现或是资源,即自我的某些属性在多大程度上是来源于个人,或在多大程度上是来源于群体,第三个层面是中介——自我具有多大程度的主动性。

"可能自我"的概念(Markus 和 Nurius,1986)有助于理解因特网在自我发展中的潜在作用。"可能自我"是人们思考他们的潜力和未来的方式(Markus 和 Nurius,1986)。"可能自我"是我们希望成为的、能够成为和害怕成为的自我。① 柯蒂斯(1997)指出,虚拟世界中角色的发展足以成为实现愿望的一次演习。网络支持人们详细描述和实践期待的"可能自我",甚至表达一个通常被压抑的"真实自我"(McKenna 等,2002)。

(二)虚拟自我形象

信息化社会在历史上迈开的最初几步,其特征似乎是以认同作为首要的组织性原则。笔者所谓的认同,是指社会行动自我辨认和建构意义的过程,主要是奠基于既定的文化属性或一组属性上,而排除了其他更广泛的社会结构参照点。② 金伯利·马西森和马克·赞娜(1988)在一重要的早期研究中考察了计算机中介交流对个体自我意识和公众性自我意识的影响。研究发现,与面对面交流的用户相比,采用计算机中介交流的用户具有更强的个体性自我意识和较弱的公众性自我意识,用户的公众性自我意识在这两种条件下的差异达到了边缘显著。同时发现,在计算机中介交流过程中自我意识会被减弱,因此导致了放纵行为,计算机中介交流会提高个体性自我意识和降低公众性自我意识。早期理论家杜瓦尔和维克隆德(1972)认为,人类具有客观的自我意识和主观的自我意识。进而言之,在虚拟环境下的自我形象与现实社会中的形象还是存有差距的。

(三)社交网络及自媒体的兴起

2004年2月FaceBook诞生,2005年4月QQ空间的开通标志着中国社交网络的开始,随后出现人人网、开心网等社交网络,微博、微信的兴起更加快了社交网络的发展。人们通过社交网络获取资讯、交友互动,在虚拟空间展现另一个自我形象。自媒体没有传统媒体"把关人"的角色,人们可以按照自己的意愿传播信息,如果缺乏必要的引导与管理,势必在虚拟社会中产生混乱。

匿名社交媒体的出现,深刻影响着虚拟社会的发展。社会身份理论研究者斯皮尔斯等人(1990)研究表明,如果人们在计算机中介交流中是视觉匿名的,那么他们会变得更加关注自

---

① 曼纽尔·卡斯特.网络社会的崛起[M].夏铸九,等译.北京:社会科学文献出版社,2001:26.
② [英]亚当·乔伊森.网络行为心理学[M].任衍具,魏玲,译.北京:商务印书馆,2010:126.

我。因而在无实名制认证的情况下,虚拟环境中的人们更关注自我愿望的达成,从而往往无视虚拟空间其他人的想法。一些人在网络中为了提高自己的知名度,或吸引别人的注意,甚至通过发布网络谣言、虚假信息等手段来推高自己的名气。秦火火、立二拆四、薛蛮子等的出现,让人们意识到了网络人物形象存有"双面性"。

意见领袖的出现,微博大V的兴起,网络水军的泛滥,人们无法有效辨别虚拟环境中的人物真实形象。社科院《社会蓝皮书:2014年中国社会形势分析与预测》指出,网络"意见领袖"仍是一个客观存在,大约300名全国性的"意见领袖"影响着互联网的内容议程设置。众多网络意见领袖纷纷影响着社会不同领域,引领社会发展的不同方向。据《中国新媒体发展报告2014》,2013年博客大V中经济界人士和媒体界、学界人士的舆论影响更大。

(四)自我形象塑造

视觉语言不可避免地带有含糊性和多义性特征,但它在某些方面比起字词也有优势。其一,当运用得当时,视觉语言的指示力要强得多。其二,视觉语言更适合做标识——它可以直接、清晰、明了地表示出概念,并被广泛认识。① 无论现实形象还是虚拟形象都要进行形象塑造,好的形象能提升人际交往,更有利于自我展现。人们通过网络平台与信息技术加快形象塑造,借助文字、图片、动画、视频等多种方式塑造不同的自我形象,在网络平台展现全新的自我,获得更多的粉丝追捧,寻求自我形象带来的满足感。自媒体的兴起,新媒体技术的应用,更是加快了自我形象的传播速度,提升了自我形象的影响力。

形象的技术虚拟化也随着人们形象构建的需求被广泛应用。人们在虚拟环境中可以根据自己的喜好构建一个新角色,甚至可以选择不同的性别、不同的图像。图像有静态的图片、标识和动态影像等,图像传播一时成为形象传播的重要方式。

随着手机自拍在社交网络的广泛流行,人们通过社交媒体分享信息。同时,人们为了构建自我的网络形象,争相使用具有修改功能的自拍神器,通过拍照软件的增白、修改等功能使自我形象优化,展现与现实自我不太一致的形象。修改后的图照让网络形象更完美,近乎完美的形象让人们更易亲近。电视相亲节目中真人与其微博照片差异很大的大有人在,现实版的"恐龙"的微博图片可能是美女,悬浮官员PS照片也是屡见不鲜。网恋往往以好的印象开始,但成功与否还是要看现实生活中的交往。信息技术让人们在虚拟环境下的形象美化得以实现,但运用不当则收效不佳。施拉姆认为,传播者和接受者只有对信号拥有共通的经验范围,才能实现有效的传播。图片传播易造成传播者和接受者的信息不对称,影像传播则更为真实与直接,产生的效果也较为明显。

网络视频在自我形象塑造中具有积极作用,《晓说》的成功,让人们重新认识了一个知识渊博与幽默洒脱的高晓松。同样,《爸爸去哪儿》的热播,也因更好地展示出明星们日常生活中的点滴,该节目深受观众的追捧。中国互联网络信息中心发布的《2013年中国网民

---

① [荷]丹尼斯·麦奎尔.麦奎尔大众传播理论[M].5版.崔保国,李琨,译.北京:清华大学出版社,2010:285.

网络视频应用研究报告》显示,中国网络视频用户呈现持续稳定增长态势,2013年底用户规模达4.28亿。目前国内主要的视频网站有优酷、爱奇艺和腾讯视频等。网络视频给人们提供更多的真实视觉信息,让形象传播效果更好,有利于自我形象的真实展现。网络真人秀节目之所以广受追捧,是因为网络视频让人们更直接地了解节目中人员的形象,让观众仿佛置身现实社会中。

(五)自我炒作

形象的构建离不开自我公信力的建设,可信度愈高愈有利于自我形象的塑造。网络具有较高的开放度、参与度和自由度,加之监管难度大,一些人为了成名或经济利益进行自我炒作,通过一些不可思议的话题设置吸引民众的注意。例如,"兽兽"事件负面多于正面,贾君鹏事件炒作虚构人物,一时间"你妈妈喊你回家吃饭"成了网络流行语,"派单女神"事件使得某楼盘遭疯抢。众多的炒作事件让人们对网络形象真假难辨,炒作不等于形象构建传播,缺乏公信力的炒作势必给形象构建带来负面效果,不利于自我形象的构建。具有公信力的网络形象才能赢得更多网民的支持,才能在各自的领域具有更强的感召力与影响力。2014年6月,国务院印发《社会信用体系建设规划纲要(2014—2020年)》,规划指出要加强网上诚信建设,逐步落实网络实名制,强化网民言行的责任意识,同时建立网络信用档案,建立网络信用评价体系,建立网络信用黑名单制度。

人们通过虚拟世界扮演一个全新的角色,满足个人的表现欲望无可厚非,但这一切都要遵守一定的伦理,强化自律意识,不得损害他人利益,自觉维护虚拟社会的正常秩序。同时,主管部门要积极引导网络信息传播建设,营造积极向上的网络空间,促进虚拟社会的和谐发展。2013年8月,国信办主任鲁炜与网络名人举行座谈会,就传播正能量、共守"七条底线"达成共识。由此,形象传播需要好的环境,规范网络信息传播尤为重要与迫切。

(六)网络信息传播规范

皮尔斯等人(1990)研究表明,人们是否遵从规范依赖两个因素:他们是否在视觉上是匿名,以及当时是否有一个凸显共享的社会身份或个体身份。可见,网络实名制对规范网络社会的发展有一定必要性,但实名制推进的过程中要注重用户信息安全。信息的真实性对于形象的构建十分重要,网络传播规范发展一直被各国重视,网络虚拟社会的规范可以避免网络无政府主义的出现,美国制定了130多项关于网络传播的法律法规,韩国也通过《电子通讯基本法》来规范公共利益的信息散播,日本通过行业协会管理信息的传播。

2012年3月,新浪、搜狐、腾讯等微博实行实名制,采取后台身份信息实名认证,微博得以有序发展。2014年2月,中央网络安全和信息化领导小组成立,推动网络安全和信息化治理。5月,国信办、工信部、公安部开展微信等移动即时通信工具专项治理行动,集中整治移动即时通信公众信息发布服务中出现的违法违规行为。同时,国务院将信息网络实名登记制度列入2014年工作任务。我国现有规范网络信息传播的政策法规有《全国人大常委会关于维护互联网安全的决定》《互联网新闻信息服务管理规定》《互联网信息服务管理办法》。

三、自我形象的构建传播路径

(一) 符号传播下的自我形象

视觉文化并不取决于图像本身,而取决于对图像或是视觉存在的现代偏好。① 瑞士语言学家索绪尔从语言学角度研究符号学,充分归纳符号系统的运行规律。美国哲学家皮尔斯从哲学和逻辑学角度研究符号学,认为符号分为图像符号、标志符号和象征符号,符号的意义依赖于语言使用者脑海中的形象和思想,即符号和其所象征的事物。高夫曼将社会比作舞台,人们都是舞台上的演员,通过表演给观众留下印象。高夫曼理论更关注展现自我形象的种种情境,人们在不同场合,观察别人的行为,然后再构建自己的行为,以期给别人留下深刻的印象。传播交流离不开符号,人们在虚拟空间的交流更是借助符号传播来实现传播的效果。人们通过 QQ、微博、微信等网络平台进行交友时,好的符号传播有助于提高在虚拟空间的形象构建。网络空间的虚拟性,给人们的虚拟形象提供了平等的展示机会,人们根据自己的爱好与兴趣充分地构建自己的虚拟形象,发挥不同的传播效果。

2013 年 10 月,动漫视频《领导人是怎样炼成的》一经推出即深受网民追捧,领导人卡通形象通过新媒体进入公众领域,展现全新的符号形象,拉近领导人与民众的距离,取得良好的传播效果。李普曼认为伟人们的形象至少有两种截然不同的性格,一种是公开的和庄严的,另一种则是私下的和人性的。而符号传播在网络空间的有效应用,能够很好地提升形象。好的符号传播对树立自我网络空间的虚拟形象具有很大的提升作用,能提高虚拟自我在虚拟社会中的存在与认同感。同样,符号传播也有负面效果。"笑笑官员""天价烟官员""表哥官员",以及民众反感的炫富族,都无时不在刺激着民众的神经,其虚拟环境中的自我形象自然不言而喻。

此外,颜色的选择对视觉形象传播也很重要,心理学家认为,人的第一感觉是视觉,对视觉影响最大的是色彩。绿色给人们和平、青春的印象,能够缓解人的疲劳感;红、黄、蓝对视觉刺激明显,红色给人激情、兴奋的印象,黄色给人乐观、阳光的印象,蓝色给人端庄、沉稳的印象;紫色高贵神秘;橙色时尚动感;粉色可爱健康。不同的形象塑造,需要各种颜色的合理搭配,才能展现良好的效果,不同的颜色组合的寓意又各不相同,不同年龄、地区的人对颜色的偏好又各不相同。因此,网络形象构建与传播时要充分考虑颜色的因素。

不容忽视的是,符号传播过程中传播者与接受者经验范围存有差异,往往有符号噪音,单纯的符号传播是无法更好展现自我形象的,自我形象的构建传播应是多样化的。

(二) 大众传播下的自我形象

传播的过程模式主要有以美国学者拉斯韦尔为代表的直线模式和以奥斯古德与施拉姆

---

① [美]尼古拉斯·米尔佐夫.视觉文化导论[M].倪伟,译.南京:江苏人民出版社,2006:6.

为代表的循环模式。直线传播模式主要强调了传播的单向过程,缺少反馈环节。循环传播模式强调传播的互动,把传播双方看作传播行为的主体。

拉扎斯菲尔德(Paul Lazarsfeld)认为大众传播存在两级传播,经过意见领袖这一中间环节,再传达到一般大众。意见领袖的观点具有代表性,传播噪音较少,粉丝众多。不同的传播者传播效果各不相同,不同的领域拥有不同的意见领袖,意见领袖在构建自身形象的同时,对构建传播他人形象也具有明显的效果。德国传播学家诺依曼"沉默的螺旋"理论认为,人们在表达想法与观点时,广受欢迎就积极参与,少有理会则保持沉默,大多数人避免孤立而不单独发表意见。因此,意见领袖在传播形象过程中的效果显而易见。

爱默生曾在某个地方说过,"一个人只有一半是他自己,另一半则是表达"。这句话笔者是很赞同的。一个人要成为一个人,必须要经过某种表达;若脱离表达,就不可能有更高的存在,表达无论以实际的还是想象的形式,在一切时候都存在。① 传播的互动交流对形象传播十分必要,人们在网络互动交流的过程中获取更多有利于形象构建与传播的信息,增强人们对网络形象的了解。人们在虚拟社会同样需要得到认同,社交媒体的兴起有助于人们形象的传播,2014年微信用户突破6亿,易信用了11个月时间用户突破1亿,日本的Line有望突破5亿用户。新媒体技术加速了对大众传播效果的形塑,这也是社交媒体呈爆炸式增长的主要原因之一。

(三)媒介传播中的自我形象

任何技术都逐渐创造出一种全新的人的环境,环境并非消极的包装用品,而是积极的作用过程。② 麦克卢汉认为媒介传递的真正"信息"是它本身对受传者的刺激,是媒体本身的特性,"传播媒介决定并限制了人类进行联系与活动的规模和形式"。积极塑造自我在虚拟空间的形象尤为必要,新媒体为我们提供塑造自我形象的平台,善用者将大受益处。美国社会心理学家霍夫兰的说服传播理论认为,人的态度的改变主要取决于说服者的条件、信息本身的说服力及问题的排列技巧。美国传播学者格伯纳的培养理论则认为,大众传播媒介在潜移默化中培养受众的世界观。

人的心智是海量传播的防御物,屏蔽、排斥了大部分的信息。一般而言,人的心智只接受与其以前的知识与经验相匹配或吻合的信息。③ 定位形象尤为重要,首先,形象构建者要充分定位自己在虚拟空间的形象,才能树立传播意识。其次,借助3D、触屏、移动式等新媒体技术可以最大限度地优化自我形象,相比面对面交流更能以积极的方式进行人际传播,丰富自我形象的重构与美塑,增添自我形象传播的趣味性,提高自我形象的传播效果。网络传播相对其他媒介传播限制少、时效快,网络新技术的应用让传播方式更佳,效果更好。诚如卡兹在

---

① [美]查尔斯·霍顿·库利.人类本性与社会秩序[M].包凡一,王湲,译.北京:华夏出版社,2015:65.
② [加]马歇尔·麦克卢汉.理解媒介:论人的延伸[M].何道宽,译.北京:商务印书馆,2000:25.
③ [美]艾·里斯,杰克·特劳特.定位:有史以来对美国营销影响最大的观念[M].谢伟山,苑爱冬,译.北京:机械工业出版社,2011:9.

《个人影响》中的观点,讯息媒介渠道不同,其效果也不同。

(四)网络与现实联动

越来越多的人使用电脑和智能手机,虚拟信息空间的整个概念都在退化。我们的社会化媒体工具不是现实生活的一个选项,而是它的一部分。[1] 人们通常将网络虚拟社会与现实社会隔离开来,认为是两个不同的独立空间。然而,现实社会中的种种社会活动,都离不开网络社会的支持,虚拟社会来源于现实社会,更离不开现实社会的发展。因此,虚拟社会与现实社会协同发展,发挥互补优势十分必要。虚拟社会不仅是现实社会的延伸,也反过来促进现实社会的发展。

科技的发展使网络与现实交织,自媒体的实时现场报道更是增加了网络与现实的联动。新媒体技术的广泛应用,增添了网络形象传播的真实性,加强了网络形象传播的互动交流效果,减少了网络传播的噪音。2013年12月28日,习近平总书记到庆丰包子铺就餐,经新浪微博和腾讯微博转发,点击率不断攀升,总书记亲民形象广为流传。当下,网络呈现出对现实社会的干预能力,已超越了时间与空间的意义建构,在影响转型社会的发展格局中,试图重塑一个更符合当下人们认知的网络化社会新形态。

网络的快速发展加速了虚拟社会的扩张,虚拟社会是现实社会的延伸,同样也是人与人之间交流互动的空间,人们在虚拟社会中扮演各自的角色,构建传播不同的自我形象,共同推动虚拟社会的发展。网络形象的构建有利于网民的自我展现与自我认同,对促进社会和谐发展、传播社会正能量具有十分积极的作用。

作者黄艳为复旦大学新闻学院博士生,池州学院现代传媒系讲师。

---

[1] [美]克莱·舍基.认知盈余:自由时间的力量[M].胡泳,哈丽丝,译.北京:中国人民大学出版社,2012:43.

新媒体与视觉文化

移动互联时代的视觉空间与文化实践

刘成付

一、从远古岩画到移动互联:视觉文化发展的空间进路

视觉空间如果仅仅从技术视角来看,是指在人类视线中的空间,并特别强调视觉源点的空间位置。光影与观者的位置在视觉空间的建构过程中至关重要。但是从文化的角度,视觉空间更应被理解为视像作品或产品从生产到传播到消费整个过程中的空间集合,包括技术空间和社会空间,尤其强调人作为生产者、传播者与消费者的源点视角。如果说视觉是人与生俱来的一种生理现象,那么视觉文化则是人类社会与生俱来的一种文化现象。最早的视觉文化现象可以追溯至远古图腾与洞穴壁画。"当人类把视觉的造型与原始的信仰结合在一起的时候,图腾就产生了",洞穴壁画的出现只是"原始巫术礼仪的延续、发展和进一步视觉符号图像化的过程"。① 但视觉文化真正引起学界的强烈关注则是迟至上个世纪的事。个中原因颇为复杂,但一个最为重要的因素是现代视觉媒介的高度发展。当报纸、杂志、电影、电视等媒介中的图像铺天盖地地包围着我们并日益影响甚至左右我们的生活的时候,视觉文化作为一个全新的概念被提出来就正当其时了。匈牙利电影理论家巴拉兹首先使用了视觉文化一词。他认为随着电影的出现,一种新的视觉文化将取代已有的印刷文化。很快,视觉文化转向成为学界研究热点。在中国,视觉文化被广为关注的原因主要是网络普及率的提高和数字影像技术的普及,影像渐成泛滥之势,对社会生活和个人生活产生了越来越难以被忽视的影响。如果说电报、电话等技术实现了人们之间的语音沟通和交流,拓展了人际交流的时空概念,那么,今天从报纸杂志、电影、电视、互联网络、智能手机上浩浩荡荡汹涌而来的影像符号则进一步拓展了人们的视觉交流空间,并形成了以"读图"为主要特征的视觉文化。从"读文"到"读图"的转变,无疑将重构人们的记忆与感知,重塑人们与世界的关系,深刻影响社会生活的方方面面。一般认为,视觉文化的发展经历"模仿—复制—虚拟"三个比较重要的阶段。或者说,视觉文化呈现出三种不同的文化形态:模仿的视觉文化、复制的视觉文化和虚拟的视觉文化。镜子是模仿文化的表征,绘画则是一面美学的镜子;摄影是复制文化的表征,因为它使大规模的影像复制成为可能;电脑是虚拟文化的表征,因为电脑化的图像把我们的视觉经验带

---

① 谢娇.当代视觉文化的发展趋向[D].大连:大连工业大学,2003:2-3.

入一个全新的领域——虚拟现实(真实)的世界。① 如果说,由于历史上传播技术的限制,无论是模仿的图像、复制的图像还是虚拟的图像都还局限于一定的空间范围的话,那么互联网的普及,则彻底解放了图像传播空间,各种图像形态在网络空间自由组合流淌。今天,互联网已经发展到了移动互联新阶段。所谓移动互联,表面上看,就是将移动通信和互联网二者结合为一体,因此被很多人认为是传统互联网的简单延伸。但实际上,移动互联网并非传统互联网的简单延伸和补充,它有着自己独特的传播模式与传播特征。比如,传统互联网虽然具有强大的影像传播能力,但仍然不可能做到随时随地、如影随形的影像传播,移动互联网作为一种广域的泛在网,却使之成为可能。与传统的固定互联网相比,移动互联网不但继承并发扬了传统互联网分享、开放、互动的优势,而且新增了随时随地随身传播、强制性传播(推送)、碎片化传播、身份识别、地理定位、智能感应等多种功能,手机、iPad、电子可穿戴设备等移动互联时代的硬件形式和相应的软件开发在改变着我们的视觉体验的同时,也在不知不觉改变着我们的生活方式。在传统互联网的背景下,我们被图像所包围,在移动互联背景下,图像与生活完全融合成为可能。当我们通过手机、微博、微信等多种方式大量生产、传播、消费各种图像,当我们通过可穿戴电子设备将自己的生活影像在朋友间进行半私密半公开的传送、交流的时候,当联网的视频监视系统大面积渗透到我们的生活空间,当某类图像在移动终端像海啸般汹涌被转发并进而形成某种文化现象的时候,移动互联网络展现了它惊人的视觉传播能力。从远古岩画到近代绘画,从影像的机械复制到影像的虚拟创构,从传统互联网的影像狂欢到移动互联时代的影像泛在,影像生产与传播技术的发展向我们展示了视觉文化巨大的空间变迁。那么,移动互联背景下的视觉文化到底拥有何种空间,这种空间到底具有何种特质,又将给当代视觉文化实践带来何种影响?这是我们不得不面对和深思的问题。

二、移动互联背景下视觉空间的拓展向度

视觉文化集中关注"看"的文化,无论是看得见的,还是看不见的,都通过"看"的文化而得以展示。"不可见之见"更被许多学者视为视觉文化之精髓。基于此,视觉空间并不仅仅指我们观看的环境空间,我们能看多少,能看多远,而是更多地牵涉到影像的生产与观看方式。不同的影像生产与观看方式引领我们进入不同的视觉空间。能够被视觉呈现的一切皆可纳入所谓的视觉空间。移动互联网络的发展,在很大程度上重塑并拓展了当代独特的视觉空间结构,极大地影响着当代视觉文化实践。这主要表现在以下几个方面:

1. 视觉生产空间的拓展

从原始的图腾岩画到绘画艺术创作,模仿是视像生产的核心手段。照相技术的发明极大地拓展了视觉生产空间,人们甚至认为我们可以完整地重现整个世界。机械复制使视觉文化生产空间获得进一步提升,影像的批量生产成为可能。进入电脑网络时代,由于绘图软件的开发,人们可以对图像进行自由创造、加工、变换和组合,视觉文化进入虚拟阶段,视

---

① 周宪. 模仿/复制/虚拟——从镜子、摄影与电脑看视觉文化的三种形态[J]. 中国广告,2004(9):57.

觉生产空间甚至可以完全脱离现实空间,生产出一种脱离了真实但"比真实更真实"的"拟像"作品。① 移动互联技术无疑进一步拓展了视觉生产空间。这主要表现在:其一,视觉生产工具廉价易得,且功能日益强大,为视像生产开辟了新的空间。当传统互联网的渗透趋缓的时候,移动互联网的发展迅速跟进。手机作为移动互联最重要的终端,尤其是智能手机,相比传统专业相机而言,是更为廉价和更易获得的视像生产工具。手机的发展,本身就是一个不断视觉化的过程。手机中集成的镜头,使得我们就像把照相机带在身边一样,随时记录着瞬息万变的世界。手机还有越来越强的视频记录功能和图像编辑功能,我们用手机不断地生产图片、加工图片、传送图片。手机照片、手机电影、手机视频成为手机新的使用方式。通过手机获得更多的视觉体验,成为人们越来越明显的追求。② 其二,图像素材的易获得性有益于图像的再创作与再生产,生产方式和生产效率空前提升。在视觉文化的初级阶段,人们通过手工绘画模拟世界,这是视像生产最为朴素的手段和方式。照相机和摄像机的出现,大大拓展了视觉文化的生产空间,机械复制技术使这种空间进一步扩大,集现代多媒体技术于一身的移动互联终端则使图像的生产加工空间空前扩张。其三,图像生产主体迁移。移动互联的泛在性使随时随地获取影像素材,随时随地的影像加工生产变得易如反掌,极大地改变了图像生产方式和格局。考察视觉文化发展的三个阶段,我们可以清晰地看到,从模仿阶段到复制阶段到虚拟阶段,图像生产的主体经历了由精英(传统画家)到组织(大众传播机构)到民众(网络草根)的嬗变。移动互联进一步消解了精英和组织的主导影响力,拓展了草根百姓的图像生产空间。在影像生产过程中,民间高手辈出,逐渐形成了网络流行影像生产的主力军。

2. 视觉传播空间的拓展

传播工具和传播方式对于视觉文化来说是极其重要的,按照麦克卢汉"媒介即信息"的观点,甚至可以进一步认为传播形式在视觉文化的形成中比视像内容更为关键。因为,"如果没有摄影、电影、电视等视觉媒体有效的传播,视觉的生活方式(文化)是不可能形成的,视觉文化的文本(典籍)和文明形态也无从形成,所谓'我们进入了一个视觉文化的时代'其实是一个视觉媒介的传播越来越主流的时代"③。由于新媒介的不断出现,当代技术化的视觉经验已经全面渗入并影响着人们的日常生活,把"媒介"作为理解视觉文化的一把钥匙,就展现出其重要意义。④ 移动互联技术对视觉传播空间的拓展主要体现在三个层面:其一,随时随地动态传播的可能。传统互联网虽然具有极为强大的影像传播能力,但仍然存在影像传播与生产时空异步性的困扰。移动互联使人们的视野不再拘泥于一个人、一个地方或者某一时段,从视像的生产到传播到观看,只要愿意,人们能随时随地生产并传播自己的影像,或者选择整合来

---

① 鲍德里亚.仿真与拟像[M].汪民安,等译.后现代性的哲学话语.杭州:浙江人民出版社,2000:333.
② 刘伟斌.后现代视觉文化研究[D].长春:吉林大学,2011:47.
③ 祁林.传播学视野中视觉文化研究的谱系[J].国际新闻界,2011(6):11.
④ 李赛可.从机械复制到数字虚拟:媒介转换视野中的视觉文化研究[D].湘潭:湘潭大学,2007.

自世界各地的影像,进行再传播,使视觉空间达到了即使是传统互联网也难以企及的高度。其二,转发(再传播)成为移动互联时代独特的风景,影像分享渐成影像主流传播模式。传统的影像大众传播模式是由专业的组织化的机构生产和发布影像,移动互联时代的影像更多地则是由网友随拍随发随转。当转发量较少的时候,影像的文化效应很弱,甚至完全消失。当转发量多的时候,影像的文化效应扶摇直上。从某种意义上说,移动互联时代的影像传播能否构成视觉文化现象,关键要看其转发量的多少。很多时候,一张本身并无多大意义的图片或者一段视频,转发的人多了,其意义就在网友的参与与再传播中逐渐得到生成与凸显。冰桶挑战视频片段、反手摸肚脐炫身材事件皆是如此。其三,移动网络的普及改变了影像传播格局。根据中国互联网络信息中心(CNNIC)发布的《第35次中国互联网络发展状况统计报告》,截至2014年底,我国网民规模达6.49亿,互联网普及率为47.9%。手机网民规模达5.57亿,较2013年底增加5 672万人。网民中使用手机上网的人群占比由2013年的81.0%提升至85.8%。如此高的移动网络普及率极大地改变了传播方式与传播格局。其直接效应就是影像传播主体的草根化、平民化,传统互联时代专业大众传播机构的影像传播主导地位日渐削弱。

3. 视觉消费空间的拓展

消费空间一般指消费场所与环境。移动互联环境下的视觉消费展现出独特的空间特征。传统艺术的观赏方式具有私密性,是一种个人品位的方式,而复制技术将其转化为一种集体、公共的大众互动。[①] 报纸杂志、电视、电影、传统网络等大众传播媒介上的图像,要么本身就是在公共空间观看,如电影、室外广告影像;要么就是在隐在的公共空间观看,如报纸、电视等媒介内容,虽然一般都是在私密空间中观看,但是观者非常清楚,他所观看的视像也可能正在被许许多多的人私密地观看,而这,正是一种所谓隐在的公共空间。移动互联接收终端如手机、iPad等本身就具有便携性、私密性的特征,同时,微信、QQ群等传播方式也使传播内容从"敞开"向"私密"转化,因此图像的生产、传播与观看似乎都重新回到私人空间。但是通过转发,影像很快就能从群内小众传播发展成为大众传播,传统大众传播媒介紧紧跟上,进行传播接力,私人之间的影像传播与消费很快就能变成影像的公共传播与消费,陈冠希和好莱坞的"艳照门"事件就是典型的例证。当影像仅仅在私人之间传播消费的时候,消费空间无疑是私人性质,当影像通过社会化媒体在网络圈群内被转发分享时,就构成移动互联的社会化消费空间,当转发量足够大,传统大众传播媒介跟进转发时,影像消费进入显在的公共空间。可见,一方面,移动互联视觉消费具有重回私密空间的特质,另一方面,移动互联的视觉消费又时刻处于显在的公共空间的边缘。在公共空间,政治的力量和市场的力量会汹涌而入,但是在私人空间,我们拒绝外部力量的进入,无论是政治的力量还是市场的力量。在私人空间,我们甚至拒绝承认我们是在"消费"影像。在社会化空间里,影像消费兼具私人性质和公共性质。几张图片,几段视频,在小的圈子和群内流转,是否构成一种文化现象,又具有多大的文化意义呢?在社会化的影像消费空间中,又有多大的空间留给外部力量(政治力量和商业力

---

① 谢娇.当代视觉文化的发展趋向[D].大连:大连工业大学,2003:9.

量)呢？显然，移动互联时代视觉消费空间的变化给当代视觉文化实践提出了许多前所未有的问题，需要我们在视觉文化实践中加以关注和解答。

三、视觉空间拓展对当代视觉文化实践的影响

我们虽然不能将移动互联时代的视觉空间拓展完全归因于视觉技术，但毫无疑问，视觉生产与传播技术的突飞猛进对视觉文化的发展起到了至关重要的作用。在此意义上，我们说，移动互联改变了当代视觉文化的面貌，对当代视觉文化实践产生了持续而深远的影响。这些影响既有宏观的层面，也有非常细微的层面。择其要者，笔者认为主要表现在以下三个方面。

1. 影像世界与生活世界的高度融合

在视觉文化研究的诸多观念中，有一种一以贯之的观念，那就是影像世界和真实世界(生活世界)的分离。视觉文化实践要么拉近了这两个世界的关系，要么扩大了这两个世界的差异。海德格尔对视觉文化的理解是"世界被把握为图像"，意即我们通过图像这种方式去体验和理解真实的生活世界。[①] 这里面暗含影像世界与真实世界两分的思路。从视觉文化几个阶段的划分，可以看出这种思路的影响之深。图腾岩画是对神性世界的仰望与视觉展现；绘画则表现为生活世界的模仿与逼近；机械复制阶段的影像则是对真实世界的批量复制与再现；电脑和传统网络阶段的虚拟影像则被视为对真实世界的变异与超越。可见，一直以来，影像都以或作品或产品的形式被生产出来，力图表现、解释、批判、重塑与之相应的真实世界，这是一直以来视觉文化实践的内在逻辑。我们正是在这种逻辑支配下反过来依据我们所知的真实世界去判断视像作品的美感与价值。毫无疑问，在这种逻辑支配下的视觉文化实践是一个相对静态的过程，生活世界之流与影像世界之流并不同步。移动互联时代不能说完全摒弃了这一逻辑，但提供了影像世界之流与生活世界之流合二为一的空间。首先，简便、廉价、易得的影像生产与传播工具使得生活世界作为即时动态的影像之流成为可能；其次，移动终端的普及使影像生产的规模和效率空前强大，大数据影像传播使全面的生活之流成为可能；再次，移动互联网络与物联网的融合，可穿戴设备、智能家电、基于位置的服务应用将生活世界与影像世界连为一体，生活即图像、图像即生活成为可能。不是世界被把握为图像，而是世界本身就是流动的影像。基于此，当代的视觉文化实践，不应局限于制造和生产影像供人静观、品味、鉴赏的老路，而应主动融入生活世界。换句话说，当代的视觉文化实践应该是一场与生活世界如影随形的视觉参与。视觉文化现象的意义，也不是预先设定的，而是在移动互联网的影像生产、传播和消费中逐步得以形成和呈现的。动态性、参与性、互动性将成为当代视觉文化实践最为重要的特征。如果说传统固定网络还让我们感觉到虚拟世界(线上)和现实世界(线下)的差距，那么移动网络和物联网的结合正在抹平这种差距。当随手拍下一张照片瞬间传到网络，当远在千里的某个明星直播了自己的冰桶挑战，当某个寻死的人用手机直播其自

---

① 段钢.视觉文化背景下的图像消费[J].江海学刊,2006(2):61.

杀画面时，这就是与视觉观看同步进行的生活之流，而不是传统意义上的视觉作品或者产品。正是在此意义上，我们断言，移动互联时代的视觉文化实践，唯有完全参与到生活世界之中，其意义才有可能被真正展现出来。

2. 当代视觉文化实践的社会化模式

分析移动互联时代的视觉空间，我们看到，它囊括个人空间、公共空间以及个人空间与公共空间交叉的社会化空间地带。移动互联时代网络上的圈群关系、泛使用的社会化媒体、从量变到质变的转发传播模式，无不昭示着社会化空间对于视觉文化实践的重要意义。视觉文化实践的社会化模式业已形成，并处于不断发展与完善过程之中。这主要表现在三个层面：一是影像生产主体与传播主体逐步从精英群体（以绘画为主体的视觉文化阶段）和专业化、组织化的传播机构（以机械复制为特征的视觉文化阶段）过渡到网络草根大众。越来越多的视觉文化现象起源于移动网络，成形于移动网络，最后才被传统的大众传播媒体跟进转发，从社会化空间过渡到公共视觉空间。二是网络圈群作为社会化空间的主要形式，在视觉文化现象的性质、规模和走向上将起到至关重要的作用。何种视像将在网络中销声匿迹，何种视像又会在网络中疯狂扩张，何种视像只会在网络中私密地传播，在很大程度上都取决于网络圈群的特性；对于那些追求私密性的群体，他们可能更愿意使用类似 Snapchat 一类的"阅后即焚"软件来进行影像传播与分享。三是移动网络的影像转发模式，完全不同于传统人际传播和大众传播模式。转发量的多少、转发的速度直接决定影像是否能成为一种文化现象。转发依靠的不是精英也不是组织化的传播机构，而是社会化的网络圈群体。在移动互联时代，转发逐渐成为文化力量产生的重要方式。显而易见，移动互联时代的视觉文化实践需要更多地依赖社会化力量，才能实现不断地创新与发展。

3. 空间限度：当代视觉文化实践的规制难题

视觉文化自诞生之日起，就引发了两种截然不同的对立观点，一种是文化大众和部分学者的积极态度，另一种是以法兰克福学派为代表的学者对视觉文化的批判和否定的态度。[①]移动互联时代的视觉文化概莫能外。实际上，视觉文化现象，既可能产生正能量，也可能产生负能量，因此对视觉文化的规制尤显必要。移动互联时代视觉空间的变化与拓展虽然给视觉文化实践指明了新的方向与路径，但也给视觉文化实践的规制带来了前所未有的挑战。这主要体现在两个层面：一是规制的实际难度增加。在实践层面，移动互联时代的视像，从生产到传播到观看，专业性让位于草根性，海量生产和传播的把关难度加大。二是规制的理论根基尚未得到澄清。一般的视觉规制是对私人影像和公共影像实行不同的监管模式，对私人空间往往采取不干涉的方式，对公共空间往往采取从严监管的方式。但移动互联时代的视觉文化实践，主要依赖于社会化圈群，这既非纯粹的私人空间，也非纯粹的公共空间，而是介于私人空间和公共空间之间的社会化空间，这种空间兼具封闭性和开放性特征，对其进行视觉规制将面临复杂而敏感的局面。将社会化空间简单看成私人空间显然是不合适的，但是如果将其

---

① 杭迪. W. J. T. 米歇尔的图像理论和视觉文化理论研究[D]. 济南：山东大学，2001：6.

简单看成公共空间,也会遭遇理论上的尴尬。以大众传播媒介为主要传播工具的公共传播空间,从积极的一面看,被要求主动承担"大众传媒的社会责任",从消极的一面看,至少需要承担不去做有损社会公序良俗之事的责任和义务。在此基础上,对大众传媒的视觉规制是非常清晰、非常具体的。但是社会化媒体空间是否需要被强制承担积极主动的"社会责任"呢?如果需要,那么这种责任的边界何在?这在学界和业界都一直存在争议。社会化媒体空间的影像伦理底线和公共空间的影像伦理底线区别在哪里?这种理论上尚未得到澄清的局面,加剧了当代视觉文化实践规制的难度。从纯粹的理论视角,或许我们可以说,视觉文化的空间边界就是视觉技术的边界和生活的边界,如果这些边界存在的话。但根据上述分析,实际情况并非如此。移动互联时代,仍然有些空间是视觉文化实践无法达到或者不被允许触碰的。只是,在当代视觉文化实践中,哪些责任和义务是我们必须承担的,哪些行为是我们必须避免的,无论从理论上还是实践上,都急需学界和业界进一步探索、研究和澄清。

作者刘成付为南京财经大学新闻学院副教授。

"可见的"字幕
——Abe Markus Nornes 教授[①]"Abusive"电影翻译研究访谈

苏 状

苏状(以下简称"苏"):一直以来仰慕您在亚洲电影和纪录片领域的学术贡献,在您的电影研究历程中,您还同时将一部分兴趣投向电影翻译研究,是什么让您产生这种特别的关注?

亚伯·马尔库斯·诺尼斯(Abe Markus Nornes,以下简称"诺"):20世纪八十年代,当时我还是一个研究生,大约就在这个时间美国兴起了一股日本动漫热,并带动一批动漫迷开始自主为日本动漫进行字幕翻译。由于这些从事字幕翻译的粉丝们大部分都是有着工程技术、自然科学以及计算机科学的学科背景,这样,他们就可以制作自己的字幕翻译软件。更为重要的是,他们都是业余爱好者,这就使得他们摆脱了专业字幕工作者的各种金科玉律,而尝试进行一些实验性的翻译探索。目睹这些,我非常兴奋,我认识到电影无论是字幕翻译还是配音翻译都是调和电影和观众最为重要的中介,没有翻译将没有国际电影。但是,大部分传统电影翻译都不尽如人意,电影翻译工作者也一直不为人所知,所以当时看到这些日本动漫翻译就让我感觉耳目一新。而随之我发现当时在美国对电影字幕翻译的文化研究还很少,这样,我就开始着手我的电影字幕研究。

苏:与传统的对翻译的语言学研究不太一样,您更多从文化和美学角度探讨电影字幕翻译问题?

诺:是的。当我开始从事电影翻译研究的时候,我发现以往的电影字幕研究著作主要是从语言学、社会科学和生物学的视角展开的,他们关注观众阅读和理解字幕的速度和效果,为

[①] 亚伯·马尔库斯·诺尼斯(Abe Markus Nornes):著名电影学者,美国南加州大学影视与批评研究学系博士,现为美国密歇根大学亚洲电影、语言与文化系教授,银幕艺术文化系主任,日本山形国际纪录片电影节顾问、协调者,中国云之南纪录影像展首席评委。他主要致力于亚洲电影、纪录片和电影翻译研究。其主要学术成果有《走向"Abusive"字幕:对电影翻译机制的一种阐释》(1999)、《日本纪录电影:从明治时期到广岛时期》(2003)、《电影巴别塔:翻译全球电影》(2007)、《重压的森林:小川绅介和战后日本纪录片》(2007)。电影字幕译作有《电影资本》(饭冢敏夫与小川绅介导演,1990)、《正午的星星》(佐藤真导演,1998)、《阿贺的记忆》(佐藤真导演,2004)、《疏水》(能势克男导演,2012)。

此,他们借助传感器和追踪仪器对观众的视网膜和注意力进行实验调查,以确认他们阅读电影字幕时眼球的移动方式,这是非常有趣和具有实际意义的研究方法。然而对我来说,一直以来,我的电影研究深植于后结构主义理论,特别受德里达、巴特、福柯这些法国后结构主义理论家的影响。而在我决定从事电影翻译研究的时候,正值英国文化研究在整个西方世界日渐产生巨大影响的时候,这也同时构成了我研究的又一理论视角。基于这两种理论背景,我就特别关注电影字幕产生的历史及文化因素:是谁在翻译,翻译与原文、译文以及与电影导演、发行人和观众之间的关系是什么,即为什么电影字幕是我们看到的这个样子。在这个追问中,我发现传统电影字幕的很多"不可见"的问题并对之展开批判,同时开始倡导一种新的"可见"的字幕翻译观念。

苏:刚才您提到了劳伦斯·韦努蒂①关于翻译的"不可见性"问题,那您能否具体谈一谈,对于电影翻译来说,这种"不可见"的东西是什么?

诺:在做这个研究时,让我感到震惊的是,电影翻译工作者的翻译非常重要,但是一直以来他们的角色却是完全不可见的,甚至没有人给他们奖励,他们的存在是被压制的。而另一方面,电影从原剧本到剧本的演员台词,再到译文的翻译,可以说经历了重重转变,从这个角度来看,翻译家同时也是编辑。传统电影翻译观念认为,翻译的好坏在于观众读起来是否自然顺口,这使得大部分翻译者将电影的原文做了很多"归化"处理,任何看起来很难翻译或不能翻译的内容就被忽略或缩减掉了,这是大部分电影翻译的普遍现象。我们拿法国新浪潮电影的奠基者让-吕克·戈达尔(Jean-Luc Godard)导演的电影为例,特别是他在 20 世纪六七十年代所拍摄的政治电影,这些电影中经常引用很多卡尔·马克思、艾米莉·勃朗特的哲学和文学话语,并通过演员在电影中表达,但是翻译者却没有给它们字幕,因为这要求翻译者自身要有这种哲学和文学的深刻文化底蕴,这就增加了翻译的复杂性和难度。同时,国外的电影发行商为了赢利,也喜欢简单的字幕,因为简单的字幕观众容易懂、受众广,而马克思的哲学观点,只局限于少数知识分子,即我们所说的小众市场。还有更为不可忽视的原因在于,如果戈达尔的电影在美国放映,你就不能直接翻译里面的共产主义话语,而应该将其转换成某种可以接受的表达方式。以上说到的这些文化、经济和政治因素,我想或多或少地体现在任何形式的电影翻译中,但是这些因素却隐藏在传统电影翻译之中从而不为我们所知,这就是电影翻译的"不可见性"。可是,我认为电影翻译不应该这样,我更倾向于一种复杂的、将观众引向电影原文本语言和异国文化的翻译,翻译者及其翻译之道应该被我们看见。

---

① 劳伦斯·韦努蒂(Lawrence Venuti):解构主义翻译思想倡导者与异化翻译理论提出者,强调抑制英语国家"暴力"的"归化"翻译文化,突出翻译作品中外国文本的外来身份。代表理论著作《译者的隐身:一部翻译史》(*The Translator's Invisibility: A History of Translation*,1995)。

苏：由于上述这些原因，您认为过去和当下很多电影翻译都是"堕态（corrupt）"翻译，能进一步说明这种"堕态"翻译的主要特征是什么吗？

诺：像我刚才所说的，那种总是想着获取最大的市场收益，并为此总是把字幕中规中矩地安置在屏幕最下端居中的字幕框内，总是使用看起来现代的、干净的、容易识别但却引不起过多注意的赫维提卡（Helvetica）①字体，总是遵循标准的字幕颜色、大小和显示方式等等，这些简单易懂的、普遍使用的字幕可以便于观众顺利阅读字面意义并接之进行意义的再生产，但实际上，他们再生产的意义多是背离原语言文化而陷于目标译文的自说自话。我认为所有这些隐藏着各种"不可见性"的目的因素，对待所有电影都是遵守传统规则、采用统一标准的字幕翻译都是堕态翻译。

苏：与"堕态"翻译对应，您提出了您的电影翻译观点，即"abusive"②翻译。我不得不为这个"abusive"加上引号，因为它本身是贬义，可却是您积极倡导的翻译理念。

诺：是的。我们会在语言学中使用"abusive"这个词，它在英语中也是贬义词，但在字幕翻译这个层面，我使用它却具有一种讽刺意味的积极意义，这个意义并不像"暴力""侵略""滥用"这几个极端而强烈的贬义义项，而只是表达一种对传统字幕翻译的质疑、挑战和争论，这种争论必然引起传统字幕翻译的愤怒、疯狂和抵制。受到挑战的一个对象是传统的字幕翻译者，他们痛恨"abusive"翻译并贬斥它；另一个受到挑战的就是观众，因为他们已经习惯了传统的字幕，一旦看到这种新的字幕形式会感到不适，然而最受到挑战的恐怕还是我们自己的语言，所以问题核心在于，当翻译者面对难以翻译的挑战时，他们不应该放弃或删减，而是选择对我们的语言进行挑战性的处理：突破规则，拥抱游戏（一种积极意义上的语言游戏）。基于德里达的"延异"（différance）与巴特的"能指"（denotation）和"所指"（connotation）理论，我们无法锁定任何一个意指，在作者、原文、读者和译文之间往往存在着多重语境差异。如果你认

---

① 赫维提卡（Helvetica）：一款使用非常普遍的西文无衬线字体，是现代字体的典范，也是西方电影字幕的常用字体。

② 这里遵照诺尼斯教授本人的意思，对 abusive 不做翻译，他认为虽然 abusive 有暴力、侵略、滥用等义项，但都还不够贴切。他在专著《电影巴别塔：翻译全球电影》中指出，此 abusive 翻译观念受到刘易斯（Philip E. Lewis）在《翻译效果的测量》（*The Measure of Translation Effect*）中提出的 abusive 概念的启发，刘易斯原文为："Translation when it occurs has to move whatever meanings it capture from the original into a framework that tends to impose a different set of discursive relations and a different construction of reality." 而诺尼斯教授在其著作中为 abusive 作了如下的定义："Put more concretely, the abusive subtitler uses textual and graphic abuse—that is, experimentation with language and its grammatical, morphological and visual qualities—to bring the fact of translation from its position of obscurity, to critique the imperial politics that ground corrupt practices while ultimately leading the viewer to the foreign original being reproduced in the darkness of the theater." 见于：Abe Markus Nornes. Cinema Babel: Translating Global Cinema [M]. Minnesota：University of Minnesota Press, 2007：176－177.

可这种意义的滑动(slippery),那就会从传统的语言规则中解放出来,并由此改变你对翻译的观念,即一方面你仍须正视原语言的文化复杂性,而另一方面你可以尝试各种语言性和视觉化的创新方法以更好地联结电影与观众,这样就使得"不可见"的堕态翻译变为"可见"的"abusive"翻译。

苏:您在《电影巴别塔:翻译全球电影》中界定"abusive"翻译时也特别提到了形象的、视觉的特征,这是由电影字幕的特殊性决定的吧?

诺:是的,我曾指出"abusive"翻译可以尝试探索将视觉化方法运用到字幕翻译当中,但图像化特性并不是电影字幕的特权,书籍排版也可以做到这种疯狂的图像效果。如著名学者戴从容教授翻译乔伊斯的《芬尼根的守灵夜》(见图1),就使用了不同大小、形状和字体的排版,但是,电影字幕和电影影像要共存于每一个视框之中,这就要求必须注意字幕的大小、颜色、字体、位置、显现方式与影像在视觉画面上的构图关系,同时,在阅读戴从容的翻译时,我们可以随意地停止、回看、重读、减速、加速甚至略过,但是字幕则要受制于电影的线性叙事时间和每一视框的字幕显示速度。此外,文学翻译的对象是原书的文字,而电影字幕的翻译则更多依照的是音频和声音。鉴于字幕与电影在空间、时间、声音上的特殊关联,我想"abusive"电影字幕翻译要考虑到更多、更复杂的影响因素,也因此有了更多、更灵活的图像视觉处理方法。

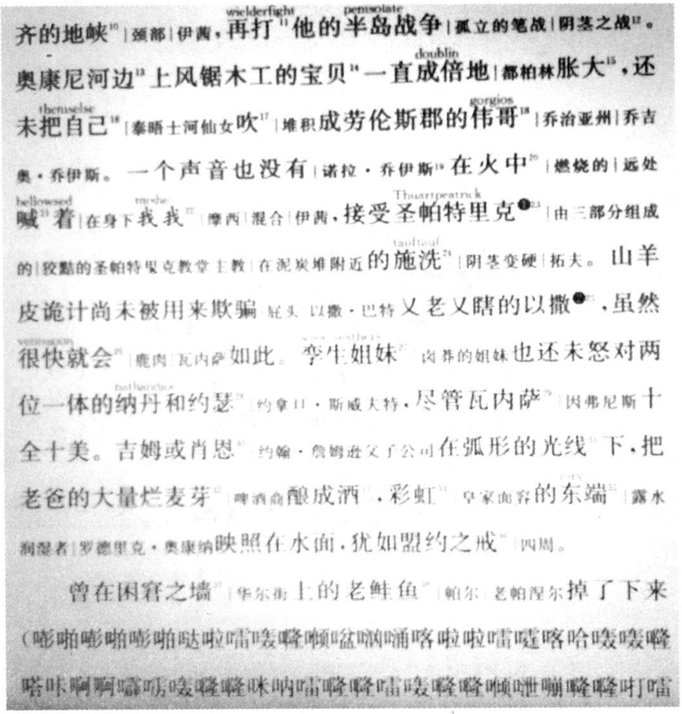

图1 戴从容翻译的《芬尼根的守灵夜》

苏：那您能从历史或当下的电影字幕实践中，举一些具有代表性的字幕图像化例子吗？

诺：最典型的例子就是日本动漫，日本动漫字幕翻译者总是想方设法使用所有可能使用的字体、颜色、尺寸、位置、动态显现方式等，有时甚至让字幕充满整个屏幕（见图2）。特别值得一提的是，日本字幕翻译者总抱着一种对日本文化的"歉疚"，他们特别重视那些看起来难以翻译的字幕，他们会采用在相应位置进行动画显现的注释字幕，如果观众对这个注释感兴趣，还可以进一步暂停视频点击阅读注释，这些都是非常具有创意的字幕形式。

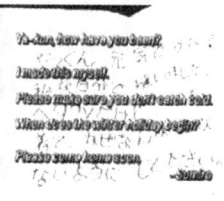

图2　日本动漫《乱马1/2》：业余字幕爱好者的字幕翻译

电影有时也采用这种有创意的字幕显示技术。在日语版字幕电影《摩洛哥》（Morocco，1930）中，翻译者特别注重字幕的方向位置与电影画面的构图关系，当场景中左侧演员说话时，字幕纵向出现在屏幕右侧，反之亦然（见图3）。同样，在实验纪录电影《佛蒙特作别索尔仁尼琴先生》（Vermont Says Goodbye to Solzhenitsyn，2012）中，字幕的位置提示出不同的叙事时间，电影画面采用画中画形式，里面的画面是导演在索尔仁尼琴逝世纪念日时拍摄的老照片，当电影讲述历史时，导演把字幕放置在老照片里，而讲到现状时，则把字幕安置在正常屏幕的中底部（见图4）。

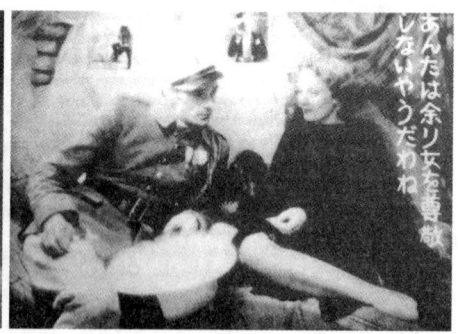

图3　《摩洛哥》：字幕左右位置

 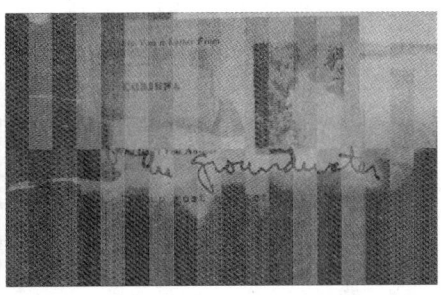

图 4 《佛蒙特作别索尔仁尼琴先生》:字幕内外位置

有时,动画特技被运用到字幕显现方式之中,如在动作片《速度与激情》(*Fast Five*,2011)中,你会看到字幕像飞驰的汽车一般穿梭或旋转于屏幕上,凸显了速度的主题,且字幕并不局限于屏幕底部中端,而是出现在屏幕的任何地方(见图 5)。另一个例子是《怒火救援》(Man on Fire,2004),这部电影的字幕以渐显或渐隐的方式出现或消失于屏幕的不同位置,有时还根据说话者音量变化而变大或变小(见图 6)。这些都非常精彩。

 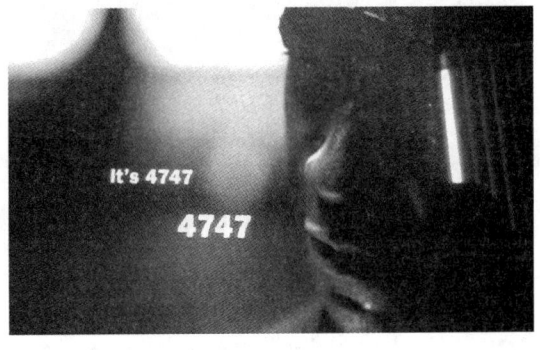

图 5 《速度与激情》:字幕穿梭或旋转　　图 6 《怒火救援》:字幕渐隐渐显、变大变小

苏:我还发现无论是默片时代还是有声片时代,电影的场间字幕或者电影影前字幕还特别注重书法的艺术效果,尤其是在东亚电影中。我知道您对此也有过研究,所以这里还想听听您的高见。

诺:我们经常看到书法艺术作品,无论是剧情书法还是非剧情书法[①],出现在东亚电影中。对于非剧情书法,一种是将各式具有某种图案的纸张作为背景融入镜头中,即汤姆·拉麦尔

---

① 这里的剧情书法(diegetic calligraphy)可以理解为电影剧情展开中的作为场景背景出现的书法;非剧情书法(non-diegetic calligraphy)可理解为电影剧情展开之前、之中或之后的作为附加文本出现的书法。

所称的"纸景"①，比如沟口健二的电影《阿游小姐》(*Miss Oyu*,1951)和吉田喜重的电影《秋津温泉》(*Akitsu Springs*,1962)的影前字幕(见图7、图8)；但大多数是将书法直接呈现在空白屏幕上，如小川绅介的纪录片《满山红柿》(*Red Persimmons*,2001)的影前字幕和场间字幕(见图9、图10)。而剧情书法一般我们不会将其翻译成字幕，所以暂时先不做讨论。

图7 《阿游小姐》

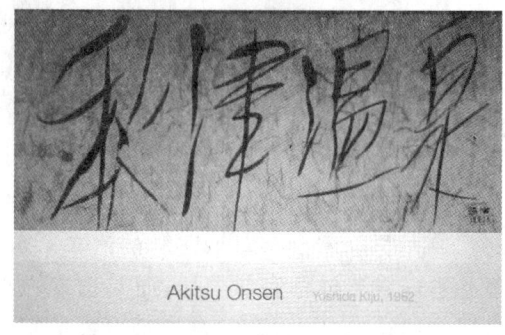

图8 《秋津温泉》:影前"纸景"书法字幕

图9 《满山红柿》:影前书法字幕

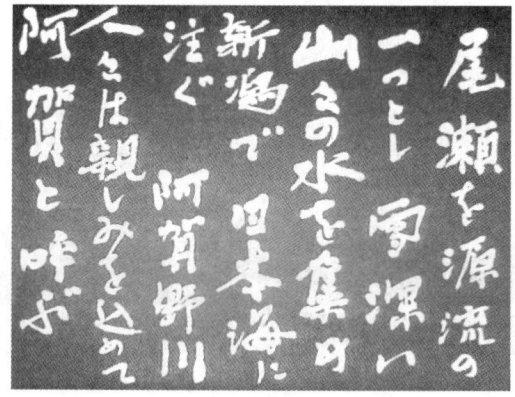

图10 《满山红柿》:场间书法字幕

那我想电影字幕中经常运用书法艺术，除了因为书法是东亚独特的艺术文化之外，一个重要的原因在于，书法的白色宣纸背景从技术上说比较易于转换到电影屏幕上。此外，我想书法和电影带给我们的艺术体验比较相似，根据纳尔逊·古德曼关于"自来艺术"和"他来艺术"的艺术理论②，我认为书法和电影都是介于二者之间的一种艺术状态，它们具

---

① 纸景(paperscape):汤姆·拉麦尔(Tom Lamarre)所提出的电影中的"纸景"是指把书法放在某些具有图画图案的纸张上作为背景，然后再融入电影镜头。一般来说，电影拍摄中会使用很多可移动的图案图像。而相反，直接将书法摄制在电影胶片上的，诺尼斯教授称之为"屏景"(screenscape)。

② 纳尔逊·古德曼(Nelson Goodman)在《艺术的语言》(*Languages of Art*)一书中将艺术做了自来艺术(autographic art)和他来艺术(allographic art)的区分。自来艺术是指在单一阶段内，且最好只由一位艺术家创造出来的艺术，代表为绘画、雕塑、文学；他来艺术是经过多阶段多人创造的，初期创作和最终成型之间，有着时间和空间上的分离，代表为戏剧或音乐。

有视觉图像性,又同时是线性叙事,都是在当下的空间表达过去的事情,特别是还让我们感受到与身体相关的动作和表演,你会从一幅书法作品看到书法家创作时运笔的轻重缓急和身体移动。书法艺术融入电影之中无疑让图像与文字更加具有亲近性,让整个电影画面更具魅力。然而我对书法的关注主要还是缘于我对字幕的研究,在日本习惯称可移动的字为"katsuji"①,即"活字",有生命力的字,我想用这个词来形容书法和字幕有一种无意中的恰当。按照这个词的字面意义,书法最能体现这种"活字"的生命。同样的道理,较之机械印刷的赫维提卡文字,我所倡导的"abusive"字幕,也是更具有生命力的文字,也同样与电影图像有着进一步的亲近。

苏:苏珊·朗格在《情感与形式》中曾说:"当歌词配上了音乐以后,再不是散文或者诗歌了,而是音乐的组成要素。"这是不是也适用于字幕和电影的关系?我想上述这些电影字幕的图像化改变不是随意而为的,变化的字幕和电影影像总是有着某种关联。而这种关联会让一般"视而不见"的字幕变得"可见",并帮助观众更好地理解影片的叙事和意义,有时还可以提示观众以一种崭新的视角去观看和理解影片。如在郑明河导演的纪录片《姓越名南》的翻译中,导演使用了多元的、特殊的字幕显现方式,特别是被访者每屏字幕经常是一些不完整的句子,而字幕的停留时间经常短于演员的说话时间。

诺:在某种意义上说是这样的。电影字幕虽然表面上看是冷冰冰的,与电影图像毫无关联,但实际上电影字幕是与视频、声频交互作用、密切关联的一种有生命的"活字",它们是镜头不可分割的要素,而不仅仅是对影像的图层叠加,字幕与画面共同构成具有深刻内涵的图像文本。上述的那些例子,即字幕与图像的亲近都或多或少起着提示、强化、解释、推进意义理解的作用。您提到的电影《姓越名南》(*Surname Viet Given Nam*,1989),导演郑明河的很多电影都在实践她所信奉的后结构主义语言理论,她认为说者和听者没有一一对应的对话,纪录片中的采访最初是以越南语记录的,之后被翻译成法语并成书出版,再之后法文版又被翻译成英文版,而最终她才将一部分对话放置在她纪录片的屏幕上。导演本身深刻体会到并试图通过纪录片去强调语言多元角色、多层转变中的复杂和不对应关系,这是以往堕态翻译所极力规避的,但是郑明河却通过这种特殊的字幕处理让它们变得可见(见图11、图12、图13、图14)。

---

① 在日本,他们常常对比书道(hodo or calligraphy)和活字(katsuji),前者是用毛笔、墨水和纸写成,而后者则是通过金属字模、铸模等做成。但是在诺尼斯教授这里,他只是使用"katsuji"的字面意义:"ji"表示字符或字母;"katsu"表示"生动的""逼真的"甚至"复活"。这样对比书法、abusive 字幕和赫维提卡三种字体,他认为书法是最具有生命力的活字,abusive 字幕其次,赫维提卡则相对缺乏这种生命力。

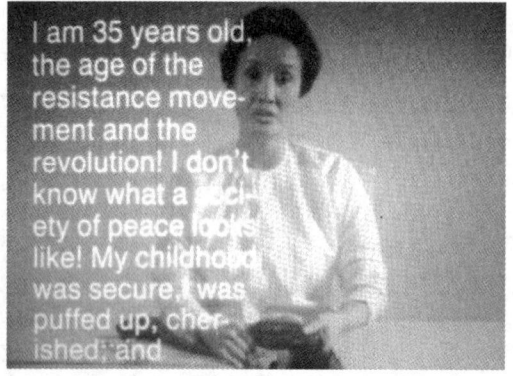

图 11 《姓越名南》叠加字幕显示速度
快于被访者语速

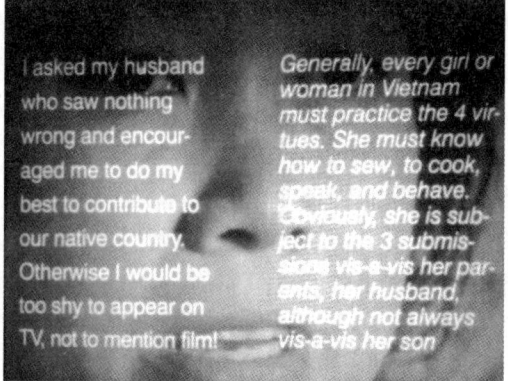

图 12 《姓越名南》左边是被访者字幕；
右边是旁白字幕

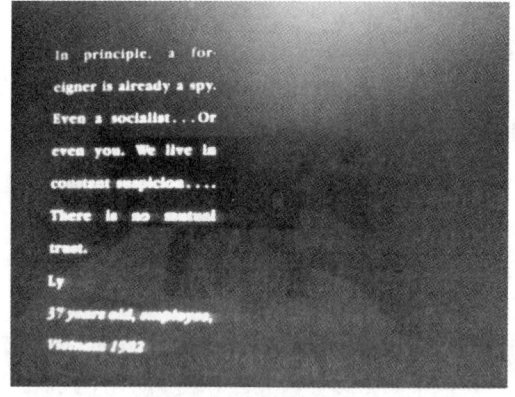

图 13 《姓越名南》

图 14 《姓越名南》

（场间字幕：被访者说话内容概括介绍。正常字幕：电影音乐歌词）

苏：除了这种视觉化处理，您在关于"abusive"的界定中还提到一些更为隐性的、创新的语言运用。如使用一些括号、省略、篡改、转移、碎片、拒绝翻译等等。大家都知道，您曾担任过日本导演佐藤真纪录片的字幕翻译，并得到导演的极力认可。所以这里还要请您就您的翻译工作谈谈"abusive"字幕更为复杂的语言翻译处理问题。

诺：一直以来，我关于电影翻译的著作《电影巴别塔：翻译全球电影》会被有些读者误解为只是关于一些字幕的视觉性处理，"abusive"等同于视觉景观，但事实上我的宗旨是要说明关于电影语言的翻译，为此，可以采用一些视觉化策略，但是你也可以同样通过放置在屏幕底部中间普通的赫维提卡字体实现"abusive"，这正是我在翻译佐藤真导演的电影时所努力尝试的。他的《正午的星星》(*Mahiru no hoshi*, 1998)是一部关于几个患有智障的艺术工作者的故事，其中一个艺术家的电影台词有两个明显的特征：一是喜欢不断地重复同一句话，二是总喜欢谈性。传统的翻译即便演员台词有重复，字幕也很少做重复，可是对于这个艺术家，重复才是他的真实存在。而对于后者，许多字幕翻译者通常是排斥或删减关于性的语言符号，但这同样违背这个艺术家的存在状态。我认为这些非常重要，于是我在翻译时虽然使用看起来很普通的字幕，但是却尊重并保留了他的这种重复和对性的语言翻译。而在另一部电影《阿贺的记忆》(*Memories of Agano*, 2004)中，也有一个棘手的翻译问题，就是方言，导演后来放弃将这些方言翻译成日语字幕，所以即便是日本观众也无法听懂，而在我的英文版翻译中，同样是运用看似普通的字幕视觉形式，但是却使用一些括号、省略、碎片、篡改等语言翻译手法，这些语言策略提醒观众去关注并辅助其理解方言的意义（见图15、图16、图17）。

图15 《阿贺的记忆》括号字幕　　图16 《阿贺的记忆》省略号字幕　　图17 《阿贺的记忆》碎片字幕

苏：一直以来，从我个人角度，我偏爱字幕胜于配音，即使字幕的阅读不能像配音那样轻松，甚至对于观众是一种侵扰。请问您是如何看待这个问题的？

诺：过去，我一直认为人的理解和接受方式与其成长经历与环境密切相关，如果你成长于一个配音文化的国家，你就喜欢电影配音；反之亦然。一些国家如日本就是典型的字幕文化国家，而意大利和德国就是配音文化国家。但是近来，我的思想有了一些转变，这是因为我受到本雅明在《翻译的任务》(*The Task of the Translator*)中所提出的语言的"整体意指"(intention)的影响，语言的"整体意指"是所有语言最为内在神秘的部分，它不是存在于任何单一语言之中，而是通过各种语言互补的意指来实现的。翻译是显现语言"整体意指"最重要的纽带，其任务就是发现原文语言和目标语言的共同性，使各种语言的联系更加紧密，并最终通向"整体意指"。基于此，我思考电影字幕和配音的关系，我们知道一个真正喜欢电影院的人就会偏爱字幕，即便是在配音文化国家。具有反讽意义的是，虽然配音也是翻译过来的，而且看似与听觉相关，但实际上，配音无关电影听觉，它只是以一种简单有效的方式传达意义，而不是真正的电影语言，而字幕却让观众倾听到演员的原声，所以字幕才是真正关涉电影的声音。当然字幕也表达意义，但是不可忽视的是，字幕还关涉到另一个深入的层面，那就是观众为之长时沉浸到影院中的那种东西，即本雅明所说的联结原语言和目标语言的"整体意指"。所以，字幕一方面保留了电影原语言的纯粹性，一方面又辅助电影原语言与观众语言交互生成电影的"整体意指"，进而实现了电影语言的纯粹性，让电影更成其为电影。

苏：但是"abusive"字幕是不是也同时增加了观众阅读和理解的难度？

诺：我前面有说到，当观众第一次看到"abusive"字幕时，会很吃惊并且不知所措。但是如果你看多了，你就会感觉这样的字幕可以接受并且很有意思。即便是对于日本观众，最初观看"abusive"字幕也是很不适应的，但是现在日本观众如果看不到"abusive"字幕会感觉电影很不完美。我觉得这种接受心理在任何国家、任何地方都是一样的，人类的思维力和理解力是有弹性的。

苏：那您觉得要做到"abusive"电影字幕翻译，翻译者需要具备什么素质？

诺：首先，我想电影字幕翻译者要放弃那种对传统语言规则和翻译观念根深蒂固的奴性，并且抵制各种市场、审查和利益的得失权衡，此外，他们不应只是参照演员的台词、声频，将字幕视为一种传达意义的容器，而是要回归剧作家的原文。电影翻译者也应该像对待海明威文学经典翻译那样，对电影的原语言文化报有最大的尊重和重视。

苏：您如何看待全球跨文化传播中的中国电影字幕？

诺：因为我主要是以日本电影为对象展开我的"abusive"翻译研究，所以对中国电影字幕的翻译情况了解得还不够深入，这个非常遗憾。但是我近年确实听到中国也在兴起像美国、日本业余字幕组这样的字幕翻译爱好团体。由于这种字幕组都是由原语言翻译者和目标语言翻译者共同合作，且能够打破传统规则的束缚，我认为他们的翻译都做得非常好，那我同样对中国这些字幕组怀有非常乐观的期待。

苏：从20述这些关于"abusive"字幕的谈论中，我感觉电影字幕可以"大有作为"。不过目前这种"abusive"字幕大家看到的还为数不多，所以最后请您谈一谈"abusive"电影翻译的未来。

诺：从20世纪九十年代以来，我们的电影字幕翻译已经有了一点改观，这种转变最早出现在日本动漫、电视节目中，接着，就出现在一些纪录片、艺术片和实验电影中，近年来在某些畅销电影中也会看到。我想文字文本是视觉文化的一个最为重要的构成，并越来越与影像疯狂地结合在一起。所以让我们期待看到更多的"abusive"字幕运用到畅销乃至获奖电影之中。

作者苏状为东华大学人文学院副教授，复旦大学视觉文化研究中心研究员，美国密歇根大学屏幕艺术文化系访问学者。

微信视觉信息的功能组合与传播方式
——视觉文化传播视域中的微信研究

郑 林

无论承认与否,视觉文化已经不可避免地融入我们的生活中,渗透到现代社会的各个角落。个人几乎无法摆脱视觉文化对工作、生活的影响,甚至沉溺于这个视觉信息泛滥的环境。英国学者约翰·伯杰在《视觉艺术鉴赏》一书中提道:"历史上也没有任何一种形态的社会,曾经出现过这么集中的影像,这么密集的视觉信息。"①

从某种程度上说,视觉信息的普及定义了成为现代社会的标志。费尔巴哈认为,"当社会的第一项任务是制造和消费影像时,当图像具有强大的力量去决定我们的对现实的需要同时它自身偷偷地代替我们对现实的第一印象时,图像对经济健康和政策稳定以及追求个人幸福来说是不可或缺的,这样的社会是一个现代社会"②。这个观点和德波在20世纪60年代提出的"奇观社会"不谋而合。

视觉文化发展的历程和技术的更新换代亦步亦趋。从最早的岩石壁画,到中世纪的绘画艺术,然后到机械复制时代的摄影,最后到数字时代的赛博空间,视觉文化的每一次革新与发展都伴随着技术的飞跃。时至今日,互联网技术的日益普及,特别是新的媒介技术的出现,全息化的信息传播方式,直接拉近了视觉信息与普罗大众之间的距离。我们几乎无法摆脱视觉化因素对我们的影响。

有研究表明,在现代社会,80%以上的信息来自形象,大众传播媒介不断培养和纵容人们的这种视觉依赖性[3]。然而,随着信息技术的不断革新与发展,传统的大众媒介不再是传播的主角。推特(Twitter)、微博、微信等社交媒体的横空出世,催生了一大批自媒体的传播平台,不仅打破了以往的媒介格局,而且为视觉文化的构建提供了新的平台。

2011年1月21日,腾讯公司正式推出微信1.0测试版,继新浪微博之后的又一个新媒体巨头由此诞生。作为一个为智能终端提供即时通信服务的免费应用程序,微信逐渐发展成为集通信功能、社交功能、商业功能、娱乐功能为一体的媒介平台,截至2013年11月,注册用户量已经突破6亿,"微信,是一个生活方式"的口号真正落地生根,微信进入了普罗大众的生

---

① [英]约翰·伯杰.视觉艺术鉴赏[M].戴行钺,译.北京:商务印书馆,1994:1
② SuSan Sontag. The Image-World in Jessia Evans and Stuart Hall, eds., Visual Culture: The Reader [M]. New York: Sage Publications, 1999:80.
③ 陈龙,陈一.视觉文化传播导论[M].上海:上海三联书店,2006:17.

活,成为我们工作、生活不可或缺的工具之一。作为移动互联网产品,微信继承和发展了互联网的优势,成为各种视觉信息汇聚的新平台。本文试图从微信的通信功能、社交功能、商业功能、娱乐功能四个方面探讨微信视觉信息的分布与传播。

一、视觉符号与通信功能

1. 现代通信技术提供了视觉符号传播的条件

视觉符号在通信功能中的广泛应用是在 3G 时代到来之后,现代通信技术的日臻成熟为视觉符号奠定了基础。在早期的人类通信历史中,由于技术条件的限制,文字在信息传播的过程中一直扮演着主导的符号角色。飞鸽传书、布告、书信代表了人类早期的通信方式,这均是以文本的形式传播。电报是一种最早的、可靠的远距离通信方式,它是 19 世纪 30 年代在英国和美国发展起来的,文字借助无线电的力量克服了地理条件的限制,迅速漂洋过海。

现代通信技术的出现,克服了传播的技术壁垒,打破了文本信息的垄断优势。在 3G(第三代无线通信技术)诞生之前,2G 网络下的彩信作为一种多媒体信息服务,既可以传送文字信息,又可以传送图像、声音、文本、动画等多媒体格式的信息。2G 网络实现了通信服务中图像等视觉符号的传输,但是由于网络容量的限制,传输的效果并不理想,图像的视觉性、清晰度受到影响。3G 时代的到来,极大地提升了网络带宽,缩短了延时,能更好地支持图像、声音、视频等流媒体形式在无线网络上的传输。

从这个意义上考虑,3G 无线通信技术的发展为微信的产生奠定了基础,同时又极大地丰富了视觉符号的传播。从微信的通信功能上看,图片拍摄、视频聊天、语音通话等功能都为视觉符号的传播提供了渠道,并且依托移动终端的便利性,用户可以随时随地应用这些功能,在文本无法准确描述的状态下,视觉符号可以直观地表达传播信息,加强信息的对称性,促进沟通、对话的有效性。

2. 传播符号的多样化

视觉传播媒介发展的总体路线是在物质和技术层面上走向更加方便、更加快捷、更加全息化,满足视觉感知的高度自由和视觉传播便利。[①]

从通信的角度考虑,微信实现了通信功能从单一到多元的不断更新。微信发布之初的定位是一个为智能终端提供即时通信服务的免费应用程序。2011 年 5 月,微信发布第二个版本,借助语音聊天技术,在国内第一个推出语音对讲功能,这一功能给微信带来了大量的新增用户,也是目前为止依然被大量使用的基础功能。2012 年 7 月 19 日,微信发布的 4.2 版本,新增实时视频通话功能,用户通过"视频通话"插件即可实现朋友间的"面对面"聊天。此举打破了长久以来视频通话被三大运营商垄断的局面,降低了视频通话的资费,实现了视频通话的大众化。

---

① 陈龙,陈一. 视觉文化传播导论[M].上海:上海三联书店,2006:9.

微信在即时通信方面的成功在于实现了多种符号的传播，为文字、声音、图片、视频提供了传播渠道。在微信聊天的对话框中，键盘输入的文本信息依然是微信中的一种基础传播符号，但是附加功能中还包括拍摄、照片、实时对讲机、视频拍摄、表情符号等内容，因此，微信不再局限于文本转播，而是结合文字、语音、图片、视频、表情符号的多媒体传播，用户可以根据自己的喜好和需要选择传播符号。

麦克卢汉认为"媒介即信息"，以微信为代表的数字化媒介平台丰富了传播渠道，相应的，视频通话、语音功能、图片传输等视觉化传播符号又推动了视觉传播过程的更新与发展。"数字化时代的视觉文化传播不但在生产体制上发生了上述的巨大变化，而且在流通体制上也发生了巨大的变革。由于数字化的视觉传播运用了最现代化的媒介科技平台，全球化的流通方式将比任何文化传播形态都更为突出和强烈。"[1]

3. 表情符号的点缀作用

表情符号是微信的另一款视觉产品。各种有趣的卡通符号点缀了用户的交流界面，可以有效缓解交流时的枯燥乏味，增加对话的趣味性。除了经典的黄脸小人表情，微信不断设计、推出新的表情符号，哆啦A梦、Hello Kitty、海绵宝宝、加菲猫、小熊维尼等广受欢迎的卡通形象被重新编码，通过动态的视觉效果表现出极具个性的面部表情、体态特征。

美国符号学家皮尔斯将符号分为图像符号、标志符号和指征符号三种类型，其中，图片、照片等拥有客体某种特征的符号就是图像符号。根据他的划分，电子技术下动态表情显然应该算作图像符号。

借助这种图像符号，用户可以趣味性地表达聊天过程中喜怒哀乐的情绪，无须在晦涩的文字叙述中推敲对方的情绪状态，透过表情符号就可以直观地感受信息发送者的情感特征。同时，信息接受者在看到对应的表情符号后便可以具象化对方的情感，在脑海中形成一个具体的形象，从而缩短对话双方的心理距离，安慰地理距离所带来的惶恐和孤寂。此外，表情符号的另一个重要的特征就是隐晦含蓄，引人遐想。所以在中国的对话艺术中，表情符号可以代替直白的文字，表现出对话双方的含蓄、礼貌。

二、视觉信息与社交功能

1. 视觉符号拓展了微信的社交功能

朋友圈完善了微信作为社交平台的媒介属性。微信开发之初的定位是一款实时通信软件，功能也比较简单。2011年1月21日，微信发布针对iPhone用户的1.0测试版。该版本支持通过QQ号来导入现有的联系人资料，但由于仅有即时通信、分享照片和更换头像等简单功能，当时并不为外界所看好。可以说，微信的成功在于从单纯的即时通信软件向社交类应用软件的转型。2012年4月19日，微信发布4.0版本。这一版本增加了相册的功能，并且

---

[1] 孟建.视觉文化的另类阐释[EB/OL]. http://tech.sina.com.cn/me/2003-02-08/1848164290.shtml.

可以把相册分享到朋友圈,朋友圈的推出进一步增加了微信的用户黏度。

考察大众媒介发展的历史可以发现,图像符号总是在不断向文字或语言符号发起攻击,最终随着"读图时代"的到来,图像开始占据主动的地位。"文化的历史部分就是图像符号和语言符号之间争取支配地位的漫长斗争的历史,任何一方都是为自身而要求一个可以接近'自然'的特权。"①传统的报纸、杂志等印刷媒介一直是以文字为主,新闻图片一度受到轻视,而摄影技术产生之后,报纸、杂志也开始重视图片的作用。在报纸的版面设计中,为了增加版面的视觉效果,新闻图片的运用日益普遍,而且图片越印越大,图文比例显著增加,报纸从以往极端重视文字走向了注重视觉效果。今天,图片已经成为报纸和杂志版面不可缺少的要素,新闻图片在印刷媒介中的地位节节攀升,但是到目前为止还是无法撼动文字的权威,更多时候图片的作用只是为了配合文字,用以增强新闻的直观性,从而吸引读者的注意力,产生良好的传播效果。

微信朋友圈的内容展示标准配置是文字加图片的形式,但是从设计和效果两个方面都反映出图片较之文字在这一功能上的优先性。在朋友圈的功能设计方面,用户默认点击就会直接进入相册或者实时拍照页面,然后选择一张或多张图片发布,配文与否是无关紧要的。当然,用户也可以发表纯文字朋友圈,这就需要长按朋友圈的拍照按钮,避免进入拍照页面。从实际的使用情况分析,也是图片形式的朋友圈更受欢迎,而纯文本功能在朋友圈推出一段时间后用户才知晓操作。视觉符号的传播优势更好地满足了用户需求,直接发表图片缩减了用户思考文字表述的时间。

文字和图片的组合方式并不是微信等新媒体的创新。但是,微信满足了用户表达的欲望,同时又节省了用户文本表达所需的思考时间。当用户可以随时随地将智能手机的图片直接上传的时候,文字的影响力消退了,形势转变为凯尔纳描述的情况,"图像频频地优先于叙述,看的感受就变成第一位了,故事线索和叙述的意义常常被转化为背景"。

2. "强关系"社区中的视觉符号

微信朋友圈是网络社区的代表,它集 QQ 好友、手机通讯录和"附近的人"三种渠道为一体,拓宽了交友层面,形成了人际关系的强连带与弱连带的有机结合,使虚拟社交圈与现实社交圈相融合,网络空间中的朋友与现实社会中的朋友身份逐步叠加与重合,创新了网络人际传播形式。

在微信的朋友圈中,微信用户可以发布图片和文字消息,同时也可以看到好友发布的信息。对于朋友的信息,别人所发表的评论,每个人只能看到自己朋友的评论,而看不到不在自己微信通讯录中的人的评论。这种私密性特征保证了微信用户在交流过程中的主体地位,使微信用户在交流过程中始终拥有话语权,从而能够主导交流话题的内容及进程,避免了在社交过程中陷入单向传播的误区。②

视觉符号从三个方面维护和强化了微信朋友圈"强关系"。

---

① 周宪.读图、老照片、身体[J].文化研究,2002(3).
② 詹恂,严星.微信使用对人际传播的影响研究[J].现代传播,2013(12).

首先,视觉符号的直观性有助于用户捕捉他人的注意力,从而加强人际关系。当前人们的时间被各种事务切割得七零八落,真正用于社交的时间其实是碎片化的,可能是在上班途中,也可能是在茶前饭后。因此,用户根本无法事无巨细地浏览朋友圈的所有内容,更不要说细读一些晦涩难懂的内容。从发生学角度来看,视觉符号省去了二次译码的过程。"原始的视觉符号是对现实的一种摹写,而文字又产生于视觉符号,因此文字是对视觉符号的摹写,是'符号的符号'。文字传播的接受者在译码时,需要先将文字译码成对应的视觉符号,即先由概念的领悟再转而联想到具体的情景,进而对情景实施解读;视觉传播的接受者在译码时不必经由代码的二次解析。"①

其次,视觉符号的真实性有助于强化用户之间的信任,从而加强了人际关系。微信的"强关系"社区是建立在现实生活中熟人关系的基础之上的,由于朋友圈设计的私密性,能进入朋友圈的一般都经过严格筛选,即使是通过"漂流瓶""摇一摇""附近的人"这些"弱关系"渠道认识的人,一般也是在关系强化之后方可进入朋友圈。因此,在这样一个带有私密性的个人社交网络中,真实性是建立信任的基础。毋庸赘言,视觉符号在真实性方面有着天然的优势,它可以完成对现实的直接复制。我们可以发现,微信朋友圈"晒图"已经成为一种生活方式,用户乐于将现实生活的场景搬到社交网络中去,不少网友感言,"每天各种晒,晒尽吃喝拉撒"。同时,自拍、随拍等生活方式在年轻人中的盛行也助长了视觉符号在朋友圈中的热度。

最后,视觉符号的娱乐性促进了用户之间的互动,从而加强了人际关系。社交网络除了提供信息的功能之外,另一个重要功能就是为用户在工作之余提供娱乐消遣。现代社会高强度、快节奏的生活方式,留给人们娱乐休闲的时间越来越少,这就造成了人们耐心和注意力的不断萎缩。人们更倾向于以娱乐为中心来处理信息,"一是借助低门槛的信息形式来快速处理信息,二是要借助轻松、简单的信息形式来作为工作之余缓解压力、放松身心的休闲方式"②。微信等社交媒体的出现无疑降低了信息传播的门槛,创造了去中心化的媒介平台,而图像、音乐、视频、动画等视觉符号则提供了休闲娱乐的方式。微信朋友圈连接互联网端口,可以将互联网上的动画、视频直接以网址链接的形式复制过来,因此许多有趣的视频、动态图片在不断的分享中获得传播,发挥了娱乐大众的作用。

三、视觉图像与商业功能

视觉文化的兴起,与人类社会从以生产为中心向以消费为中心的转变具有密切的关系。在这个深刻的变化过程中,视觉因素作为一个不可避免的趋向呈现出来。法国哲学家居伊·德波阐述了消费社会的形象霸权。他指出,"景象即商品",即在消费社会里,商品以其显著的可视性入侵到社会生活的方方面面。在这样的社会中,与其说是在消费商品,不如说

---

① 陈龙,陈一.视觉文化传播导论[M].上海:上海三联书店,2006:66.
② 陈龙,陈一.视觉文化传播导论[M].上海:上海三联书店,2006:150.

是在消费景象价值。[①]

到目前为止,微信功能的完善,主要目的是提升用户体验,增加用户存量,商业功能并没有完全开发。微信团队曾对媒体表示:"微信是一款移动社交软件,微信的朋友圈是一个由熟人关系链构建而成的小众、私密的圈子,用户在朋友圈中分享和关注朋友的生活点滴,从而加强联系,它并不是一个电商平台,微信不鼓励个人在朋友圈中有售卖商品的行为。"但是深入考察微信的各种功能属性可以发现,商业属性已初见端倪,许多用户正在发掘微信营销的商业潜能。同时,微信作为一款互联网产品,本身也有营利的需要,实现一定的商业功能是微信不得不走的道路。以下主要从微信已有的功能中寻找视觉图像与商业功能的关系。

以微信 5.0 版的"扫一扫"中新增的街景扫描功能为例,微信的视觉功能缩小了用户与现实之间的距离,现实被压缩成视觉图像,虚拟的网络地图可以帮助用户了解真实的地理环境。用户只要对着身边的街道"扫一扫",手机屏幕上就会出现周边区域的 360 度街景地图,建筑物、酒店、电影院等的名称也随之出现在微信上,并且地图支持 360 度旋转,只要滑动手机屏幕,就可以辐射到周边区域。当我们身处一个陌生的环境之中,街景扫描功能可以帮助我们确定地理位置,了解周边的环境情况。不仅如此,微信在最新版本中又升级了"扫街景"功能。通过街景地图模拟人的眼睛进入商家店铺门前的实景,用户对商户的具体介绍、网友点评以及该商户目前的优惠、团购活动等实用信息一目了然。真实世界被压缩成视觉图像载入手机之中,让人感觉既真实又虚幻。借助虚拟的视觉符号表达现实同样存在于"扫一扫"中的其他功能。"二维码""条形码扫描""封面扫描"可以帮助用户了解商品信息,进行在线比价和购买。2014 年 5 月 29 日,微信公众平台又新增"微信小店"功能,满足开发者在微信中开店、售卖商品的需求,此举被视为微信正式试水电商平台。"微信小店"功能目前面向已接入微信支付的公众号,开发者在服务中心申请开通后,可在"微信小店"的后台里实现添加商品、商品管理、订单管理、货架管理、维权等一系列操作。"微信小店"和"淘宝"等电商平台一样,不需要实体商品,摆上货架的仅是借助视觉图像形成的虚拟商品,用户根据虚拟的视觉图像决定个人的购物需求。这样,虚拟的视觉图像就被默认为现实中商品的真实形象。

四、微信游戏与娱乐功能

微信视觉化效果的另一个重要表现是微信的游戏平台。2013 年 8 月微信 5.0 版本正式发布,引入了游戏中心、微信支付、表情商店等功能。《经典飞机大战》和《天天爱消除》两款游戏,一经发布便获得广大用户的青睐。以"打飞机"为例,在 2013 年上线之初,便引发全民"打飞机"的热潮,很多着迷的玩家全身心地投入无穷无尽的"打飞机事业"当中。网易新闻报道了当时的种种"怪相"——有人为夺高分找人"打飞机","打飞机"成了一项收益颇高的产业;有人因"打飞机"游戏伤神又伤身,影响工作,影响健康;还有的人为了"打飞机"

[①] 周宪.视觉文化和消费社会[J].福建论坛,2001(2).

耗费了大量的流量费用。其实和许多游戏相比,这款游戏的视觉感染力并不强,谓之朴素也不为过,但是引发的热潮却不同凡响,原因无非是为用户提供了工作、生活之外的休闲娱乐方式。

视觉效果带来的感官体验是打造游戏吸引力的重要方式之一。玩家可以在游戏中得到短暂的休息,获得放松的机会,尤其是快节奏的工作之余,视觉效果带来的娱乐观感可以解放用户的思考。

微信游戏中心目前已经有 10 多款游戏,而且游戏的视觉效果更加绚丽。英国独立游戏开发商 Remode 工作室的创始人 Martin Darby 认为图像质量是游戏取得成功的重要因素。"我认为它是让游戏看起来具有感染力、趣味性、兴奋感,或者能够让我从玩游戏中逃避现实的元素。虽然我也承认从个人角度来说'图像品质'具有主观性,但总体来看这一方面还是有些明确的样式、标准和基准。"①

微信游戏的另一个视觉操作就是通过直观的游戏排名"绑定"玩家。微信利用用户之间的好友关系,将游戏玩家联系起来,形成名次。如此一来,每次游戏之后直观的排名显示都会无形之中刺激玩家的虚荣心,不断激发玩家的游戏欲望。

五、微信视觉信息的整合效应及传播方式的改变

从微信的通信、社交、商业、娱乐四大功能属性不难看出,微信成功的重要的原因在于将包括视觉信息在内的各种信息符号整合起来,应用于各种功能之上,在不断完善中获得了集聚效应,真正成为人与人沟通、人与现实联系的"一体化"媒介,并使通信、社交、商业更加接近真实场景。

可以说,视觉符号在微信的每一个功能中都扮演着重要的角色。作为一款即时通信软件,微信促进了现代通信技术、多媒体信息成为微信通信功能的传播符号,文本、声音、图像等多种传播符号相互配合,在不同的场景中适时切换。图片拍摄、视频聊天、语音通话以及表情符号等功能都为视觉符号的传播提供了渠道,视觉符号的直观性一定程度上弥补了文本符号的传播劣势,强化了即时通信的有效性与便捷性。

微信的诞生与发展同手机应用软件的开发和服务密不可分。APP 指的是可以在移动设备上使用,满足人们咨询、购物、社交、娱乐、搜索等需求的开放型第三方应用程序。各种各样的 APP 不断被开发和应用在手机终端,但从功能属性考察这些应用程序,大多只有"一技之长",即满足用户某一方面的单个需求,未能实现各种功能的组合。以飞信为例,2007 年中国移动通信公司开发的飞信曾经风靡一时,和微信的通信功能类似,登录飞信手机客户端,可以随时随地与好友聊天,无限发送免费短信和进行语音通话,但是飞信仅能满足用户的通信需求,在社交、商业、娱乐等功能的开发上一直没能向前一步,所以如今已经逐渐被微信所取代。

---

① 视觉效果对移动游戏 APP 的重要性探讨[EB/OL]. http://ipad.shouyou.com/news/01292013/094904521.shtml.

目前APP市场包罗万象,各种新颖的手机应用软件层出不穷。新浪微博、陌陌等应用软件主推社交功能,尤其是新浪微博,在2010年开创了微博元年,开启了社交平台的新纪元,而且随着阿里巴巴集团的进驻,其商业功能也日趋完善。但即便如此,新浪微博在通信和娱乐功能方面也难以和微信匹敌。除此之外,微信社交私密性的特征,凸显出"强关系"社区和"弱关系"社区的区别,由此强化的社交真实性与隐私性也是新浪微博本身所不具有的。在信息服务方面,各大门户网站相继开发了自己的APP,用以满足用户的新闻信息需求,而微信则是为各个媒体创造了信息服务平台,用户可以根据自己的兴趣和需求订阅各个媒体以及媒体人的公众号。

从最初的1.0版本到如今的5.3版本,微信的功能仍在不断地更新和完善,功能的多样性也带来组合效果的集聚性,正在逐步实现"微信,是一个生活方式"的愿景。通过实时对讲、语音和视频通话,用户可以完成基本的通信聊天;通过朋友圈,用户可以知晓朋友状态;通过微信公众号,用户可以获取新闻信息。在网络环境中,微信可以满足消息、通话需求,实现社交需求,甚至将会削减用户商业服务的需求。微信的多种服务功能,强化了其在日新月异的APP市场中的竞争力。许多功能单一的手机应用软件将会被取而代之。

从信息传播的角度考虑,微信的创新之处除了前面已经论述过的两个方面——一方面是融合文本、图片、音频、视频等多种传播符号,极大地增强了传播的有效性;另一方面是依托手机终端,开展多元服务,打造一体化的传播平台——之外,还有一个不容忽略的方面,就是微信继承和发展了互联网信息传播的思维,用户掌握选择信息的主导权。

1974年卡茨在其著作《个人对大众传播的使用》中首先提出了"使用与满足"理论。从受众角度出发,通过分析受众的媒介接触动机以及这些接触满足了他们的什么需求,来考察大众传播给人们带来的心理和行为上的效用。他认为,"受众是主动的,受众对媒介的使用是有选择的,其目的是为了得到需求的满足"[①]。当代互联网时代的信息传播更加印证了卡茨的使用与满足理论,互联网思维强调用户体验,是一种用户至上的思维模式。用户的满意度成为产品商业价值的衡量标准。

在信息服务方面,微信设计也坚决遵从"用户至上"的金科玉律。微信本身不是新闻信息的生产者,只是一个平台,以公众号的方式提供信息服务。媒体及个人可以利用微信平台创建公众号,用户则根据自己的兴趣和爱好订阅有关信息的公众号。从本质上说,微信发挥的只是一种第三方中介的作用,至于用户选择何种信息,决定权完全自己掌握,随时随地可以取消关注相关公众号。

随着移动终端的开发和应用,信息传播迈向更加迅速、便捷的轨道。微信的信息传播体现了用户至上的互联网思维,用户掌握选择信息的主动权。微信利用文本、语音、图片、视频等传播符号,使得信息传播的方式更加丰富多元,并且凭借进一步融合文本符号和视觉符号的优势,打造全息化的信息终端,为用户提供全方位的服务。

---

① 郭庆光.传播学教程[M].北京:中国人民大学出版社,2002:183.

六、结语

今天的时代,我们被海量的视觉信息符号团团包围。技术的发展为各种视觉符号的传播提供了渠道,视觉文化以其直观性、真实性、娱乐性的优势占据了人类生活,改变了我们的生活方式、生活态度以及思维习惯。正如麦克卢汉的观点,"我们塑造了工具,此后工具又塑造了我们"[①]。微信作为当前广受欢迎的即时通信工具或者媒介之一,实现了"成为一种生活方式"的宏伟愿景,但技术的更新换代远比想象中的要快,微信也只是一种传播介质而已。

本文概括性地考察了微信的现有功能,试图从通信、社交、商业、娱乐四个方面探究视觉信息的分布与传播,以期发现其在每个功能中发挥的作用。微信作为一款为智能终端提供即时通信服务的应用程序,实现了文字、图片、音频、视频、动画的多样化传播,而且文字符号的优势地位逐渐弱化,视觉符号的重要性不断攀升。从微信的1.0版本到最新的5.3版本,视觉信息符号随着微信功能的更新与完善几乎占据了每一个功能领域,并且扮演着日益重要的传播角色。微信为视觉信息的传播提供了媒介平台,而视觉信息的优势则反过来促成了微信的成功。

技术与视觉文化共同参与了人类社会的塑造,但是两者都是双刃剑。未来何去何从,需要我们审慎思考。

作者郑林为复旦大学新闻学院研究生。

---

① [加]马歇尔·麦克卢汉.理解媒介:论人的延伸[M].何道宽,译.北京:商务印书馆,2000:33.

多维视角

论视觉文化视野中的"受众研究"方法[①]

庞 弘

英国学者吉莉安·萝丝曾将视觉文本的意义生成概括为"形象的生产"(the site of production)、"形象自身"(the site of the image itself)以及"形象的接受"(the site of its audiencing)这三个环节,她认为,在整个视觉文化研究的推进过程中,恰恰是接受环节遭到了最大的忽视。[②] 的确,在传媒文化发展的很长一个阶段,受众都扮演着易受欺骗与蒙蔽的无足轻重的角色,如法兰克福学派的拥趸便相信,大众文化的接受者只不过是一群消极、盲目、毫无创造精神的"文化白痴";而传播学上著名的"魔弹论"则认为,受众在媒介的强大威力面前,就好比被子弹击中一般毫无招架之力。与此呼应,针对受众的研究自然也处于较为沉默的状态。然而,伴随着研究者视域的不断拓宽,传统意义上的受众理念得到了大幅度的调整与更新。自20世纪70年代以来,肖恩·莫尔斯、戴维·莫利、丹尼斯·麦奎尔、斯图亚特·霍尔、大卫·白金汉、洪美恩、约翰·费斯克、詹姆斯·罗尔等一大批学者便纷纷聚焦于受众及其意义生产行为,并由此展开了深入细致的开掘与探究。不难想见,这种关注重心的转移在丰富视觉文化研究的方法论体系的同时,也无疑能打破种种既有的研究范式与框架,从而为研究者带来更加丰富、更具潜力的发展路径和生长空间。

一、主体内涵的辩证演绎

顾名思义,受众研究始终将接受主体的文化背景、思想动机以及行为方式视为必不可少的理论归宿,而"主体"(subject)问题无疑是当前学术研究中最为聚讼纷纭的焦点之一。一般看来,主体意味着人类关于其身份的思考与认知(即"我是谁"),然而,主体又绝不是一个非黑即白、可以轻易切割的范畴,它通常关涉如下两重意涵的复杂交织:其一,某种与客体(object)相区别的、在思想或意识中得以体现或维系的东西,如思考的机能、精神、自我;其二,被置于某人或某物的权威、支配、控制或影响之下,如效命于封建统治者、从属于君主的支配、受到法

[①] 本文系教育部哲学社会科学研究重大课题攻关项目"当代中国社会转型中的视觉文化研究"(项目编号:12JZD019)的阶段性成果。

[②] Gillian Rose. Visual Methodologies: An Introduction to the Interpretation of Visual Materials[M]. London: Sage Publications, 2001: 187-188.

律的约束。① 可以说，上述两点分别强调了主体的自由、积极、能动和从属、消极、被动的属性，也正是基于这样的理由，主体往往被指认为是一个含混、暧昧而又多少有些分裂的存在：一方面，它代表着人类所独有的对自身的思想、情感与经验加以反思和辨析的能力；另一方面，它又总是包含着"数不胜数的限制以及常常是无从知晓、不可避免的约束，从而阻碍了人们对于自我的充分理解"②。在人类文化的发展历程中，主体的这种独特品质可以轻易地找到例证，如康德虽然强调了作为创作主体的"天才"所拥有的无与伦比的巨大能量，但却承认，纵然是天才的表现也必须建立在对于某种普遍律令加以遵从的基础之上。而在与视觉文本的交接中，主体内涵的复杂性更是得到了形象化的体现，如福柯在《规训与惩罚》的开篇便指出，在目睹统治者蓄意安排的公开处决后，观看主体往往会在极度的视觉刺激下不自觉地屈从于国家威权的压抑与操控，但与此同时，主体也可能由于过分残酷的刑罚而产生强烈的抵触情绪，并最终在内心深处掀起一场革命与反叛的风暴。

诚如丹尼尔·贝尔所言，"目前居'统治'地位的是视觉观念。声音和景象，尤其是后者，组织了美学，统率了观众"③。在当代语境下，一个不容忽视的事实是，视觉形象已经摆脱了印刷时代消极而被动的从属地位，转而愈发醒目地彰显了发自其本体的支配力量：首先，通过建筑、绘画、电影、电视、网络、摄影、广告、服饰、容貌、身形等五花八门的表现方式，形象势不可挡地实现了对于人类生活的趋近、包围与逼促；其次，依靠一种充溢着强烈心理刺激和感官愉悦的"狂欢化"氛围，形象一步步地诱导着人们沉溺其中而难以自拔。可以说，正是这样的状况决定了接受主体在视觉文化研究中的境遇。在符号学、精神分析、话语分析这三种当前最流行的图像分析技法中，主体无一例外地处于被规训与建构的"服从者"的位置。符号学方法的倡导者朱迪丝·威廉姆斯认为，在广告的运作过程中，原本与某一能指相关的所指常常会戏剧性地转向另一能指（如所指"忠贞爱情"与能指"钻石"的联姻），而广告的收看者也会不自觉地为这种转换所说服，并迸发出购买的热切渴望。精神分析方法的代表人物劳拉·穆尔维指出，好莱坞影片对女性身体的打造不仅满足了部分男性观众的"窥淫"或是"自恋"情绪，更进一步将女性观众强行安置于男性观看者的视域之内，使她们不得不依照某种男性化的程式调整自己的目光。托尼·本内特在使用话语分析方法对博物馆加以考察时则发现，借助特定的陈列方式、空间布局乃至标签、目录、指南等视觉手段，博物馆的设计者刻意将某种权力话语（如白种人对黑种人的优越性、欧洲中心主义的历史观念等）融入了整座博物馆的构造之中，而参观者在漫步博物馆的同时，也会自然而然地对隐匿其中的体制性力量产生由衷的信赖与认同。毫无疑问，上述研究方法在获取某些洞见的同时，也暴露出了明显的不足：它们过分夸大了主体意涵中消极、被动的层面，于是，主体便始终被定性为一种遭受压抑与贬损的对象，一种残缺而破碎的苍白存在，从而使研究者无法得到完整、清晰的体认与把握。

---

① ［英］Philip B. Gove, ed. Webster's Third New International Dictionary of the English Language Unabridged[M]. Springfield: G. & C. Merriam Company, 1961: 2275.

② ［美］Donald E. Hall. Subjectivity[M]. London and New York: Routledge, 2004: 3.

③ ［美］丹尼尔·贝尔. 资本主义文化矛盾[M]. 赵一凡，等译. 北京：生活·读书·新知三联书店，1989：154.

在这样的背景下,受众维度的引入无疑具有重要的价值。较之前文提到的几种研究范式,受众研究完全以接受主体为核心展开,它不再将视线集中于观看的客体,而是更多地关注人们对视觉形象加以概念化处理的实际行动,这样的态度有利于充分发掘主体意涵中积极、能动的因素。首先,在微观的意义解读层面上,受众研究承认了形象对接受者意义生产行为的深刻影响,同时又致力于探讨"观众如何对媒介文本加以理解,以及这种理解是怎样推动了现实的社会建构"[①]。如霍尔便认为,即使电视在传播过程中往往被一种来源于主导文化秩序的优先意义所编码,但观众同样可能以一种截然不同的方式对眼前的图像加以解读:"他/她以自己选择的符码将信息非总体化,以便在某一个参照框架中将信息再次总体化。"[②]费斯克宣称,受众可以机动而灵活地参与到视觉文本的生产过程中,依凭"偷猎""游牧""权且利用"等策略谋求属于自己的快感与意义。在关于肥皂剧《达拉斯》的受众调查中,洪美恩通过细读观众的来信而得出结论:《达拉斯》的粉丝并非文化精英主义者所斥责的那种空虚、肤浅且总是受到误导的对象,相反,他们能结合自身的知识与经验对这部电视剧加以创造性的阐释(如从中领悟到人际关系的难以维系和幸福的无从找寻),从而丰富其既有的情感结构。其次,在更为宏观的文化精神层面上,受众研究注意到了当代视觉文化对受众所施加的全方位的征服与压制,同时也强调,受众能够以一种"自下而上"的方式发出自己的声音,进而在某种程度上反作用于视觉形象的延伸与演绎。例如,在当代电影中,"奇观电影"已逐步取代"叙事电影"而占据主位,奇观突出了影像由"话语中心范式"向"图像中心范式"、由"时间深度模式"向"空间平面模式"、由"理性文化"向"快感文化"的转移,[③]在带给人们巨大震撼的同时,也顺理成章地将传统的情节模式缩减到了极致。然而,媒介技术的飞跃不可能完全遮蔽人们的现实需要,不可能彻底消弭广大受众对于源远流长的"故事讲述"的诉求与期许。因此,即使是《阿凡达》这类最注重视觉吸引力的商业大片,也不得不在斑斓炫目的形象展览中植入哪怕是最老套、最基本的情节序列。[④] 总的说来,受众研究方法不单改变了接受者在视觉文化研究中长期"缺席"的局面,更促使主体意涵得到了全面而充实的辩证演绎,它提醒人们:在铺天盖地的形象的包围中,过度的乐观或一味的消沉都并非恰当的态度,努力揭示主体与形象之间微妙而复杂的逻辑关联,并进一步探寻二者之间可能的平衡,也许才是理论操作中值得坚持的立足基点。

---

① Gretchen Barbatsis. Reception Theory[M]//Ken Smith, Sandra Moriarty, Gretchen Barbatsis and Keith Kenney eds.. Handbook of Visual Communication: Theory, Methods and Media. London: Lawrence Erlbaum Associates,2005:272.
② [英]斯图亚特·霍尔.编码,解码[C]//罗钢,刘象愚.文化研究读本[M].北京:中国社会科学出版社,2000:358.
③ 周宪.视觉文化的转向[M].北京:北京大学出版社,2008:264-267.
④ 庞宏.论当代语境下视觉形象的权力逻辑[J].广州大学学报:社会科学版,2012(12).

二、多元观看格局的当下呈现

在视觉形象的传播与接受过程中,"观看"(seeing/looking)一直发挥着无可替代的作用。观看是人类对周遭事物加以把握的最主要的途径,它保证了人们"以非同寻常的敏感性和精确性对客体加以探查与识别,并确认其处所、方位以及运行速度"①。同时,观看又不只是一种人脑对外界刺激予以加工、整合后在视网膜上成像的生理反应,它更多代表着人们在认知、判断、推理、分析等思维活动的辅助下所进行的理性选择,而从本质上决定这种选择的,恰恰是观看者置身其中的具体的社会、历史、文化情境,于是,观看也便相应地"确立了我们在周围世界的地位"②。正是基于上述事实,受众研究试图紧扣接受主体的观看实践,从影响并塑造观看行为的独特情境切入,努力呈现立体、生动、多样的观看方式与观看策略。

麦奎尔曾明确谈道:"受众即是社会环境——这种社会环境导致相同的文化兴趣、理解力和信息需求的产物,也是特定媒介供应模式的产物。"③可以说,社会文化状况与技术性条件共同形构了受众的基本面貌,自然也连带引发了特定的观看方式与观看取向。首先是观看的社会文化情境。伽达默尔相信,人类总是无法摆脱既有的历史文化给定性的约束,他们始终被牢牢圈定在有限的空间之内,必须依托各自的"成见"(prejudice)来解释眼前的事物。同理,观看作为一种针对形象的视觉化的解释,也必将伴随人类在知识积淀、文化素养、思想导向、情感态度等方面的差异而显现出丰富多彩的形态。在受众研究中,有关这一问题的讨论可谓不罕见。如莫利曾通过分组讨论的方式考察了不同社会文化群体对于时事类节目《举国上下》的"观看—解码"方式,他指出,在观看该节目时,主要存在着两种态度:一种是基本接受的认同性观看,它由代表社会主流价值的中产阶级成员所制造;另一种则是拒不合作的抵抗性观看,它由代表边缘、从属价值的工人阶级成员所制造。同时,莫利还强调,即使在同一群体内部,观看依然会出现微妙的分歧,比方说,同样是工人阶级的抵抗式观看,抵抗的具体方式就各具特色(如黑人学生主要持一种漠不关心的冷淡态度,而工会成员则显得颇为激进等)。由此出发,莫利驳斥了传统受众研究中"阶级至上"的论断,进而将制约观看的限定性因素扩展到了包括年龄、种族、性别、政治等在内的更广泛的领域。在转型期的中国文化语境下,莫利的研究方法同样能得到有力的回应。当前的中国社会正处于视觉文化高度繁荣的阶段,由文化工业精心打造的娱乐视觉性不断推陈出新,以鲜明的视觉吸引力激发了受众前所未有的观看热情。然而,当代社会又处于一个不断分化、重组的阶段,主导文化、精英文化、大众文化以及民间文化等等的相互制衡构成了众声喧哗的"复调"状态,也铸就了一种多元交织的观看格局,因此,在貌似同质化的观看活动中,同样潜藏着复杂、多样的文化冲动与价值追寻。例如,在围绕电视剧《蜗居》的观看中,来自不同文化场域的受众便倾向于结合各自的身份定位

---

① Karen K. De Valoised. Seeing[M]. San Diego:Academic Press,2000.
② [英]约翰·伯格. 观看之道[M]. 戴行钺,译. 桂林:广西师范大学出版社,2007:1.
③ [英]丹尼斯·麦奎尔. 受众分析[M]. 刘燕南,等译. 北京:中国人民大学出版社,2006:2.

而衍生出不同的观看重心。如"房奴"一族的郁闷与辛酸,观众对贪污腐败问题的憎恨,以及"小三"现象所引发的社会道德评判,等等。这种多元杂陈的观看格局不仅使《蜗居》在2009年得到了一浪高过一浪的追捧,而且也当之无愧地成为受众研究理应深入开掘的重要命题。

其次是观看的技术性情境。乔纳森·克拉里宣称,新的技术设备"将为观看者建立起一个新的世界"①。可以说,技术不仅为观看提供了便捷的渠道,还能够强有力地作用于观看行为,并进一步对作为观看者的受众产生深刻的影响。因此,观看技术的沿革与变迁自然也成为受众研究中最引人注目的论题之一。如米尔佐夫便认为,流行于文艺复兴时期的透视画法为观众树立了一种"人为万物立法"的信条:它将画面中的全部形象汇聚于观看者的眼睛这一点上,"而这个眼睛正是万物的最高法官"②。本雅明相信,由"机械复制"技术催生的摄影、电影虽然消解了传统艺术欣赏所独有的"韵味",却同时将观看的权利由贵族阶层发还给了每一个普通人,从而变相地推动了一种民主化的政治。而依托赛博空间这一新兴的技术平台,由无数普通民众自由上传、广泛共享的"草根传媒文化"在改变固有的生产、传播、接受方式的同时,也带来了令人耳目一新的观看方式与观看特征。首先是一种群体性的"围观"。草根传媒的普及不仅使人们的观看内容扩展到了无远弗届的地步,其高度的开放性、超低的准入标准更保证了观看的权利真正被每一个普通人享有。在杭州"七十码"事件、南京"天价烟"事件、广东"小悦悦"事件等典型案例中,广大网民正是通过对相关影像材料的点击、浏览、评论与转发而参与到了对社会阴暗面或是不公正现象的观看与审视之中。这种针对某一热点问题的全民围观带来了较之从前强大得多的公众监督力量,有利于制造集体性的舆论压力并敦促政府公共行为的实施。其次是一种"离心化"的观看。主要表现在两个方面:一是观看动机的离心化。不同个体对于同一草根形象的观看,很可能包含着千差万别且互不关联的深层次动因,如享受快感、舒缓情绪、求新猎奇、追寻认同、谋取利益,甚至是无厘头的情绪宣泄等等。二是观看行为本身的离心化。人们往往在短时间内对某些草根形象加以较多的关注,但随即便会归于冷淡,转而热情高涨地投入对另一些影像的围追堵截之中。这种分裂、破碎、转瞬即逝的观看更像是对过剩"力比多"的歇斯底里式的消耗,很难形成一个持之以恒的基点或是中心。最后是一种"参与式"的观看。草根视觉文本采取的是一种与专业主义相去甚远的,更加简单、质朴,更具包容性的叙事方式与修辞策略,从而呈现出一种邀请观看者参与、介入的"未完成"状态。这样的特质使观看者习惯于借助唾手可得的技术资源,对眼前的形象加以积极、主动的重新书写与再度制作,而隐含在其中的,则是技术时代由作者(生产者)向读者(消费者)、由机械而单一的传播机制向多元而充满活力的公民大众的革命性转移。很明显,草根传媒文化及其"观看之道"在带来进步效应的同时,也存在着严重的隐患,如对公众的误导、对他人隐私的侵犯、对理性思辨与人文关怀的忽略等,而要对其做出客观、公允的评判并扬长避短,则需要建立在对受众维度的认真思考与反复辨析的基础上。

---

① Jonathan Crary. Techniques of the Observer: On Vision and Modernity in the Nineteenth Century[M]. Cambridge: MIT Press, 1992: 91.

② [美]尼古拉斯·米尔佐夫. 视觉文化导论[M]. 倪伟,译. 南京:江苏人民出版社,2006:48.

在现今中国的视觉文化研究中,存在着对于观看概念加以滥用与误读的弊病。有学者指出,国内研究者往往热衷于将观看与西方话语中的"凝视"(gaze)等量齐观,并始终坚持从一种"男性—女性""白人—黑人""中心—边缘""第一世界—第三世界"的"二元对立"模式出发发展开论述,相应地抽空了观看本身的丰富内涵,并最终导致了"主体的虚化""情境的政治化""结论的预设化"等严重的问题。① 面对这样的理论困境,受众研究方法无疑暗示了某种解决方案,它鼓励人们从社会文化与媒介技术的双重向度加以开掘,以揭示当代文化背景下多元、动态、充满张力的观看格局,从而有可能打破观看研究中"铁板一块"的僵化状况,真正发现并突出观看的本土经验与本土特色。

三、视觉经验的询唤与"自反性"的凸显

论及观念艺术的视觉表现,托尼·戈弗雷曾表示:"较之观念而言,感性的经验要远为重要和意味深长。"②的确,正如人时时刻刻都离不开空气,对于视觉现象的考察同样也总是离不开充溢于我们的生活之中的、鲜活而生动的视觉感受与视觉经验。所谓视觉经验,不单纯是人眼对色彩、造型、体积、亮度、运动、外观等物质属性的接受与感知,更牵涉到某种更深层次的文化心理维度:"视觉经验是一种有意识的精神状态,特定视觉经验是你在观看某物时……所处状态中的一种。"③在视觉文化研究中,视觉经验占据着不言而喻的奠基性地位,唯有在种种直观、真切的实际经验的支撑之下,一切理论预设才有机会得到稳步的开展与有效的检验,反过来,脱离视觉经验而空谈视觉文化,就好比从未下过水的人却对游泳大放厥词一般,无非是一种"空中楼阁"式的虚幻的架构。

在受众研究中,对于视觉经验的搜寻、摸索与分辨成为首要的目标。受众研究不仅主张完整、清晰地把握接受的整个流程,更倡导将研究者的视线引向与接受密不可分的更加真实、生动的层面,并最终对纷繁驳杂的视觉经验加以真挚的询唤与详尽的探究。而受众研究的几种主要方法也都强调从不同角度深入受众的观看活动中,力图如实呈现他们对特定视觉经验的体察与感悟。如访谈式研究常常采取"一对一访谈""群组访谈"或"家庭访谈"等多种手段,在尽可能采集第一手资料的前提下加以仔细的筛选、过滤与提炼,努力达成对相关影像素材的准确阐释。民族志研究则要求研究者在一个较长的时间段内与观众打成一片,通过貌似随心所欲、漫无边际的对话,捕捉表面现象背后的深度真实。这就像莫利所点明的那样,受众研究要求研究者在相对真实的时空背景下"考察人们日常活动中的局限和动态过程,同时还要研究那些参与了社会性意义的生产与消费的个人和团体的实践行为"④。

在聚焦于南中国打工一族的民族志研究中,马杰伟曾断言:"民族记者最大的考验,或者

---

① 曾军. 近年来视觉文化研究中存在的几个问题[J]. 文艺研究,2008(6).
② Tony Godfrey. Conceptual Art[M]. London:Phaidon,1998:383.
③ Susanna Siegel. The Contents of Visual Experience[M]. Oxford:Oxford University Press,2011:3.
④ [英]戴维·莫利. 电视、受众与文化研究[M]. 史安斌,译. 北京:新华出版社,2005:212.

是最大的收获,就是证明自己是错误的。"①同样,对视觉经验的充分占有使视觉文化研究获得了足资依凭的立论前提与检验标准,从而能够不断修正并更新其既有的研究策略,并最终凸显出一种"自反性"(reflexivity)的可贵品格。可以说,这种自反性涵盖了视觉文化研究的几乎每个环节,大致包括:(1)研究者本人。如洪美恩指出,许多关于电视受众的研究都预设了一位无所不能的研究者的形象,这一研究者总是比他们的研究对象知道得更多、更透彻,且更易于接近一种作为最终评判准则的先验的意义。因此,倘若要得出一个客观、可靠的结论,便必须对这种权威式的研究者加以祛魅。(2)研究方法。如罗尔认为,为了确切体察一个家庭的观看习惯,观察者在与家庭成员保持融洽关系的同时,应避免暴露出自己真正感兴趣的东西,这也就涉及一个研究伦理的问题:研究者是否有权打着"科学""实证"的幌子对研究对象加以蒙骗?(3)研究对象。如在针对电视受众的早期研究中,莫利主要将不同"社会—经济"状况下的人群作为考察的重点,随着研究的深入,他又逐渐将调查的范围缩小到了英国的普通核心家庭,考察家庭内部男女权利的不平衡所造成的不同的观看方式,并最终描述了一种别开生面的"客厅里的政治学"。(4)研究背景。如在调查学龄儿童对电视的态度时,白金汉便意识到了语境对被采访者言说内容的影响:当受访的孩子们发现自己处于某种较严肃的氛围中时,他们往往会不自觉地流露出与其实际年龄不相称的批判性态度,自然也不可能表达其内心的真实想法。概言之,一如拉康意义上的那个永远无法被符号化的小 α,视觉经验始终都保持着不断生长、游移、变化的形态,始终无法被某种既有的框架所固定,正因为如此,对于视觉文化研究的反思与质询也必将成为一项持续不断的工作。

纵观当前视觉文化研究的总体走向,脱离实际经验而空发议论的做法可谓屡见不鲜。研究者往往倾向于牢牢抓住某个"万变不离其宗"的抽象的模式,将实际的研究过程视为佐证其理论构想的不容辩驳的依据。例如,部分中国学者时常强制性地在研究中插入一个"现代性"的宏大命题,将中国当代视觉文化的发展完全理解为一部围绕现代性而书写的历史,于是,现实生活中随机、偶然、片断的观看经验也便遭到了"简单化""脸谱化"的草率处理。相较之下,受众研究坚持立足于驳杂、流变的观看经验与观看感受,展开辩证的、反躬自省式的积极思考,从而在很大程度上弥补了上述缺陷。如马杰伟针对珠三角农民工受众的相关研究便是一个有说服力的个案:他原本计划在东莞的工厂里播放两部经典的香港电视连续剧,再辅以访谈和对话,以展现作为现代性符号的香港对农民工价值观念所造成的冲击。然而,通过对农民工观看情况的观察,马杰伟发现,处于高度疲累的"耗尽"状态且本身文化素质较低的农民工对他精心挑选的电视剧完全不感兴趣,相反,他们钟爱的只不过是以"暴力"和"奇情"为标志的相对低劣的录像带影片。在观看中,他们也没有投入太多的理性思考与文化想象,而只是单纯地追求一种强烈、粗糙,甚至不乏鄙俗的感官的快慰。由此可见,正是视觉经验所激发的自反性精神推动研究者不断对陈旧的研究框架发起挑战,不断获取新的认识与见解,从而使整个视觉文化研究呈现出一种波普尔"猜想与反驳"式的动态生成景观。

---

① 马杰伟. 酒吧工厂:南中国城市文化研究[M]. 南京:江苏人民出版社,2006:214.

四、结论

综上所述,对于视觉文化研究,尤其是转型期中国的视觉文化研究而言,受众研究方法具有难以抹杀的价值和意义。接受是视觉形象得以真正完成的最后一环,也是检验视觉形象的社会文化效应的最可靠标准。因此,受众研究方法的引入无疑能推动研究者全面、深入地领会接受主体最活跃而富有质感的心理与情感体验,并最终折射出当代视觉文化复杂、丰富的内在构造与意义单元。

当然,视觉文化的受众研究也存在着不少值得斟酌的问题。首先,必须承认,受众研究的一大误区在于完全专注于视觉形象的接受活动,相应地忽视了形象生产及形象自身这两个同样重要的阶段,当这种思维方式发展到极端时,人们便有可能错误地相信,接受者的观看能够轻易地颠覆视觉文化的内在秩序——以费斯克为代表的文化民粹主义者便多多少少地表现出这样的态度。于是,人们不得不反思的是在视觉传播的三个阶段之间,如何才可能保持一种客观、公允的理论姿态。其次,在视觉文本的接受过程中,心理层面的反应无疑是最基本的,甚至是无法绕开的环节。然而,当前的受众研究却往往过分强调性别、种族、政治、权力、消费、意识形态等社会、文化因素对接受者的影响,相对缺乏对支撑接受行为的整个心理机制的认识与考量。正因为如此,诸如格式塔心理学一类的理论资源应当在受众研究中得到更为充分、自觉的运用。再次,需要注意,视觉文化本身便是一个涵盖面极广的领域,它既包含了某些相对传统的艺术形态,也能够将众多更加激进、前卫的内容囊括其中,面对这一系列林林总总的视觉形式,受众所做出的回应自然也不是一成不变的(如人们对草根传媒形象的观看便与他们对绘画、雕塑等传统艺术门类的欣赏有明显的区别)。由此看来,如何紧扣不同视觉文本与受众的关系进行细致的梳理与分辨,是值得研究者深思的问题。最后,戴维·巴特勒曾这样说道:"如果给你一支枪,你能够杀死其他人,但你并不必这样做。你怎样行动将取决于你所生活的社会环境。"[①]诚然,视觉媒介自身并不是决定其优劣的关键所在,真正起决定作用的,恰恰是包括受众在内的媒介的使用者和反馈者。而受众虽不同于古斯塔夫·勒庞笔下愚昧、狂暴、轻信的"乌合之众",但仍然存在着诸如法律意识淡薄、道德水平低下、从众心理严重等难以掩盖的缺陷。因此,怎样对受众的媒介素养加以有效的引导与提升,也许应当成为下一步研究的关键所在。

作者庞弘为南京大学艺术研究院讲师。

---

① [英]戴维·巴特勒.媒介社会学[M].赵伯英,孟春,译.北京:社会科学文献出版社,1989:80.

观像的三种方式

汪 伟

张弘靖是9世纪初最著名的书画收藏家,其家中不但收藏有唐代著名画家的作品,而且还有更为罕见的东晋和南北朝画家的名作。对大多数爱慕书画的唐代人来说,后者只是传说,普通人无缘得见。在大一统王朝的分裂以及随之而来的战乱中,皇家和私人收藏的艺术品经历了可怕的劫难。画在丝帛上的画作,因为其材质轻薄,每每毁于兵燹。因为偶然原因得以保全的古代作品,其身价愈加昂贵,收藏家不但要热爱艺术,精于辨析,还要有足够的财力,才能支撑耗费巨大的收藏活动。恰好,张弘靖符合一个收藏家所必需的条件。

张弘靖于公元814年和821年两次拜相。他的书画收藏让他在官员和文人圈子里声望卓著,据他的孙子张彦远的追述,弘靖收藏的书画规模和质量已经可以与皇帝的收藏媲美。这甚至引起了政敌的觊觎。818年他暂时处于政治生涯的低谷时,一位与他交恶的太监故意向宪宗皇帝汇报了弘靖的收藏。皇帝对此表现出浓厚的兴趣,于是下令让弘靖将藏品进献御览。弘靖别无选择,挑选出来的书画精品被送进宫中,从此一去不回。

在一夜之间失去张氏历代收藏的书画精品后,弘靖做出了一个令人吃惊的举动:他又主动向唐宪宗进献了一幅《玄宗马射真图》。此画的原貌今天无从得见,但张弘靖在上表中提到,"玄宗天纵神武,艺冠前王。凡所游畋,必存绘事"[①]——画面中描述了唐玄宗打猎的场景,其主旨则不外乎歌颂玄宗皇帝的文治武功。画中的主角是当朝皇帝的祖先,代表了李唐王朝已经逝去的辉煌时代。这个辉煌时代最早由太宗缔造,在他和继任者的统治下,天下四海升平,百姓富足,文化昌盛——张家历时五代的家族收藏,就是这段太平时世的产物。

这一切,当然都仰赖包括唐玄宗在内的"前王"们的明智,以及他们的宽阔胸怀和高远的眼光。在玄宗统治期间,唐代的物质和艺术达到了繁荣顶峰,然而,也是在此期间,李唐王朝盛世被突然爆发的"安史之乱"所终结,从此再也没有恢复往日的太平景象。这种剧烈的转折,给玄宗时期的政治和宫廷生活蒙上了神秘的面纱。

唐玄宗戏剧化的个性,多姿多彩的爱情生活,他的政治理想和艺术追求,一直是艺术家们创作的灵感来源,也让弘靖献画的举动显得意味深长。如果说第一次献画多少是出于政治恐惧的无可奈何之举,第二次献画就显然是对当朝皇帝的无声讽喻:作为唐代盛衰治乱

---

① 张彦远.历代名画记:卷一[A].北京:人民出版社,1963:10-11.

的分界点,唐玄宗本人有过励精图治的岁月,统治后期却陷于声色歌舞——他是皇帝,也是一位多才多艺的艺术家,按照正统的历史观念,这两种角色的冲突是"安史之乱"的原因之一。弘靖献上这幅画,正是希望当时皇帝能够继承"祖宗之美",同时也含蓄地提醒他不要重蹈玄宗的覆辙。

实际上,唐宪宗立刻觉知了张弘靖的这番苦心,他写信对弘靖表示感谢,并解释了前次索要其收藏书画的理由:这些书画作品"古今共宝,有国所珍。朕以视朝之余,得以寓目,因知丹青之妙,有合造化之功。欲观像以省躬,岂好奇而玩物"①。

观像并不仅仅是欣赏书画——唐宪宗将其描述为修养人格的方式。尽管这可能只是唐宪宗为自己开脱的托辞,但通过观赏视觉作品改变或提升观者的精神层次,这一观念有着悠久的历史。

视觉的愉悦可能是一切美术作品得以发明出来的最初动机,但根据人类学和历史研究,美术品带来的愉悦感很快被赋予了更宽泛的功能。它们被用于营造政治和社会秩序。

美术史家巫鸿认为,中国古代的艺术品,大多是为礼而做②。根据这种说法,不管是铸造在青铜器上的图案,玉雕或石雕,还是绘画在绢帛上的人物,都只是一种触媒。制作者将这些图案当作一种隐喻,目的是通过它们传递秩序和对秩序的认同。巫鸿曾讨论,"在礼制和宗教的背景下视觉形式是如何被选择的,这些形式如何决定人们的精神和物质生活的方向,如何表现道德或价值体系,如何支持和影响社会群体和特殊政治个体的法则,以及如何满足个人的野心和需求"③。从观者的角度理解这段话,很容易得出结论,在"礼制和宗教的背景下",在观赏图像的同时,观者也在接受秩序的熏陶。

观像往往发生在祭祀的时刻——"国之大事者,在祀与戎",祭祀是礼制的中心,是对权力来源及其合法性的确认,也是政治日常运作中最重要的部分④;在这样的时刻,"为礼而作"的建筑和器物向观者(也是统治集团的成员)开放,其体量规格、制式造型以及装饰其上的抽象纹饰,都被纳入祭祀的目标和形式当中,成为一个完备的关于宇宙和世界运行的思想和象征体系的一部分。观者通过目睹礼制建筑和器物的存在,观察其实际的使用,了解其象征意义,观像的行为变成接受和表达认同的仪式。

而对那些被排斥在观看之外的人来说,一旦他们猜测或打探礼器的细节,就会被认为是一种迫在眉睫的重大挑衅,足以被统治者视作政治危机。在中国历史上,"问鼎"与"秦失九鼎"的传说被反复提及。鼎象征着政权的来源,其体量、制式和纹饰则对应着权力不可移易的特性。图像学的研究揭示了青铜器上的纹饰,乃是经过漫长的演化,并吸收了陶器和玉器上的纹饰特点转变而来的。公元前3世纪,秦昭襄王灭周之后,迁九鼎于秦都,中途失鼎于泗水

---

① 张彦远.历代名画记:卷一[A].北京:人民出版社,1963:11.
② 巫鸿.礼仪中的美术[M].北京:生活·读书·新知三联书店,2000:1-2.
③ 巫鸿.中国古代艺术与建筑中的"纪念碑性"[M].上海:上海人民出版社,2009:16.
④ 巫鸿.中国古代艺术与建筑中的"纪念碑性"[M].上海:上海人民出版社,2009:89.

之中——九鼎的消失似乎意味着以青铜器为代表的抽象纹饰艺术及其政治象征功能的终结。①

秦失九鼎之前500年,秦还只是一个小国,因护送周王室东迁有功而被封为诸侯的秦襄公,将记载自己出猎景象的文字刻在石头上。刻石的传统延续至500多年后。秦灭六国之后,秦始皇巡视他广大的疆域,所到之处,刻字于石,以之为纪念。与铸造在铜鼎上的铭文一样,秦石刻也是为了宣示权力,但前者秘不示人,后者却向所有人开放,似乎暗示了另一种截然不同的政治和文化传统。观念的转变改变了艺术的展示形态,开启了新的艺术传统,最终改变了观像的方式。

新的观赏行为可能发生在宫殿、屋宇或寺庙、道观的墙壁前,可能在空旷的室外坟墓周边:那里是建筑、雕塑、石刻和壁画的传统陈列之地。

已经有很多研究指出,大面积的石刻和壁画最适合营造完整的世界秩序。在宗庙、宫殿和居所内绘制壁画,是一种历史悠久的传统做法,但古代建筑不易留存,随着宫殿倾颓,宫室壁画也消失在了历史的烟尘当中。墓葬图像大多深埋于地下,少数绘制或雕刻在地上石质建筑中,比如著名的武梁祠,才得以遗存。

东方和西方艺术如何选择视觉艺术的材料,是一个有趣的话题。石头有坚硬和不易腐烂的特性,同时易于雕琢。巫鸿暗示,中国人直到东汉才"发现"了石头作为图像和建筑材料的价值②。这似乎完全忽视了秦国君主们数百年中对于石头材料的偏爱。当然,石头作为视觉艺术的材料,在西方艺术传统里更为常见。希腊和罗马人都擅长石雕,古埃及石窟寺的影响则经波斯人的发展在中西亚盛极一时。值得注意的是,建造于公元前1世纪的北印度山崎大塔前环绕石栏,观者沿着特定的方向,就能浏览石栏板上的讲述佛陀生平故事的浮雕;与此类似,在中国,公元2世纪中期的武梁祠石壁上也雕刻着墓主人的生平故事,显然遵循了类似的创作原则。

不论是武梁祠的石刻还是山崎大塔前的佛祖本生浮雕,都提出了以下问题:图像传递了哪些信息?设计者心目中的观众是谁?什么才是制造图像的终极目标?

不论是地下还是地上,壁画和石刻都有着类似的主题和表现手法。现代考古对墓葬的发掘,为研究中国古代壁画石刻的主题、内容和表现风格提供了便利。墓葬壁画的内容通常部分与墓主人生前的活动有关,也即对墓主人生平故事的可视化的表现;另一部分则和墓葬本身一样,可能是对墓主人生前生活场景的复制——虽然是以一种微缩和抽象的形式;第三类

---

① 巫鸿. 中国古代艺术与建筑中的"纪念碑性"[M]. 上海:上海人民出版社,2009:92. 由于九鼎只见于文献,而无考古实物发现,巫鸿在这本书中的观点及其引发的争议揭示了美术史研究的一个困境,那就是在考古材料不足的情况下,如何确定艺术品的风格和功能。以绢本或纸本绘画为例,由于唐代之前的作品几乎散失殆尽,尽管文献记载了它们的题材、内容和风格,研究者却难以还原这些画作被制作、保存和展示的环境,以及它们被制作出来的那个时代中,这些作品如何参与构建其物质和精神生活,更谈不上描述它们何以"决定人们的精神和物质生活的方向"。最后,我们讨论的与其说是视觉艺术本身,不如说是关于视觉艺术的观念史。

② 巫鸿. 中国古代艺术与建筑中的"纪念碑性"[M]. 上海:上海人民出版社,2009:155.

主题则代表了古人的宇宙观和世界观:其中不但有星象、想象中的无忧乐土、不死的神仙、象征着美好价值的珍禽异兽,还有一个秩序井然的人间世界;圣贤故事勒之于石,代表着道德原则的统治,他们出现在武梁祠这样的祭奠场所,向前来拜祭的生者——也是石刻的观众,展示了理想化的社会和政治秩序。

墓葬建筑中的石刻和壁画中那些以古代圣贤故事为主题的图像,很可能是为了取得这样的传播效果:通过观赏生动的人物画艺术,图像象征的思想能够进入观众的心灵,使他们在不知不觉中认同圣贤故事揭示的"道德或价值体系"。更值得注意的是,图像里的世界井然有序,与混乱和烦杂的历史本身形成鲜明的对比。这些包含着理想秩序的图像,无疑寄寓了设计者对历史、伦理和教化的苦心。

舆论是墓葬建筑和石刻追求的另一个目标。借着为朋友和自己营建陵墓,武梁祠的主人实际上在向世人标举自己的政治倾向。① 和武梁祠不同,另一些汉代的陵阙铭文中,除了记述墓主的死亡给生者带来的深刻痛苦,还经常追溯陵墓建造过程所耗费的巨大财力和人力。根据记载,有一些陵墓建造甚至耗尽了生者的财富,他们这样做的动机自然引起了研究者的注意。学者倾向于认为与"举孝廉"制度有关。这些铭文和陵墓本身的存在,不但是对死者的纪念,也是对生者孝行的表彰。② 这能够增加生者的社会评价,甚至带来直接的政治利益。③

作为一个常见的主题,圣贤图像在中国石刻和壁画中反复出现,成为一种强势的传统。这种传统的起源可能更早。以画像表彰著名的大臣、将领和道德模范,在汉代已经成为惯例。公元2世纪,陈纪因为父亲的死极尽哀伤,为了表彰他的孝行,陈纪的画像传遍百城,令各地民众睹其容而思其行。这种做法显然基于如下观念:画像是道德原则的具体化,而观像的同时,观者就重温了这些道德原则,并再次肯定了自身的日常行为必须受这些原则的约束。

在这里,关键不在于画像本身的风格如何,而是"制作画像—展示画像—观看画像"这一官方的价值传播工程,是如何有效地维护了国家治理的价值根基。相比之下,武梁祠虽然是个人修建的陵墓,但是也基于同样的观念。

官方的视觉系统不但包括道德的理想化身,还有一套可视化的历史叙述。公元前1世纪,汉宣帝在未央宫麒麟阁上绘制11名功臣的画像,后汉明帝模仿这种做法,于公元前60年修建云台,其上绘制28名著名将领的画像,表彰他们在中兴刘汉的过程中建立的功勋。这一传统一直延续到600年后。唐太宗再次在宫中修建凌烟阁,令阎立本绘制了24名功臣的画像。这不仅是对那些文臣武将的个人贡献的特殊奖赏,也不仅是表彰忠臣义子的道德价值,更是对帝国肇建和繁荣历史的纪念。应该注意到,兴建这类用于展示功臣视觉形象的台阁的时间,要么是国力强大的所谓盛世,要么是大乱初定的中兴时刻。官方工程本身代表了统治者的自我警示,这种可视化的历史,其目的在于激励后代的君主和臣子,齐心协力,将来之不易的繁荣局面维系下去。

---

① 巫鸿.武梁祠[M].上海:上海人民出版社,2005:121.
② 巫鸿.中国古代艺术与建筑中的"纪念碑性"[M].上海:上海人民出版社,2009:359.
③ 巫鸿.武梁祠[M].上海:上海人民出版社,2005:245.

铸有繁复或简单的抽象纹饰的青铜礼器只用于特定仪式，并且明确地象征着权力与认同，因此始终保持着某种程度的神秘。而壁画和石刻的最鲜明的特征，则是始终向观者开放。石材的坚硬使绘制或雕琢其上的艺术品得以长久保存，这种开放性也得以保持下去，历千百年而不衰。"古代的碑碣不仅仅是历史学的重要文献来源，其本身也是悠久的中国历史和文化的象征。"①石刻的开放性保证了其中寓含的文化信息能够代代相传。最早发现这一点的正是孜孜于通过石刻来获得不朽声名的秦襄公和秦始皇。东汉的蔡邕曾经将自己校勘后的六经文字"书于太学石壁，天下模学"②。石经不但能够避免抄写带来的错漏，观看和抄写的过程如此轰动，本身就证明经典的不朽吸引力。到了北宋，文人中又兴起访碑和拓写古代石刻之风，一直流行至清代。对于这个阶层来说，访碑和拓写古代石刻兼具治学与怀古的意味；在朝代兴替的时候，怀旧还是一种政治姿态。③

那些拥有大量石刻留存的著名景点，如山东的泰山，最后变成了一种立体的文献。不同时代的石刻并存于此，同时向游人敞开。名山和其他著名景点的石刻年代不同，旨趣各异，既不是为了凝聚统治集团的认同，也并非为了向观者传递道德观念。历代石刻后来成为景观的一部分，并把自然风景转换成历史空间：这反映了中国人对自然和历史的认知，以及把这两者结合起来的努力。由此形成的自然—历史景观，成为保留和展示不同风格的视觉艺术和价值观念的公共空间。通过观赏石头上的图像和文字，游客与不同时代的作者分享了各种经验和价值，并直观地体验到文化的传承与嬗变，以及在长久的历史中形成的完整性。

佛教于公元1世纪左右传入中国，佛教艺术也随之而来，至少在题材、材料和风格三个方面影响了中国的艺术表达。风格各异的佛像艺术在传入之后的第一个千年期间，经历数次兴毁。佛教曾被几个王朝奉为国教，在另一些朝代，则因为统治集团的不同态度而受到提倡或打压。萧梁、北魏和隋代，都是佛教艺术鼎盛的时期，唐代在经历短暂的灭佛运动之前，佛教及其艺术也有一个大发展的时期，会昌（公元841年至公元846年）之后，佛教再次兴起，并在唐灭之后，继续在各地流行。大型的石窟如山西的云冈、洛阳的龙门、敦煌的莫高窟，成为佛教艺术的中心。名噪一时的艺术家和寂寂无闻的工匠合作，在数不清的摩崖石刻和寺庙墙壁上，留下了富有时代色彩和风格的佛教艺术。

这些艺术品的存在是为了图释佛法或接受信徒的供养礼拜。供养人、僧侣以及艺术家与工匠——其中很多是佛教的信徒，他们不但信奉佛教的教义，也发展了其表现形式，为深奥的教义赋予了或庄严肃穆或亲切平易或欢快喜乐的视觉形象，因此促进了佛教的传播。

制造佛像的活动在佛教传播中之所以如此流行，一个原因是佛像乃教徒提升修行境界的辅助手段。早期佛教反对偶像崇拜，艺术品中也不表现佛陀的形象，但即便如此，经典仍然鼓励在修行中通过观想佛的形象，来提升修行者的专注和勇气，帮助他们战胜入定后的幻觉，从而坚定信仰。佛教早期经典《增一阿含经》云：

---

① 白谦慎.傅山的世界[M].北京:生活·读书·新知三联书店,2006:217.
② 张彦远.历代名画记:卷四[A].北京:人民出版社,1963:101.
③ 白谦慎.傅山的世界[M].北京:生活·读书·新知三联书店,2006:220.

> 若有比丘正身正意,结跏趺坐,系念在前,无有他想,专精念佛。观如来形,未曾离目。已不离目,便念如来功德。如来体者,金刚所成,十力具足,四所无畏,在众勇健。如来颜貌端正无双,视之无厌。戒德成就,犹如金刚而不可毁。

此经中所谓"观如来形",只是一种意念活动,但大乘佛教却发展其原理,使观像的含义和方式发生了根本变化。观像不再像原始佛教倡导的那样,在意念中将注意力保持在佛的形象上。大乘佛教的"观像是以具体的佛像(不问雕像、绘像之别)为对象"①的。如鸠摩罗什译《坐禅三昧经》云:

> 若初习行人,将至佛像所,或教令自往,谛观佛像相好,相相明了。一心取持,还至静处,心眼观佛像。令意不转,系念在像,不令他念,他念摄之令常在像。

其他经文中,还将观像作为一种检验修行的标准乃至消除前罪的手段。《观佛三昧海经》指出,"如来灭后多有众生,以不见佛作诸恶法。如是等人当令观像,若观像者,与观我身等无有异",或"佛灭度后现前无佛当令观像"——在佛陀灭度之后,佛像代表了佛陀的存在。观看佛像,如同观看佛陀本人,并听从其开示,在他的引导下步入正道。

这些教义给人一种印象,似乎佛像是为了满足教义倡导的观像行为而制造出来的。但历史上的情形可能正好相反。教义中对观像行为及其意义的提倡,是佛像产生之后的事情,而佛像本身则是佛陀去世后,被信众礼拜和教团发展的需要激发出来的。②

最初的教义不赞同将佛陀塑造为人的形象,但教团很快发现,佛像有助于教义的传播。佛像的视觉形象具体可感,填补了佛陀灭度之后人们在信仰对象上的空虚——正如佛陀的信众在他灭度后争夺舍利子一样,这种空虚总需要某种实物去填补。作为佛陀的替代品,这些实物要么是佛陀的遗物,要么就能够激发起人们对佛陀的联想——画像或塑像无疑是最直观的方式。

正因为佛陀的形象对传教意义重大,关于观像方法和意义的论述才出现在经文中。③ 当然,在这些经典的论述中,佛像只是修行的触媒。而且,作为触媒的佛像,在吸引教徒或提升他们对教义的理解方面,也有两种不同的方式。佛经中记载的那种有复杂的流程、等阶,并且对环境有严格要求的观像活动,只是针对有能力辨析教义和戒律的僧侣或信众中接受过高水平教育的人群,而普通信众只是把佛像作为佛陀的替代品进行礼拜和供养,乃至向佛像发愿或是祈求佛陀满足自己的要求。④

两种不同的观像需求都推动了佛教艺术的发展。佛教艺术作品必须保持开放,使教徒和

---

① [日]高田修.佛像的起源[M].高桥宣治,杨美莉,译.台北:华宇出版社,1986:589.
② [日]高田修.佛像的起源[M].高桥宣治,杨美莉,译.台北:华宇出版社,1986:33-35.
③ [日]高田修.佛像的起源[M].高桥宣治,杨美莉,译.台北:华宇出版社,1986:590-591.
④ 罗华庆.佛国尊像[M].上海:华东师范大学出版社,2010:13.

非教徒都能够方便地接触到这些可视化了的教义,然后才可能在宗教的精神与观赏者之间建立视觉和心理的联系。为了鼓励信众资助这种对佛教存在和发展关系重大的事业,赞助绘画或雕塑艺术就成了莫大的功德。实际上,这种强大的精神动力不但是大多数庙宇、佛像和壁画得以诞生并且不断发展其表现手法的主要原因,还有力地推动了新技术的进步——在本质上,宗教总是在寻求更高效的传播手段,以达到对受众的影响。

虽然没有证据显示雕版印刷是为了印刷佛经或佛画而发明出来的,但英国考古学家马尔科·奥莱尔·斯坦因在敦煌发现的公元868年(唐咸通九年)的《金刚般若波罗蜜经》,不但是最早的印刷佛画,也是最早的印刷品之一。经书扉页印有异常精美的线条画,内容为佛陀在祇树给孤独园说法的景象。学者据此认定,雕版技术必定已经发展了相当长一段时间,才可能达到此画中表现出的高超技法。

这一技术的起源,最终被认定大抵在7世纪,"8世纪市场上出现了印纸,9世纪不但文献记载更多,敦煌发现的实物也不少",安史之乱期间,皇帝翻过秦岭,抵达四川避难,成都因此变成繁华的都市和全国刻书业的中心——佛经是书坊主要的商品之一。① 而除了那本公元9世纪的《金刚经》,公元10世纪的印刷品不断在敦煌被发现。敦煌的实际统治者曹元忠在947年(后晋开运四年)赞助雕印的菩萨像和天王像,有留存至今者,这些佛像印在单页的纸上,同时还发现有单页的梵文佛经或文图兼有的佛经。东南地区也有大量同时期的印刷品被后世发现,有人认为,10世纪中期最发达的雕版佛画印刷中心,很可能在东南的吴越国。② 实际上,947—978年在位的吴越王钱弘俶委托一位和尚(延寿)主持了工程浩大的佛画和佛经印刷工程,凡经文、经咒、塔图、菩萨像,印数动辄以万卷计,有数字可考者共计六十八万二千卷。③ 这些佛画在五代时期的墓葬中屡有发现,且可以证明已经流传到日本。④

在印刷数量上,这一时期其他种类的印刷物都无法与佛经和佛画相比。直到11世纪初,"雕版印刷画的主要题材,仍是佛画",且单页佛画比以前更受重视⑤,其功能很可能是用于张贴、悬挂以供礼拜。⑥

相比传统的抄写,印刷能够快速、大批量地制造图像,并且保证同一块雕版印刷出来的图像和文字完全相同。而相比石刻,新技术能够有效地利用轻质得多的材料。缣帛、棉布和纸张不易保存,从时间的角度考虑,它们在历久不变这一点上逊于石头。由于战争对丝帛和纸张的影响常常是毁灭性的,寺庙也难以逃脱兵燹或政治性的灭佛运动,但壁画和雕塑却可以因所在的石窟位于偏僻遥远之地而得以保存。但印刷品便于制造、携带、布施和供养,且造价便宜,这对佛教在更广大的地域内的传播十分有利,因此在对空间的控制上更胜一等。

带有榜题的石刻人像这一形式继续发展,除了继续流行圣贤像,还产生了一些主题和内

---

① 张秀明.中国印刷术的发明及其影响[M].上海:上海人民出版社,2009:44.
② 宿白.唐宋时期的雕版印刷[M].北京:文物出版社,1999:239.
③ 张秀明.中国印刷术的发明及其影响[M].上海:上海人民出版社,2009:241.
④ 宿白.唐宋时期的雕版印刷[M].北京:文物出版社,1999:83.
⑤ 宿白.唐宋时期的雕版印刷[M].北京:文物出版社,1999:75.
⑥ 宿白.唐宋时期的雕版印刷[M].北京:文物出版社,1999:76-83.

容都发生变异的新样式,比如著名的竹林七贤浮雕。唐代著名的帝王像和使节像,其构图也显然受到这种艺术传统的影响——但后者已经不再刻诸石上,而是绘制在长卷之上,对观者来说,观看的重点已经不再是人像背后的道德原则,而是一系列新的美学因素带来的感官愉悦。

视觉艺术从政治、道德和宗教功能中脱离出来,重新强调感官愉悦。这一转变发生于东汉末年,而随着汉王室统治的崩溃及其后的混乱时期的到来,诗人和画家的作品"所关心的不再是公共艺术品的一般礼仪功能和传统象征性,而是反映出对结构、用笔、视点等抽象艺术元素的关注"①。作为思想解放运动的一部分,东汉末年的艺术家转换了视觉艺术的功能。绘画越来越重要,不但因为礼器的制作在秩序表达中日渐趋于边缘,也因为绘画更多地依赖个人而不是复杂的合作。这就给艺术家表达自我提供了技术便利。

汉代画家在绘画史上仅存其名。他们的作品在9世纪已经不存于世,连博学多观的张彦远也无缘得见。在讨论为书画估价的标准时,张彦远主张成"分为三古,以定贵贱",而上古(汉魏三国时期)作品"徒有其名,画之踪迹,不可具见"。② 留存于世的汉代美术作品,大多见于墓葬,不管是著名的马王堆一号汉墓帛画,还是武梁祠的石刻,都是无名工匠的作品,不是"公共艺术品",就是有其特定功能用途,与卷轴画的旨趣有很大的不同。即使是张彦远本人,也无法有效地分析那些未曾谋面的画作的风格,他解释自己为何将这些作品未能传世的画家收入书中时说,"彦远今著此书,不必备见其踪迹,但自古善画者即载之"③。

张彦远生活的时代,唐王朝步入尾声,开元天宝年间的繁华——包括高度繁荣的绘画艺术——已经成为怀旧的对象。尽管因为统治者的提倡,佛教和道教在唐代大多数时间里都备受尊崇,并且出现了大批宗教题材的壁画,但唐代同样是一个注重世俗生活的朝代,贵族、官员、士大夫和市民注重享受此生的快乐,画家也越来越强调作品带给观者的感官愉悦。绘画的各个门类都有新的发展,这种趋势在唐王朝解体后并没有受到遏制,反而因为宋朝几位多才多艺的皇帝的提倡,达到了繁荣的顶峰。杂画也即山水、花鸟等题材的画作从唐代开始从人物画中分离出来,成为独立的画种,到了北宋,终于到了"凡物皆可入画"的程度。④

观像的方式因作品所在的呈现空间而不同,也因为作品所依托的材质和装裱方式而有异。根据张彦远的记载,壁画堪称唐代重要的艺术形式,但这种形式即便不是在现实中越来越衰落,至少已经渐渐不为历史学家所重视。成书于11世纪的《图画见闻录》是《历代名画记》的续作,南宋人邓椿所著《画继》,又将这一美术史写作所涵盖的时间下限延伸至1167年,和前两书,尤其是成书于9世纪的《历代名画记》中对壁画和擅长壁画的画家的记载相比,《画继》中对壁画的记载很少。宿白认为,这说明"南宋绘画已经走向所谓的'文人画'……再过一个阶段,壁画和装饰被排挤出绘画的主流,有关制度、风尚的著录在绘画书籍中也被删

---

① 巫鸿.中国古代艺术与建筑中的"纪念碑性"[M].上海:上海人民出版社,2009:362.
② 张彦远.历代名画记:卷二[A].北京:人民出版社,1963:29-30.
③ 张彦远.历代名画记:卷四[A].北京:人民出版社,1963:102.
④ 张彦远.历代名画记:卷二[A].北京:人民出版社,1963:31-33.

除了"①。

张弘靖进献给唐宪宗的书画，都是卷轴画。绘画材料和装裱方式对观赏行为的影响，鲜明地表现在这类纸本或绢本的作品上。在张彦远所在的时代，当人们观赏横长的手卷，就会"置一平安床褥，拂拭舒展观之"，而"大卷轴宜造一架，观之悬之"。② 这种描述表明，观赏卷轴画通常在室内进行。

开放的壁画艺术与室内珍玩的卷轴画曾经齐头并进，而随后者兴起的是书画收藏活动。从汉武帝时代开始，宫廷就是书画收藏的中心，但唐末民间收藏也很繁荣。张彦远书中历数有史以来的画家371人，他最推崇的是晋代的顾恺之、刘宋的陆探微、萧梁的张僧繇和唐代的吴道子。说到这里，他指出，书画藏家有此四人的著名作品，即已窥收藏的堂奥。尽管吴道子是著名的壁画画家，但这些可供收藏的作品，都是指卷轴画。③ 对藏家来说，不管收藏的动机是什么，书画首先是个人财产的一部分，具有确定无疑的、排他性的私有产权。

尽管收藏活动催生了藏品交易市场，但文人的理想中，对书画的收藏和观赏日益变成一种孤独的行为。正如唐宪宗向张弘靖解释的那样，观赏书画不仅是"好奇而玩物"，也是一个自我发现——"欲观像以省躬"的过程。纯粹基于个人兴趣的收藏行为，不能为收藏者带来现世的利益，反而常使他们遭人误解："妻子童仆切切嗤笑，或曰：'终日为无益之事，竟何补哉？'"但即便如此，收藏者仍"爱好愈笃，近于成癖，每清晨闲景，竹窗松轩，以千乘为轻，以一瓢为倦"。最后，张彦远将这种生活方式上升到了一种超脱而带有讽刺意味的人生态度："若复不为无益之事，则安能悦有涯之生。"④——观像不再是关系到社稷前途的国家大事，也不是对解脱道路的艰苦追寻，观像甚至不再是"有益之事"，而只是一个孤独的欣赏者不为人知的内心活动，是他逃避俗世功利的避风港和不能为人理解的精神安慰。

作者汪伟为复旦大学新闻学院博士研究生。

---

① 宿白.张彦远和《历代名画记》[M].北京：文物出版社，2008：35.
② 张彦远.历代名画记：卷一[A].北京：人民出版社，1963：25.
③ 张彦远.历代名画记：卷二[A].北京：人民出版社，1963：31.
④ 张彦远.历代名画记：卷二[A].北京：人民出版社，1963：35.

艺术与宣传的研究谱系①

汤筠冰

文化研究中,"艺术与宣传"是在西方"意识形态"研究的整体框架下发展起来的研究体系;传播学研究中,研究者一般将"艺术与宣传"作为强效果理论的例证,以"魔弹论"为代表的强效果理论正是从第一次世界大战中的战争动员和针对敌人的心理宣传的强大效果而得名;艺术学研究中,美国学者 V. E. 波奈尔的"政治图像志"理论较有代表性。"图像志"一词来源于潘诺夫斯基、贡布里希等人的艺术史论贡献,并在艺术实践中达到了空前的传播效果。

一、"宣传"概念的迭新

西方的"宣传"一词来源于宗教。1622 年,罗马教皇建立了信仰传播圣会,宣传天主教教义,反对以伽利略为代表的科学新论对宗教知识体系的挑战。第一次世界大战期间,宣传活动被广泛运用在战争动员和劝服中,对国内征召新兵与国际舆论宣传起到了显著的传播效果。

在汉语中,"宣传"一词最早出现在《魏略·李孚传》,"孚言:今城中强弱相陵,心皆不定,以为宜令新降为内所识信者宣传明教"。西晋陈寿《三国志·蜀书·彭羕传》中言:"先主亦以为奇,数令羕宣传军事,指授诸将,奉使称意,识遇日加。"②"宣传"在中国古代汉语中为政令的传达之意,与现代汉语中的"宣传"一词的含义还有不少差异。《汉语外来词词典》中指出"宣传"一词来源于日语,含义是对群众说明讲解,使群众相信并跟着行动。周作人在《药堂杂文》中也提到"宣传的新译盖来自日本,从汉文上说似是混合宣讲传道而成,也可以讲得过去,在近时的新名词中不得不说是较好的一部类了"③。虽然我国古代汉语中有"宣传"一词,但现代汉语中的"宣传"概念主要是来自于日语,也就说"宣传"一词受外来语影响,被附载了新的含义。

第一次世界大战时期,来自宗教词汇的"宣传"(propagation)被广泛运用到战争宣传策略中去,拉斯韦尔在经典著作《世界大战中的宣传技巧》中对宣传的定义是"它仅指以重要的符

---

① 本文系 2013 年度教育部人文社会科学研究青年基金项目《美国公共空间的中国国家形象传播研究》(项目批准号:13YJC860029);2014 年上海市浦江人才项目"城市公共空间中的国家形象塑造研究"的成果。
② 陈力丹. 新闻理论十讲[M]. 上海:复旦大学出版社,2008:286.
③ 钟叔河,鄢琨. 周作人散文全集[M]. 桂林:广西师范大学出版社,2009:434.

号,或者,更具体一点但欠准确地说,就是以消息、谣言、报道、图片和其他种种社会传播方式来控制意见的做法"。从这一定义看来,宣传在西方开始成为重要的说服和传播方式。

由于第一次世界大战中凸显出的"宣传"传播效果的威力,特别是由于法西斯宣传行径被神话成专政崇拜,渐渐使得"宣传"一词在西方文化语境中打上了"污点",成为一个带有贬义,隐含着诱服、欺骗,甚至是恐吓含义的词汇。由于法西斯的残暴行径的认定,研究者对于被深深打上法西斯烙印的宣传行为的研究,也基本采取批判的立场。

至冷战期间,宣传是两大阵营国家积极倡导的传播策略,对外广播、电视大众传播媒介的兴起,也加大了国际宣传的步伐。法国哲学家雅克·埃吕尔就把宣传界定为"由有组织的群体所使用的一系列手段,其目的是通过心理操纵,使大众中的个体达到心理上的统一,团结在一起,积极地或被动地参与该群体的行动"①。他认为,所有带有倾向性的讯息,不论是有意的还是无意的,都是宣传。

20世纪80年代以来,一些学者坚持认为"宣传"概念不应随着冷战的结束而被束之高阁,它对于理解现代社会的信息传播仍然非常有用。他们在埃吕尔的基础上,力图将经验研究的成果和批判学派的结论融合在一起,将宣传概念进一步科学化,去除其意识形态色彩。乔伊特和奥唐纳提出了一个经常被引用的定义:"宣传就是有意地、系统地影响感知、操纵认知和引导行为,进一步强化符合宣传者目的的某种反应。"②英国的宣传研究权威菲利浦·泰勒则把宣传仅仅看成是一种中性的传播手段,它的伦理问题并不来自于宣传本身而是来自于使用宣传的动机和目的。他把宣传定义为一种有意图的对宣传者有利的传播方式。③尽管在现实中,手段和目的是否能截然分开令人怀疑,但是泰勒的研究代表了近来宣传研究的话语策略——从意识形态的泥淖中用中立之网打捞起正在沉没的宣传概念。④

在我国,宣传在抗日战争时期是作为重要的意识形态传播工具存在的。这和埃吕尔的宣传概念非常接近。目前,我国学者对"宣传"的定义是运用各种符号,传播一定的观念,以影响和引导人们的态度,控制人们的行动的一种社会性传播活动。⑤在学理上,和西方现代去除了意识形态色彩的宣传概念基本是一致的。

二、"艺术与宣传"的研究谱系

"艺术与宣传"在文化研究中,是在西方"意识形态"研究的整体框架下发展起来的。首

---

① Jacques Ellul. Propaganda: The Formation of Men's Attiude, translated by Konrad Kellen and Jean Lerner[M]. NY: Alfred A. Knopf, 1965.

② Carth S. Jowwett and Victorial O'Donnell. Propaganda and Persuasion[M]. Thousand Oaks, CA: Sage Publichations, 1999:6.

③ Philip M. Taylor. Munitions of the Mind: A History of Propaganda from Ancient World to the Present Era[M]. Manchester: Manchester University Press, 2003.

④ 刘海龙.西方宣传概念的变迁:从旧宣传到新宣传[J].国际新闻界,2007(9).

⑤ 陈力丹.新闻理论十讲[M].上海:复旦大学出版社,2008:63.

先,具体地说,这一研究先从阿尔都塞的"症候式阅读"的方法的提出开始,用于艺术研究就是要通过种种方法阅读出隐藏在艺术作品背后的"症候",即意识形态。例如,皮埃尔·马切莱用这一理论和方法去读解凡尔纳的小说,揭示了他的小说在科幻背后隐藏着的是帝国主义征服世界的意识形态。

其次,葛兰西提出"领导权"理论,同时认为领导权需要协商。约翰·斯道雷运用这一理论分析鲍勃·马利在国际乐坛上大获成功的宗教歌曲,指出他的成功并非人们宗教信仰的成功,而是音乐家同资本主义价值观念协商的产物。

再次,福柯"凝视"与"再现"的理论探讨且由此也带来了"知识型"的转化以及社会的转向。在《词与物》开篇,福柯分析了西班牙画家委拉斯开兹的古典名画《宫娥》(见图1),画面的中心是小公主和仆人,真正要表现的却是国王和王后,但他们的形象却是通过镜子反射出来的。画面中还有侧面朝向画外的画家本人,以及朝着画外观看的仆人……这些繁杂多样的目光交织在一起,使所有人既是观看者也是被观看者。它制造了这样一种效果,即"注视者与被注视者不停地相互交换",而且"任何目光都是不稳定的……主体与客体、目击者与模特无止境地颠倒自己的角色"①。福柯展示出了绘画中"可见"与"可述"之间的隐秘而复杂的关系。

图1 委拉斯开兹的古典名画《宫娥》

随着传媒日益发达和大众文化的崛起,意识形态的研究更多地被应用于通俗艺术。这其中,电影、电视、摄影等视觉文本是研究者关注的重点。伊恩·昂用人类学的方法探究美国知名肥皂剧《达拉斯》中的大众意识形态,指出这部电视剧在全世界的成功其实是意识形态运作

---

① [法]米歇尔·福柯.词与物[M].莫伟民,译.上海:上海三联书店,2002:5-6.

的成功;道格拉斯·凯尔纳在这方面的研究更是涉猎颇广,他在其著作《媒体文化》中详细论述了电影《第一滴血》《壮志凌云》和里根政府所宣扬的主流意识形态之间的关系,也分析了麦当娜如何通过MTV表达自由主义的倾向,这些都是视觉大众艺术与意识形态研究的很好的范本。

"艺术与宣传"在传播学研究中,是作为以"魔弹论"为代表的强效果理论的例证存在的。在两次世界大战爆发的背景下,报刊、电影、广播等大众媒体迅速普及,这些媒体传递出的信息具有直接作用于大众的巨大无比的影响力,对社会产生了巨大的影响。媒介传播出的信息像"子弹",受众像"靶子",子弹可以轻易地射中靶子。因此,大众媒介产生的这种强效果被称作"魔弹论",又称"皮下注射理论""靶子论""枪弹论",是盛行于20世纪20年代至40年代的一种媒介威力强大的理论,代表人物是西多尼·罗杰森。"魔弹论"的核心内容是传播媒介拥有不可抵抗的强大力量,它们所传递的信息在受传者身上就像子弹击中身体,药剂注入皮肤一样,可以引起直接速效的反应。大众媒介能够轻易地左右人们的态度和意见,甚至直接支配他们的行动。希特勒政权在很大程度上正是依靠了招贴画、广播等战争宣传的推波助澜,蒙蔽了人民,才使得其政权在德国得到确立,使得民族主义过度发酵,促发了对外侵略战争。

"艺术与宣传"在艺术学研究中,美国学者V.E.波奈尔的"政治图像志"理论较有代表性。"图像志"一词来源于潘诺夫斯基、贡布里希等人的艺术史论贡献。波奈尔又借用了克利福德·格尔茨和米歇尔·巴克桑德尔"情境化的社会"的观点,以苏联的宣传画艺术(1917—1953年)为具体样本展开了研究,通过苏联宣传画展示出了苏联的官方权力话语及其不同时期的变迁,宣传画视觉的形式镌刻在苏联人心灵和思想上的控制关系,勾画出这个文化体系的主要坐标,展示的宣传艺术是如何塑造了苏联人的精神。对于"艺术与宣传"的艺术学研究,可以从两次世界大战期间的"战争招贴"展开具体分析。

三、从战争招贴看艺术与宣传

残暴血腥的战争带给人类巨大的灾难、仇恨和痛苦。即使如此,战争在艺术领域中镌刻下的印记是世界艺术史中不可或缺的一部分。两次世界大战的爆发对艺术创作影响巨大,这期间形成了多种艺术流派。第一次世界大战颠覆了欧洲社会旧有的传统和文化秩序,这一时期形成了野兽派、立体主义、未来主义、达达主义等现代艺术思潮。1939年,第二次世界大战爆发后,大批欧洲现代主义艺术大师流亡到美国,给美国艺术带来了勃勃生机。抽象美术、波普艺术、超现实主义等艺术形式在美国崛起,并影响到整个西方世界,形成了"后现代主义"艺术时期。

招贴是广告的一种表现形式,以其醒目的视觉冲击力吸引受众的注意。第一次世界大战催生了现代招贴画。作为一种新兴的宣传手段,招贴画成了反战的重要武器,也成为各个国家宣传战争、动员国民加入军队的有效宣传工具。

第一次世界大战是影响范围广泛、损失惨重的世界战争。战争的爆发源自西方列强重新瓜分世界势力范围的野心。此次战争使得宣传走到了战争前沿,在一战前夕,极端民族主义情绪被煽动到了极点,使得战争的爆发成为必然。参战各国都成立了专门的宣传部门,并通过海报、明信片、电影等艺术形式开展战争宣传。1917 年,美国成立了"公共信息委员会",委派一名新闻工作者乔治·克里尔担任主席。克里尔说:"这是一个纯粹的宣传机构,一个做推销生意的大企业,也是世界上最大的广告业。"①在他的带领下,公共信息委员会的宣传工作取得了巨大的成功,其间的代表作是一幅美国征兵广告画《美国军队需要你》(见图 2),一个戴着星条旗高帽的山姆大叔面向受众,伸出手指,画面中的广告语写着:"我需要你加入美国军队。"此海报以美国的指代形象"山姆大叔"为画面主角,山姆大叔正义的眼睛逼视着正前方,右手手指直接指向受众,使受众产生一种不能逃避责任的使命感,对受众进行命令性的入伍召唤。该招贴画在一战期间对鼓舞美国年轻人加入军队,为国家效力发挥了巨大的作用。此招贴的设计者弗拉格(James Montgomery Flagg,1877—1960)是美国著名的平面设计师。二战期间,美国又重印了这张现实主义风格的征兵招贴画,印数达 500 多万张。这幅招贴成为平面设计史上最经典的作品之一,直到今天仍以明信片等形式出版发行。其影响之广,效果之好,在招贴画历史上绝无仅有。

图 2　美国招贴广告画《美国军队需要你》　　图 3　苏联招贴广告画《你参加红军了吗?》

　　对比这一时期的其他国家的三张战争征兵招贴画,构图都极其相似,画面的构成要素都由人物与大写的文字标语构成。字体直接表达出招贴的主题。人物统一采用食指直接指向受众的命令姿态,神色威严而凝重,视线直视且肯定。仔细查看这四张招贴画中的人物,美国、苏联、意大利招贴画都是采用手绘"虚拟"人物对受众进行召唤。美国是代表美国民众的山姆大叔,苏联征兵招贴画(见图 3)和意大利征兵招贴画(见图 4)都是普通士兵人物,唯有英国选取了陆军元帅霍雷肖·赫伯特·基钦纳(Horatio Herbert Kitchener,1850—1916)——

---

①　[美]迈克尔·埃默里 M,埃默里 E. 美国新闻史[M]. 展江,殷文,译. 北京:新华出版社,2001:294.

英国历史上最具影响力的名将之一的照片作为召唤主体(见图5)。在基钦纳将军煽动性的征兵招贴的助力下,一战前,他就召集组建了一支由300万人组成的大军。

图4　意大利招贴画《尽你的责任!》　　　　图5　英国招贴画《你的国家需要你》

一战期间,这些战时招贴画为战争动员工作发挥了非常重要的作用,带来的社会影响也十分巨大。同时,其他印刷品和电影也成为宣传战争思想的利器。人们对大众媒介社会影响力的评价达到了历史最高点。

第二次世界大战期间,美国、英国、苏联等国家都出现了大量以反纳粹为题材的政治性招贴广告,进行战争思想的宣传。同时,纳粹国家也设计了大量吹捧法西斯主义的政治性招贴广告予以还击。二次大战期间,包括包豪斯学校师生在内的许多受纳粹迫害的欧洲设计师陆续移居美国,将欧洲的现代艺术火花带到了美国。此时,美国逐步成为世界艺术设计的高地,产生了众多有影响的招贴作品和艺术设计家。

战后一段时间的招贴画则以和平题材为主。设计家开始反省战争给人类带来的灾难。德国招贴画艺术家冈特·兰堡、美国的西摩·切瓦斯特和日本的福田繁雄并称"世界三大平面设计师"。这三位设计师除了有着独特的视觉艺术语言,更有着关爱和平,提倡人类福祉的艺术思想。冈特·兰堡的童年时期恰逢战争年代,土豆成为德国战争时期几乎唯一的食粮,冈特·兰堡以土豆作为他对战争的记忆符号,创作了一系列的招贴海报(见图6)。在兰堡看来,土豆代表了

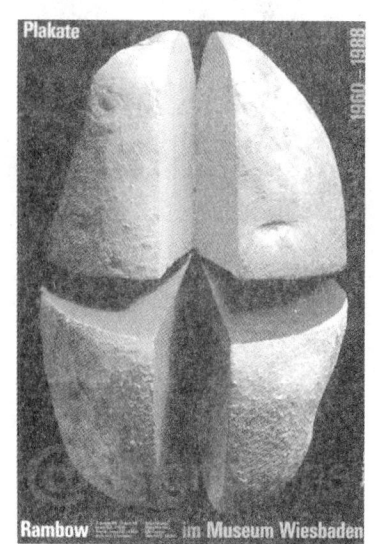

图6　冈特·兰堡的土豆系列招贴之一

德国的民族文化。他将色彩的对比和空间的叠加相结合,让平淡的土豆呈现出诗一般的层次感和韵律感,展现出令人惊喜的创意和视觉效应。

《消除口臭》是切瓦斯特在 1968 年,也就是他 37 岁时设计的反对美国在越南战争(1959—1975)中对河内进行轰炸的招贴画(见图 7)。这幅海报以浓郁的色彩、简洁的标语、漫画的形式来表现反战主题,招贴画中的"山姆大叔"口中描绘的是飞机正在轰炸的战争场面,而在切瓦斯特看来这是令人作呕的口臭,他以标语"消除口臭"来寓意"反对战争",传递热爱和平的愿望。海报以标志美国的"星条旗"为背景,绘画风格现代、抽象,从中可看出切瓦斯特作为一名艺术家的热爱民主、和平的人文主义情怀。

 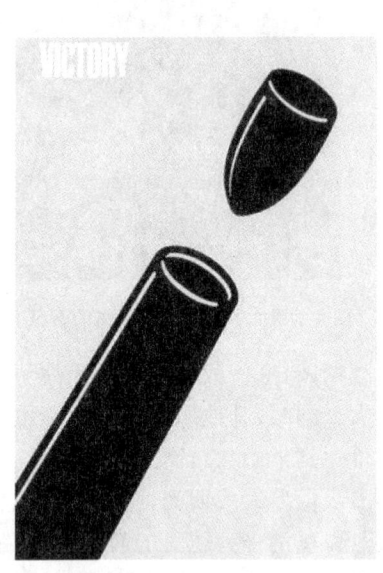

图 7　西摩·切瓦斯特的《消除口臭》,1968 年　　　图 8　福田繁雄的《1945 年的胜利》,1975 年

福田繁雄在 1975 年设计的招贴画《1945 年的胜利》采用极简主义的图形表达方式,描绘了一颗反向飞回枪管的子弹形象,讽刺发动战争者自食其果。这张纪念二战结束 30 周年的海报,最终获得了国际平面设计大奖(见图 8)。

20 世纪 60 年代之后,招贴画逐步回归到商业用途中去,并形成了专业广告设计师群体,此时期的招贴风格除了延续写实主义风格外,平面剪贴、漫画、超现实主义风格等招贴画表现手法层出不穷。

在新中国成立之初,招贴画被称为政治宣传画。政治宣传画一般带有醒目的、号召性的、激情的文字标题,通过复制技术广泛传播,张贴于公共场所,通过直接面向受众,鼓舞人心,及时地发挥社会作用。政治宣传画由于在新中国成立时期在宣传国家政策法令、政党意志精神及政治思潮运动等方面发挥了显著的作用,一度成为艺术创作中的重点。作为一种艺术媒介,宣传画除了要遵循艺术形式的发展规律,还承担着反映国家政治诉求,宣传意识形态的作用。宣传画在我国新中国成立初期的发行数量巨大。1958 年至 1959 年,全国共出版宣传画 664 种,印数达 1 亿张。1959 年 12 月 23 日,由全国美协、人民美术出版社联合举办了《十年宣传画展览》，共展出政治宣传画175幅，电影宣传画21幅。这个展览第一次大规模地展示了新中国宣传画的成就。[①]

在新中国成立前后的各个历史时期，宣传画呈现出不同的艺术面貌，形成了不同的艺术类型。在艺术风格上都采用写实手法，原始画作的创作手法十分多元，包括油画、水粉画、摄影，经过后期加工，复制印刷成为宣传画，还有的汇集出版成宣传画手册。

1. 伟人宣传画

中国传统民宅正房叫堂屋，正中的称为中堂。中堂相当于今天的客厅，是旧式民宅中主人会客、起居、祭祀的场所。在中堂迎面的墙上一般会悬挂一幅中堂书画，中堂画多选取吉祥喜庆、述志抒怀的艺术题材绘画。新中国成立后的一段时间内，伟人画成为"中堂画"，原来张贴于公共空间中的政治宣传画开始进入私人空间。

2. 战争动员宣传画

这一类型的宣传画类似于世界大战期间的"战时招贴画"，伴随着国内抗美援朝、保家卫国运动，画家创作出了一系列歌颂抗美援朝的作品，引导国内舆论，征兵卫国。如《抗美援朝，保家卫国！》（黎冰鸿作，1950年）、《正义的绞索在等着他们！》（方灵作，1950年）、《前进！光荣的朝鲜人民军》（天津市文联作，1950年）、《还要给战争贩子以更严重的打击和教训》（徐悲鸿、李桦、夏同光、艾中信、陈晓南作，1951年）、《叔叔伯伯为了我们》（陈兴华作，1951年）、《多生产多捐献》（钱大昕作，1951年）、《美国细菌战犯逃不脱世界人民的正义制裁！》（马长利、王乃壮作，1952年）等等，这些作品以或激昂热烈或抒情感人的风格组成了这一时期歌颂抗美援朝的政治宣传画篇章。[②]

3. 祈福和平与建设家园宣传画

中华人民共和国成立后，经历了经年战争洗礼的中国百姓越发呼唤和平，期待看到和平富强的新中国的出现。为了反映这一心声，很多艺术家创作了歌颂和平，共建社会主义新家园的宣传画。阙文的《我们热爱和平》、方菁的《我愿做个和平鸽》、钱大昕的《争取更大的丰收献给社会主义》、翁逸之的《鼓干劲，争高速，争夺全胜》、刘秉礼的《心怀祖国，放眼世界》、蔡振华的《共同劳动，共享成果》等都是这一时期反映和平心声，建设家园心愿的代表作。

《我们热爱和平》最初是一张刊登于《人民日报》头版上的黑白摄影作品（见图9），1952年六一儿童节前夕，作者受到毕加索《和平鸽》和六一儿童节的启迪，为了反映周恩来总理"我们热爱和平，但也不怕战争"的精神，创作了这一摄影作品。同年的六一儿童节刊登后，其反映出的和平思想与新颖的构图得到了受众的一致好评。之后经过着色、制版，印制成巨幅宣传画而风行全国，发行量高达1 000万。同时还被印在明信片、手绢和茶叶盒上而广为流传。这些招贴画的流行，反映出那个时代的民众对于和平的向往和期待。

[①] 苏米，方李.新中国宣传画艺术的兴起与嬗变[J].江西社会科学，2009(4).
[②] 赵大军.新中国政治宣传画的先声——从新民主主义到社会主义转变时期(1949—1956)的政治宣传画艺术初探[J].南京艺术学院学报(美术与设计版)，2006(4):49.

图 9　阙文《我们热爱和平》,1952 年

从文化研究、艺术学、传播学等多学科、多纬度审视艺术与宣传的发展脉络和相互关系时,不难发现艺术曾经为意识形态的传播提供了视觉化的包装利器,强化了政治传播的效果,甚至催生了宣传的新艺术类型。当我们饱含热泪地欣赏着毕加索的代表作《格尔尼卡》时,其实正是受着一场无声的视觉化的思想洗礼。但一如前文提及的乔伊特、奥唐纳、菲利浦·泰勒的观点一样,与意识形态捆绑在一起的"宣传"正在走向其中立的本意,宣传概念正得以进一步科学化,去除其意识形态色彩。艺术与宣传已跳出了两次世界大战中的传播语境与传播目的。在现代社会中,"艺术与宣传"正在向"艺术传播"的语意逐步靠拢。

作者汤筠冰为复旦大学艺术设计系副教授。

近代服饰文化、图案风格与消费美学

李华强

二十世纪初,中国工业逐渐从洋务运动以来的以军事工业为重心转向兼顾民用工业,尤其是"一战"后中国民族工业迅速兴起,上海作为中国纺织业最为发达的城市,被称为"东方的兰开夏(Lancashire)"[①],反映了中国近代城市工业发展的状况。近代中国民族工业的发展是以广泛的国内市场为基础的,特别是以城市为中心的消费主义浪潮的兴起,为现代民用工业提供了市场需求和原动力,推动民族工业生产逐步渗透到日常生活层面,并促成了现代生活时尚美学的建构与传播。

本文试图以近代中国服饰的形制演变为议题,结合大众传媒的推动、染织图案设计风格以及服饰消费美学等方面展开分析,综合探讨近代服饰文化通过何种视觉形式塑造了近代中国城市中的现代生活。

一、近代服饰文化的形制演变

中国近代服饰的形制演变过程在某种程度上折射出国家社会追寻现代性的历程。从"剪辫易服"运动,到《服制条例》颁布,再至"中山装""海派旗袍"的诞生,逐渐完成了从社会变革、国家制度向日常生活层面的转变,为现代消费美学的建构提供了舞台。

1. 服饰制度变革:从"剪辫易服"到"服制案"

由十九世纪末的维新变法开始的"剪辫易服"主张,反映了维新派精英士大夫开启民智、富国强种、与世大同的诉求,是社会政治变革的一部分;而至辛亥革命后,"剪辫"成为切断与满清专制王朝联系的象征,"易服"则显示建构民主共和制度的决心,当时全国上下剪辫、着西式服装的风气成为社会进步的标志。"剪辫易服"运动从知识分子追寻与世界各国文明同步,到西俗东渐、自由平等观念传播的民主思想,直接导致了中国传统"衣冠之治"的解体。

1912年10月,参议院颁布《服制案》。其内容主要是对男女礼服、公务人员制服进行了规范,包括服装样式、衣料质地和颜色等方面;对日常便服则听任人们自择。[②] 从《申报》1912年8月20日发布的《参议院二读会修正服制草案》(图1),可以看到服制案所规定的礼服样式和普通着装规范:男式礼服分为两大类型,大礼服和常礼服,样式上一种以西式为主,另一种以传统型的长袍、马褂为主;女装则以中式圆领对襟衣和百褶裙为主。《服制案》强调无论服饰

---

① 祝慈寿.中国近代工业史[M].重庆:重庆出版社,1989:495.兰开夏为英国最大的纺织工业区。
② 包铭新.中国近代丝织物的产生和发展[J].中国纺织大学学报,1989(1):61.

款式如何,都必须由本国面料制成。对于中华国货维持会来说,服饰革新意味着对中国经济的支持,"诸如布料和服装款式这样的物质文化,在连接个人和国家中起了直接作用:每个人的身体是民族象征符号的关键表现场所"①。

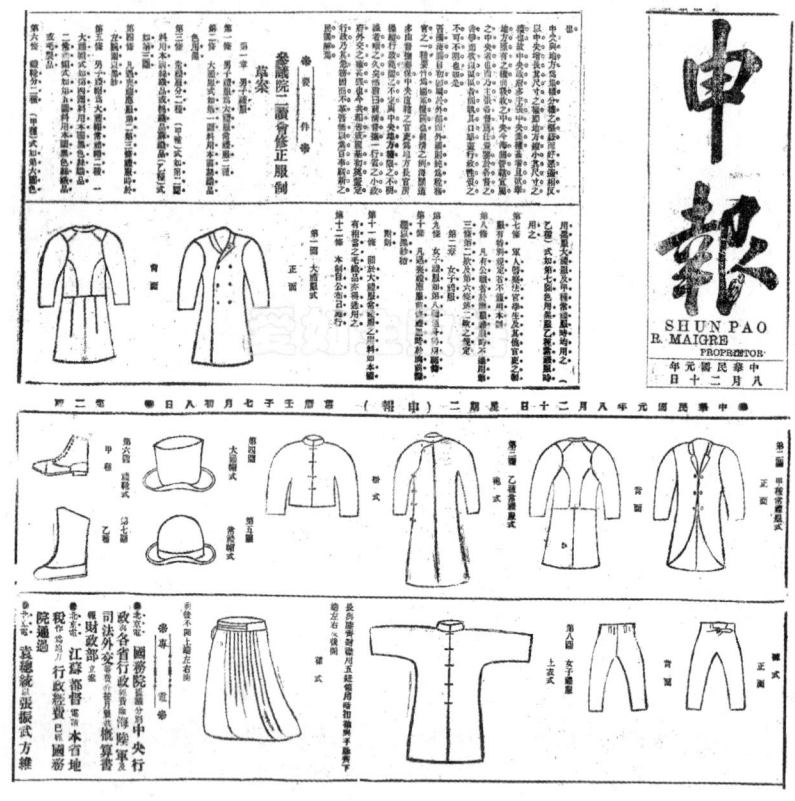

图1 《申报》1912年8月20日发布的《参议院二读会修正服制草案》

这种民族主义意识的服饰消费观,同时也影响着中国纺织行业的生产和营销策略。20世纪初的中国纺织品中出现了诸如"爱国布"和"雪耻布"这样的系列品种,在抵制洋货的运动中提醒国民选择国货的民族主义消费观念。在20世纪20年代的中国民族纺织行业的运营情况中,类似的民族主义话语经常也作为经营理念的一部分写进公司的经营宗旨内。

融合了国家民族主义意识的行业经营策略,也是民族纺织业的一种自救方式,即强调在与洋货竞争中的国族身份,把个人消费行为与"兴百业、雪国耻"的宏大叙事话语勾连在一起,以唤起民众的集体身份认同,从而在日常的消费选择与购买行为中建构起一种想象的共同体。

2. 生活服饰与大众时尚:从"中山装"到"旗袍"

1929年国民政府颁布的《服制条例》中,正式规定了以"中山装"作为男性公务员制服,以"旗袍"作为女子礼服和常服,同时规范了男女学生装的样式。如果说折中了中西样式的男性

---

① [美]葛凯.制造中国:消费文化与民族国家的创建[M].黄振萍,译.北京:北京大学出版社,2007:114.

"中山装"仍然偏重于国族层面的象征意义,那么女性旗袍样式的确立,则从现代生活层面呈现了更为日常化的时尚美学意义,并为新兴的城市消费主义推波助澜。"旗袍"一词源于清代旗人之女袍,"清初较为瘦长紧窄的小袖素简,到清末已变得宽大繁缛",至民国以后,"旗袍开省收腰,表现体态或女性曲线……从传统的袍服变成可与西方裙服相类比的新品种"①。特别是所谓海派旗袍的诞生,与上海这个五方杂处、东西方文化糅合的城市特性不无相关,到三四十年代,旗袍发展到一个黄金时代,"旗袍造型纤长,与欧洲流行的女装廓形相吻合……完全是一个'中西合璧'的新服式了"②。

图 2　奉天太阳烟公司广告
（金梅生作　20 世纪 30 年代）

图 3　月份牌上的十二个月份,由西历和农历
两种纪年构成　（杭穉英作　1932 年）

从民国时期发达的传媒文化中,能看到大量关于旗袍的视觉文献资料。最具代表性的媒介莫过于月份牌中身着旗袍的女性形象(图 2)。月份牌的名称来源于其内容要素,即印有十二个月份,一般同时使用西历和农历两种纪年(图 3),"这两种纪年结合起来用一种现代的时间表表达了传统的时间……正是现代性所赖以构建的基础"③。无论如何,月份牌一方面在近代中国刺激了国民对现代与未来的想象,另一方面对现在的观众和研究者来说,它连接了历史与当下,也是诱发对近代中国历史展开想象的一种媒介。月份牌作为中国近代商业传播重要的一种广告形式,肩负着为众多商家宣传商品的目的,常见的商品包括烟草、药品、化妆品、纺织品等。画面上的人物以时装美女为主,她们身着各式流行服饰,在宣传商品的同时也传

---

①　包铭新.20 世纪上半叶的海派旗袍[J].装饰,2000(5):11.
②　包铭新.20 世纪上半叶的海派旗袍[J].装饰,2000(5):12.
③　[美]李欧梵.上海摩登:一种新都市文化在中国(1930—1945)[M].毛尖,译.北京:北京大学出版社,2001:94.

播了一种现代生活理念和视觉时尚。从这些广告画面中,观众可以通过人物装扮、配饰、环境和道具等元素窥探到当时中西混搭的时代生活气息。

图4 《良友》1928年第25期封面

图5 《良友》1930年第48期封面

近代中国都市流行时尚的信息传播,也体现在其他众多的大众媒体上,如报纸、画报、电影等针对城市消闲阶层的传播媒介。正如沈从文所描述的:"他们说爱情,文学,电影以及其他,制造上海的口胃,是礼拜六派的革命者……是美国生活的模仿者,作为进攻礼拜六运动而仍然继续礼拜六趣味发展的有《良友》一类杂志。"①《良友》画报作为二十世纪二三十年代的时尚文化的代表,勾连了上层文化与通俗文化的审美情态,成为有关时尚与服饰传播的大本营。作为"社会的身体"的时装首先从封面女郎形象呈现出来,使用肖像摄影传递出健康、欢愉、享受生活的现代气息(图4、图5、图6),"海派旗袍和西式衣裙用修身的款式和简约的设计欢呼着身体的自由与解放"②。如果说封面时装女郎更多的是诱发读者对现代的想象,那么画报内页的服饰专栏则从实用功能出发,更注重贴近女性读者的生活着装需求,针对不同人的体态、

图6 《良友》1940年第159期封面

---

① 藏杰.天下良友[M].青岛:青岛出版社,2009:7.
② 肖晶.日常生活中的个人与国家:解读《良友》画报的现代身体图像(1926—1937)[D].上海:复旦大学,2011:25.

气质类型及穿着场合给出相应的穿衣建议和辅导(图7),为现代时尚能够在普通人的生活中得以实现和普及提供了可能,体现出时尚的大众精神。《良友》还时常将欧美流行服饰向国内读者做同步介绍(图8),使用照片与文字呈现和解读国外服装样式的变化趋势,营造出"与世界同步"的现代新生活图景。

图7 《良友》1927年第13期第34页"实用的装束美" 叶浅予作

图8 《良友》1929年第36期第19页"巴黎及纽约春夏时装展览会中几种简单而美观之衣服"

"与世界同步"的新生活样貌不仅在印刷媒体中反映出来,近代电影业则更是直接对此进行了呈现。1903年西班牙人雷玛斯开始在上海以放映电影为业,奠定了电影放映事业未来发展的基础。① 此后电影就融入了中国人的现代生活,并一直与时俱进。到20年代,中国无声电影已经有了相当的观众,并在1927年开始播映有声电影,至1936年,上海电影院已达"33至36所",《电通画报》曾"将这许多电影院的摄影标于一张上海地图上,加一行大标题道:'每日百万人消纳之所!'"②,足见电影与城市市民生活关系之密切。在那个消费主义勃兴的时代,电影成为消费者观摩现代生活的一个窗口,来自东西方的流行时尚与摩登美学通过影像进行潜移默化的影响。"电影中的场景无疑是对观众们未来生活的一种建议或构图……从电影院出来的人很自然会成为电影生活的首批模仿者。比如,三四十年代,有钱有闲的太太们会领着家里的裁缝去看一场电影,为的是让裁缝根据阮玲玉的旗袍做一件相同款式的衣服。"③这种大众媒介参与建构的审美现代性,在开化社会风气的同时,亦从物质消费层面制造了欲望和需求。近代城市消费主义为工商业带来的影响,不仅仅体现在产品物质功能的需求上,也体现在对消费品的装饰性、象征性、社会性等美学意义的追求上。

二、染织图案风格与样式

近代中国在机印花布尚未普及之前,手工印染的蓝印花布遍及城乡,其图案花样"多是世代相传的传统形式,并多含吉祥寓意……纹饰主题也多为吉庆、平安、富贵和长寿等内容",就风格演变来看,"这些图案虽然每代都有增益,但基本上仍保持着原有的风貌,可视为古代(特别是明清两代)图案的继续和发展"④。20世纪20年代中国纺织行业的勃兴,特别是机器的大量使用,对图案工艺提出了新的要求,"图案设计便遇到了如何革新以与新的科技结合的问题"⑤。同时,另一方面则表现在图案花样的题材与风格创新方面,城市消费主义的形成,特别是生活服饰对日常美学提出了新的美学标准,来自西方的、现代的图案花色成为一种流行时尚。

1. 作为工业生产的染织图案需求

近代中国印染、印花业的兴起直接促进了对染织图案意匠的需求,通过印、染、织、绣、绘等工艺层面为图案的实现提供了技术手段,这些都为中国现代图案设计实践提供了可能性。"一战"期间虽然西方总体上减少了对中国的出口,但就出口种类来看,"染色、印花两类尚有增进"⑥。这说明在染色和图案的需求上,早期的国内市场还是比较依赖进口。直到二十世纪二十年代以后中国才出现全套动力印染机器的印染厂。⑦ 随着留学归来的美术家的介入,染

---

① 上海通社.上海研究资料续集[M].上海:上海书店出版社,1992:533.
② 上海通社.上海研究资料续集[M].上海:上海书店出版社,1992:532.
③ 许纪霖,罗岗,等.城市的记忆:上海文化的多元历史传统[M].上海:上海书店出版社,2011:117.
④ 张抒.传统印染织绣艺术:生活尽染[M].重庆:西南师范大学出版社,2009:82-83.
⑤ 张道一.陈之佛先生的图案遗产[A]//张道一.设计在谋.重庆:重庆大学出版社,2007:98.
⑥ 严中平.中国棉纺织史稿[M].北京:商务印书馆,2011:207.
⑦ 中国近代纺织史编辑委员会.中国近代纺织史下卷 1840—1949[M].北京:中国纺织出版社,1997:1.

织图案设计才逐渐成为一门专业从生产行业独立出来。

"一战"后,中国纺织工业迎来了一个繁荣期,同时城市市民在生活消费层面的审美需求,也刺激了纺织业在生产环节上对面料图案、花色的重视和创新。在提倡国货运动的历史语境中,各大纺织公司在市场消费需求与民族主义要义两方面进行平衡,追求外国样式和国产面料的结合不失为一种折中的方案。在1927年第9期的《国货评论刊》上,众多的纺织品公司在自身的推介告白中除了强调国货的身份,亦对产品的花色图样做了尽可能贴近消费时尚的描述:

> 虎林丝织公司——"取材精细,花样入时";
> 美亚织绸厂——"花样讲求务在浓淡宜人";
> 胜德织造厂——"各色花边,鲜艳雅淡,楚楚宜人,颇能得如女界之欢爱";
> 都锦生丝织厂——"丝织风景、人物等,光泽烂然,形态毕肖"[①]。

在上述这些告白中,厂家既强调花色本身精美、入时的特色,又注重花色与使用者的关系,说明厂家开始注意到消费者对于审美的需求,因而竭力强调本公司在满足此需求方面的能力。

纺织业对图案的需求以及图案设计人才的短缺是近代民族纺织业所面临的一个瓶颈。工业学校的毕业生大多进入各纺织厂家和企业,杭州著名的丝绸企业如纬成、虎林公司等的丝绸技术人员大多由工业学校培养,但图案设计环节,依旧隶属于生产制造的一个工序,并没有独立出来。而图案设计要成为独立行业必须满足两个起码的条件,其一是要有足够量的图案设计委托业务来支撑图案行业的正常运转,其二是必须具备足够专业和视野开阔的设计人才。

近代丝织业具有"低成本、高利润"的特点,一方面推动着包括图案设计在内的相关行业的兴起,但同时也隐含着不利的一面,即厂家对"低成本"的控制并不利于图案设计这样新兴行业的长期发展,图案设计的议价能力受到影响。这也造成了当时图案花色来源鱼龙混杂、质量参差不齐的状况。而有不少的厂家为了节省图案成本,经常使用"抄版"的手段,直接去抄袭现有的图案花色,甚至有一些颇有名气的公司也存在"抄版"现象。

纺织公司对图案的大量需求,使得图案设计对于专注制造环节的工人来说变成一个"沉重负担",行业迫切需要专职人员进行图案的原创设计。传统的设计与制造混为一体的做法显然无法满足市场对于图案在质量和数量上的要求,客观上需要专门的部门和人员来从事此环节的工作,由此推动了新的劳动分工出现——陈之佛创办的尚美图案馆代表了新型图案设计机构的出现。

2. 图案风尚:以陈之佛的图案作品为中心

1925年,从日本归国的陈之佛创办尚美图案馆,开始了其染织图案设计实践探索。当时中国纺织品消费市场上的流行图案花样,主要来源于西方,"花色以国外,尤其是以日本纹样

---

① 国货公司告白[J].国货评论刊,1927(9):1-8.

为时尚追求"①。陈之佛的图案设计打破了西方图案垄断的常规,表明中国设计师也能设计出符合现代审美需求的图案。这些造型丰富、色彩绚丽的图案具有一个共同点,即都具有强烈的现代意识和国际风格,其中所蕴含的奇思妙想,放在今天的设计语境来看仍然具有强烈的创新和前卫气质。这种图案风格的形成,自然与陈之佛的留学经历不无相关,同时也与上海这座国际大都会所散发的与时俱进的现代精神息息相通。

从现存陈之佛创作的 108 幅图案作品来看,图案的造型、色彩、排列方式等具有与传统样式截然不同的现代气息,形成一套杂糅了中国和西方视觉元素的时尚符码,暗含着来自西方现代的流行趋势和信息。具体的设计风格从日本风格到欧洲新艺术、装饰艺术、构成主义及现代主义风格无所不包,几近成为近代世界艺术史的一个缩影,大致可以从东、西两大风格类别进行探讨。

第一类:从表象到意象——对日本、中国及东方传统风格的重构。

陈之佛曾在日本留学,自然是首先受到日本美术的耳濡目染。从其图案元素上比较容易分辨出一些日本传统图案中常见的元素,如有日本地域特色的樱花、青海波纹等(图9)。"浮世绘"艺术中的视觉元素也成为陈氏图案创作的一大来源,如被称为"天地眼"的眼相,多指日本歌舞伎演员登台亮相时"睥睨"全场的眼神,也称"日月眼"(图10),"江户时代的人相信这种睥睨的力量可以带来攘灾祛病的好处而乐此不疲"②。陈之佛图案作品中借鉴了此类视觉意象,将自然界的抽象纹样通过骨式重构排列成不对称的"日月眼"的造型,营造了一种来自自然的灵力之气(图11);运用"复眼"形式,结合孔雀羽纹构成一幅凤凰鼓翼生风的生命之象(图12),可以想象此种图案在丝绸面料上经过连续排列后所创造出的令人目眩而具有酷酊感的美学意象。

图 9 日式图案中常见的樱花和青海波纹样 陈之佛作

图 10 浮世绘中的"睥睨"或"天地眼"

---

① 夏燕靖.陈之佛创办"尚美图案馆"史料解读[J].南京艺术学院学报(美术与设计版),2006(2):163.
② [日]杉浦康平.造型的诞生[M].李建华,杨晶,译.北京:中国青年出版社,1999:34.

图11 图案中的"日月眼"意象 陈之佛作　　图12 由孔雀羽毛图案构成的"复眼",结合涡旋纹呈现灵力喷发的意象 陈之佛作

东京美术学校图案科主任岛田佳矣对东方传统图案的偏重,直接影响了陈之佛的图案观。"从大正时期到昭和初期,东京美校成了日中美术交流活动的据点……那些仅以学习西洋美术为目的的留学生中,也有人因目睹上述活动而受感动,因为那些活动深深地扎根于作为东亚国家的传统之中。"[①]陈之佛也是这些深受感染的留学生之一,他开始反思自己对传统文化的态度,进而对正仓院珍藏的中国唐代器物珍品进行了深入研读。而后反映在陈氏图案设计中,则表现为对东方多民族多元化图案资源的汲取。

源于中国"太极图"及日本"巴纹"的"涡旋纹"图式在陈氏的图案中屡见不鲜,如借鉴蔓草纹的涡旋形式处理石榴花造型(图13),根茎相通,循环往复,石榴多籽,故有多子多福的吉祥之意。而"劫波树涡"作为涡旋纹的极致样式,来源于西亚和古印度,"这是一种令人生畏的复合涡纹造型"[②],陈氏使用不对称手法处理菊花图案(图14),将平瓣类与管瓣类菊花进行拼合,并按不同方向设计涡旋流向;整体造型虽为虚构,但其灵动之态所散发的"丰穰吐息"与"劫波树涡"具有异曲同工之处。亦有对动物形涡旋纹的表现(图15),大多由龙纹或蛇形蜷曲蜿蜒、穿插构成方角形的涡旋纹,笔画结构与"福、禄、寿"字体的吉祥图案相仿,背景点缀莲子图,其吉祥之意一望而知。陈氏还借鉴起源于印度的佛教画图式进行创作(图16),将水波纹和火焰纹通过框架嵌套,制造层层关系,象征佛教世界地图里须弥山的意象,形式语言的平面性使其装饰感更强。

---

① [日]吉田千鹤子.东京美术学校的外国学生[M].韩玉志,李青唐,译.香港:天马出版有限公司,2004:12.

② [日]杉浦康平.造型的诞生[M].李建华,杨晶,译.北京:中国青年出版社,1999:90.

图 13　根茎连通循环往复的涡旋纹　陈之佛作　　　　图 14　对花卉采取不对称处理而形成的剧烈涡旋　陈之佛作

图 15　蜷曲身体并穿插成锐角的动物形涡旋纹　陈之佛作　　　　图 16　结合了水纹、火焰等自然涡旋纹创造的意象　陈之佛作

综观陈之佛的部分图案作品,纹样来源虽然是东方传统图式,但在具体的设计手法上,却并非自然主义的写实风格,而是运用了现代图案设计中的"重构"方法,传递出强烈的现代精神。

第二类:与世界同步——对西方现代艺术风格的借鉴。

近代美术留学生对西方诸多现代艺术风格的汲取,无论从认知层面还是实践层面,均有较深涉及。陈之佛的染织图案设计亦明显受到装饰主义及构成主义艺术的影响。

装饰艺术(Art Deco)设计风格自 19 世纪初兴起于欧洲,到 1925 年的巴黎装饰艺术博览会达到高潮,并以此为原点迅速向世界各地扩散。陈之佛这批图案的创作时间处在尚美图案馆运作时期,即大致为 1925 年到 1927 年间,况且陈氏的设计活动又处在东西方交流的核心城市——上海,上海具有装饰艺术风格的建筑和空间设计到处可见,装饰艺术美学蔚然成风。

试比较一下1925年的装饰艺术作品与陈之佛图案作品的关系，即可见二者在装饰形式语言上的紧密联系。巴黎装饰艺术博览会上的代表作品之一——西格尔门的设计（图17）使用了金属材料，以直线、涡旋、几何化的造型来对金属材料进行统一加工，方便了工业化后期的技术处理；陈之佛创作的一幅具有典型的装饰艺术风格的图案作品（图18），画面元素非常丰富，包括有机植物花卉和无机几何图形两大类，注重整体点、线、面的构成和画面分割的韵律感，大与小，曲与直，黑白灰等关系十分考究；这样一幅表现力极为丰富的作品，显然适于表现的材质对象不仅仅是染织领域，亦可拓展至其他材料的运用。从画面精心营造的种种关系和效果来看，如果结合不同的材质综合进行制作，则能超出单纯的平面效果，带来更丰富的材质之美；而从画面中植物的茎、叶、花等元素来看，造型十分规范、统一，较适合规范化和批量化的工业制作。这是陈之佛"适用于物"的图案基本思想的一个方面，也是装饰艺术风格能在世界范围内大行其道的基本原因之一。

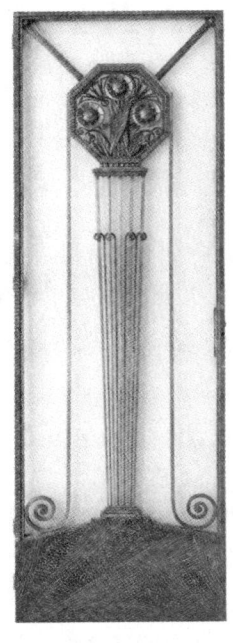

图17 西格尔门的设计

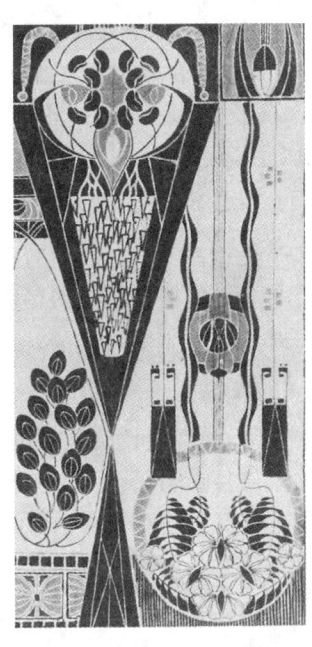

图18 综合有机植物花卉和几何图形的设计 陈之佛作

随着现代主义设计的确立，艺术彻底走向工业化。经由包豪斯设计教育、俄国构成主义以及荷兰风格派的共同作用，现代设计的基本形式原则得到确立。几何化成为现代设计的基本构成形态，对于设计家和画家来说，二者共处同一时代，其对时代精神的把握往往具有异曲同工之妙。费尔南·莱热的绘画（图19），除了考虑纯粹形式语言的关系，更强调对工业时代的"人机关系"的思考。在陈氏的图案设计中（图20），则运用直角、直线和圆形构成纯抽象的平面作品，从构成关系来看，与费尔南·莱热的绘画存在惊人的相似：圆形的柔软和直线的刚硬构成一种异质对抗关系；而两者发生的叠合，则暗示一种交融、合作关系，这种人机共生则催生了机器美学。

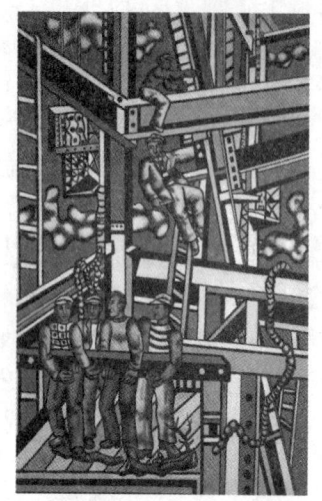 

图19 《建设者》表达人机结构关系 费尔南·莱热作 1950年 　　图20 人机关系的平面化处理 陈之佛作

三、服饰文化的消费美学建构

服饰样式与染织图案,在技术层面要适合工业化的标准,在文化层面则要符合消费时代的美学需求。近代中国服饰与染织图案以视觉化的形式创造了大众时尚与现代生活的样貌,同时也建构了基于日常生活层面的城市消费美学。

1. 消费主义与审美现代性

开埠后的上海,作为中西交汇的港口城市以及本土和外来资本的集中地,以商品经济和市民社会为基础直接参与了消费主义美学建构。消费主义的核心在于将对物质的享用视为一种生活价值的表征。正如阿尔君·阿帕杜莱认为的那样:"物(things)有其社会生命,它们的意义就铭刻在其自身的形式、使用以及轨迹之中。"① 从20世纪20年代的上海来看,建筑景观林立的都市空间、高效便捷的水陆交通、琳琅满目的百货公司,以及土洋掺杂的衣着装扮,从衣食住行渗透到日常生活之中;视觉通常被解释为触觉的延伸,"我们对纹理的视觉体验也就成为一种接触(handling),我们对衣服的感受尤为亲密,与不同织物的接触是我们最早产生的快感之一,它往往带有感情色彩和象征意味"②。

而由"声光化电"的现代科技和大众传媒共同造就的现代物质文明也同时塑造了人本身,营造了一种由人的身体感官体验带来的所谓对现代的想象。这种想象作为一种崭新的"感觉结构",在日渐壮大的都市消费文化中逐渐成形、发展和变化,并形塑了人们对于变动中的消

---

① 许纪霖,罗岗,等.城市的记忆:上海文化的多元历史传统[M].上海:上海书店出版社,2011:109.
② [英]布莱特.装饰新思维:视觉艺术中的愉悦和意识形态[M].张惠,田丽娟,王春辰,译.南京:江苏美术出版社,2006:57.

费社会以及生活的认知和想象,从而发挥了特定的意识形态功能。[①]

这种蕴含在消费过程中的美学需求,与中国传统士大夫阶层的艺术审美截然不同,它萌生于近代实用主义和现代大众文化的发展进程中,体现为一种审美现代性(aesthetic modernity)。波德莱尔将这种审美现代性视为永恒不变和瞬间可变的复合体,在传统审美哲学的永恒性中加入了对不确定性和风尚变幻的感受,并将后者视为一种可变的时代"躯体",渗透在可触摸和感知的现代生活层面。齐美尔沿着这种对现代都市的观照,以更为碎片化的生活经验来定位他心目中的审美现代性:"美沉思和理解的本质在于:独特的东西强调了典范的东西,偶然的仿佛是常态的,表面和流逝的代表了根本和基础的。"因此,"现代性在此就得到了一种动态的表达:支离破碎的存在的总体性和个体要素的注意性,得以显现"[②]。这种更为直接和经验式的描述常常成为现代时尚美学的理论来源。

福柯首先将推动启蒙的实践理性与公共集体勾连在一起,"应当认为'启蒙'既是人类集体参与的一种过程,也是个人从事的一种勇敢行为……当对理性的普遍使用、自由使用和公共使用相互重叠时,便有'启蒙'";进而强调"现代性有别于时髦,后者只是追随时光的流逝;现代性并不是一种对短暂的现在的敏感,而是一种使现在'英雄化'的意愿"[③]。这些探讨无疑为审美现代性提供了学理层面的合法性,也是探讨包括流行服饰在内的时尚文化消费美学的基础。

2. 使用的快感——消费美学的建构

前文所论及的近代服饰和染织图案,共同之处在于以一种唯美主义的艺术面貌参与了消费美学的建构,满足了社会大众对时尚与欲望的想象。"唯美主义"作为一种文艺思潮兴起于19世纪中后期,其核心思想即倡导生活的艺术化。王尔德把生活艺术化的原则付诸日常生活,"从服装用具到举止谈吐,从室内装潢到书籍装订,从青瓷花瓶、孔雀羽毛、日本屏风到中国明代家具,日常生活的一切方面包括生活用品的选择,无一不奉行艺术化原则以追求审美效果的极致……并且要像威廉·莫里斯所说的那样,'让每一个工人都成为艺术家'"[④]。由此,唯美主义的实践由纯艺术领域进入日常生活层面,并与流行时尚紧密结合起来,成为建构现代消费文化的一个方面。

在比亚兹莱为王尔德的剧作《莎乐美》创作的插图(图21)中,莎乐美捧着死者被砍下的头颅一吻的情景,被唯美主义研究者寓意为一种称为"刹那主义"的美学理念:"'刹那主义'所代表的是一种与众不同的时间观念,即对当前的强调和对过去以及未来的否定;当前成为被关注的焦点,与现在有关的一切,特别是审美,受到突出地强调。……身体、物体等等都成为审美欣赏的对象而得到顶礼膜拜。"[⑤]唯美主义思潮在20世纪20年代由一批中国留日生引介到

---

① 许纪霖,罗岗,等.城市的记忆:上海文化的多元历史传统[M].上海:上海书店出版社,2011:111.
② 刘悦笛.生活美学与艺术经验[M].南京:南京出版社,2007:242.
③ [法]福柯.福柯集[M].上海:上海远东出版社,2003:530-535.
④ 周小仪.唯美主义与消费文化[M].北京:北京大学出版社,2002:4.
⑤ 周小仪.莎乐美之吻:唯美主义、消费主义与中国启蒙现代性[J].中国比较文学,2001(2):74.

中国,受到一群唯美主义作家如邵洵美、叶灵凤等人的推崇,"刹那主义"的瞬间美学与上海发达的商品文化相结合,成为城市消费美学的一部分。陈之佛在对图案的"美"和"实用"要素进行细分时,提到"使用的快感和使用欲的刺激",很大程度上是指涉图案装饰所引发的受众美学意义上的精神反应。陈氏认为的"使用的快感"与佩特提出的"艺术给人以最高质量的瞬间"的观点不谋而合,揭示出消费主义美学的核心意涵。

观看者的视域则从"中观"走向"微观"层面;这种变化带来的效果是造型的特征和动势更为夸张,给观众带来的情绪感受更为剧烈和震撼,进而达到审美意义上的"使用的快感",体验到艺术带来的"高质量的瞬间",把唯美主义者和消费者的兴趣连接在了一起。这种由日常的"中观"视域走向更为"微观"的服饰与图案所带来的"瞬间"消费美学的建构,推动了艺术实践的商品化。

图21　比亚兹莱为《莎乐美》创作的插图

综上所述,在近代中国服饰走向现代的历史语境中,从外在的服饰样式到具有象征意义的图案风格,再到对基于现代商业文明的消费美学的认同,这是一段由表及里、追求世界从同的历史,也是一段异质文化碰撞与融合的历程,某种意义上也从大众服饰与视觉传播的维度呈现了现代性的另一副面孔。

作者李华强为复旦大学新闻学院教师。

视觉事件

节日影视传播中的国家形象初探[①]

崔莉萍

对于国家形象的考察与研究,学术界已形成"热流"与"洪流"——前此不穷、后起不断。观察可以有多个角度、多层视域,仿之于考察一个人的性格,孔子所说的"视其所以,观其所由,察其所安",即是多维度了解一个人。因此,关于国家形象的研究,诸位时望贤人从政治学、国际关系学、传播学、艺术学等多个领域做了不同视角的研究,本文则选取节日影视传播这一现象来考察我们的国家形象传播。

当前,国家形象之所以被政府如此关切,除了政治因素外,很大程度上是基于视觉传播的兴起与繁荣。对形象的关注,历来是人类认知领域的重要研究内容,今天由于多媒体技术迅猛发展,人们对形象的制造、复制、传播速度空前提高,形象的直观性也降低了人类沟通的门槛。因此,在这样一个视觉时代,国家形象的塑造与传播更多地依赖信息技术。考察二十一世纪第一个十年,伴随中国转型期,由农耕社会进入工业社会与信息化社会,国人日常生活发生重大变化,而节日文化恰为这些变革做了充分展演。传统节日在国家提倡、社会重视、民众发扬的基础上跟随科技脚步而历久弥新。本文主要从电影、电视传播角度来考察多媒体技术下的节日传播及其所塑造的国家形象。

一、节日电影传播中的国家形象

信息技术普及之前,尤其是影视艺术飞入寻常百姓家之前,传统重大节日期间通常会举办梨园戏曲活动。古代普通百姓在节日庙会上观赏民间曲艺杂谈,富贵人家则可以豢养私家梨园,或者在节日期间出资邀请名伶进府表演,来庆祝节日。《红楼梦》中的家养戏班就主要供奉贾府节庆或其他重大活动之表演,晚清韩邦庆撰《海上花列传》更是形象描绘穿梭于各种堂会的梨园活动,其他许多明清著作如《二十年目睹之怪现状》《老残游记》等也或多或少走笔而过,都反映出明清以来戏曲在节日活动中的重要娱乐地位。

二十世纪初,影视开始逐渐融入人们的日常生活,电影艺术更成为人们日常消遣娱乐的重要渠道之一,伴随着与农耕文明相唱和的慢节奏梨园行逐渐式微,电影开始代替真人的"唱念做打"普及于人们的世俗生活。在国内,将电影与节日结合在一起始于香港20世纪80年

[①] 本文为教育部人文社科项目(项目编号:12YJC860010)、上海外国语大学规划基金项目阶段性成果。

代的"贺岁片"。① 于彼时起,每到岁末香港演艺圈内的一些明星都会自发群聚,不计片酬拍几部热闹喜气的影片献给观众。这些影片大多以"恭喜发财""家有喜事""福禄寿喜"等象征吉祥如意的词来命名,如《富贵逼人》《福星高照》《八星报喜》《吉星拱照》《花旗少林》《富贵吉祥》《家有喜事》《东方三侠》《东成西就》等等,著名艺人周润发、沈殿霞、曾志伟、周星驰、张曼玉、洪金宝等都曾积极奉献节日喜乐。香港贺岁片首次进入内地的乃是1995年成龙指导参演的影片《红番区》,当年票房仅次于好莱坞大片《真实的谎言》,开启了内地贺岁片之春。此后,1998年冯小刚拍摄了《甲方乙方》,标志着内地贺岁片的滥觞,逐年成例,贺岁片成为春节期间最重要的视觉盛宴。② 近年来,随着中国电影蓬勃发展,春节期间的贺岁档更成为各导演群雄逐鹿之战场。贺岁片吸尽眼球、风光无限,成为春节期间百姓家长里短、茶余饭后重要娱乐话题之一。我国加入世界贸易组织后,内地电影市场长期以来受美国好莱坞以及港澳台地区影视片的冲击,内地电影萎靡不振,无论是电影技术还是故事创意方面都相形见绌。于此局而开一缕春光的当属贺岁片之崛起。因"贺岁"之浓厚中国年意,多数国产电影集一年精华,岁暮揭开面纱,带给国人春节的企盼。因冯氏喜剧最应景,而逐年成例。后众导演追随,逐渐呈百家争艳之景象。

如果从节日时令角度而言,贺岁片不免小之。对于国内外观众而言,贺岁片是摆脱西方好莱坞价值观输入,塑造我们自己形象的绝佳表现机会。考察20世纪末至21世纪初,国内贺岁片题材由喜乐、幽默、轻松的内容渐次拓展至各种内容,竞争激烈、角逐残酷。以冯氏为例,他从最初关注时代轻松幽默之话题逐渐延伸至其他题材,证明贺岁电影不再局限于节日喜庆主题。我们从百度文库中将20世纪末21世纪初内地的一些贺岁片整理如表1:③

表1　20世纪初至21世纪初内地的贺岁片

1993	《东成西就》	1995	《红番区》
1997	《甲方乙方》	1998	《不见不散》《花田喜事》
1999	《没完没了》	2000	《一声叹息》
2001	《大腕》	2002	《呖咕呖咕新年财》《天下无双》
2003	《英雄》《百年好合》《孔雀》《玉观音》《我的美丽乡愁》《老鼠爱上猫》《茉莉花开》《行运超人》《飞鹰》《2046》《周渔的火车》		
2004	《手机》《十面埋伏》《无间道3:终极无间》《鬼马狂想曲》《花好月圆》《魔幻厨房》《向左走,向右走》《地下铁》《安娜与武林》《我和爸爸》《麦兜故事2》		
2005	《无极》《天下无贼》《千里走单骑》《功夫》《情癫大圣》《杨德才征婚》《购物狂》《一石二鸟》《野蛮秘笈》《如果·爱》《喜马拉雅星》		
2007	《墨攻》《父子》《云水谣》《满城尽带黄金甲》《三峡好人》《伤城》《大电影之数百亿》《面纱》《落叶归根》《门》《大城市小宝马》《别拿自己不当干部》		

---

① 贺岁片[EB/OL]. http://baike.baidu.com/view/313929.htm.
② 贺岁片[EB/OL]. http://baike.baidu.com/view/313929.htm.
③ 贺岁片[EB/OL]. http://wenku.baidu.com/view/5855f726bcd126fff7050bdb.html.

(续表)

2008	《凤凰》《投名状》《集结号》《蓝莓之夜》《命运呼叫转移》《大电影2.0》《大灌篮》《棒子老虎鸡》《长江七号》
2009	《梅兰芳》《非诚勿扰》《赤壁(下)》《叶问》《高兴》《疯狂的赛车》《游龙戏凤》《家有喜事2009》《爱情呼叫转移(Ⅱ)》《桃花运》
2010	《花木兰》《风云2》《刺陵》《十月围城》《未来警察》《大兵小将》《孔子》《三枪拍案惊奇》《锦衣卫》《花田喜事》《无人区》
2011	《赵氏孤儿》《让子弹飞》《非诚勿扰2》《新少林寺》《新食神》《72家租客》《神奇侠侣》《财神客栈》
2012	《鸿门宴》《开心魔法》《龙门飞甲》《金陵十三钗》《大魔术师》《亲密敌人》《逆战》《饭局也疯狂》

从表1中,我们可以很清晰地看到在20世纪末,主要还是以贺岁喜庆题材为主,表达节日快乐主题。进入21世纪后,明显非此题材的其他大片也因在元旦、春节前后上映而统一命名为贺岁片,以促使消费者观影。近几年的一些所谓大片基本上也都是在这个时段上映的,如《英雄》《2046》《集结号》《十面埋伏》《无极》《十月围城》《夜宴》《让子弹飞》《金陵十三钗》等等,这些电影在节日前后的首映拓展了贺岁片的表现内容,提升了贺岁片影片质量,而且从既往实践看来,基本也还以国产片数量居多。贺岁片作为节日消费娱乐之重要内容,也引起社会各界对其瞩目。

贺岁片不为我国所独有,西方也会在新年来临之际,首映一些内容轻松、幽默、娱乐的影片,以应节日之景。今天,已经没有多少人会去看传统戏曲表演了(老戏迷若看,也一般只在电视上过过戏瘾),取而代之的,是人们竞相到电影院一睹影片内容。这是科技进步、时代发展的必然,是当下节日视觉符号的时代更新。从节日戏曲到节日电影,不唯技术手段、表现形式发生变化,更深层次地反映了我们对传统不适于时代潮流的节日符号的自动放弃。近年来,有专家学者呼吁,要保护传统文化、传统剧种等等,传统剧种赖以生长的社会环境已一去不复返,若要继续生存,或者改变自己,或者放弃旧有开创新篇。我们看到的现实是,已经几乎无人观看戏曲了,伴随时代前进,这种趋势只会加强,电影作为代替之手段,技术是西方的,表现内容却可以是中国的。但是我们遗憾地看到,国产电影与西方电影相比,还有不少差距。如果就表1中所列之贺岁片进行分析,我们从中能看到中国人怎样的生存状态?传达了怎样的中国形象?

首先,我们的贺岁片中历史题材居多。人们对历史的回顾,往往是源于曾经的光辉荣耀,更因为当下与历史的鲜明对比。目前我国已经超越日本成为世界第二大经济体,国人在经历近二百年贫苦困顿之后再次逐渐品味到富强滋味,个中情怀恐怕也只有那些"祖上曾经阔过、后来奄塞滞涩、再后来重新发迹"的人能够体会。因此,对历史片的热衷,尤其近年来对于汉唐恢宏、康乾盛世的热播,都是这种心理的潜在折射。汉唐康乾重现荧屏更是有目共睹。国人对于历史上曾经强大的中国的迷恋与热衷,昭示着对当下中国迅猛发展的强烈期盼,从弱者到强者令人尊敬,但从强者到弱者再奋起为强者意味着永远的强者与不可战胜,这是当前贺岁片历史题材居多的国人心理背景。当然,历史题材居多的贺岁片,部分原因还在于国内电影审查制度的不完善,还存在一些话题禁区。

其次,贺岁片所宣传的价值观语焉不详或不知所云。当下国际最热的好莱坞电影,大家都认可其以最通俗的方式传播美国西式价值观,好莱坞影片是塑造与传播美国形象的重要手段。反观我们,国产影片传递了中国的什么声音?塑造了何样的中国形象?黄土高原、落后、愚昧、小脚、辫子等不是当前的中国形象,更不是我们要传播的国家形象。我们的时代剧甚少思量,我们的部分历史剧也不知所云。今天,许多国内大片的创作技术水平已渐次比肩世界,但是所传递的声音却语焉不详,不知所云。当前,中国节日尤其是春节在全球广受欢迎,依托于此的各种节日视觉符号也一并传播至全球,放眼全观,外国人所青睐的依然是我们的传统节日元素,仅仅通过红灯笼与十二生肖并不能认识当下的中国,普通西方民众对我们的了解远远不及我们对他们的了解,甚至很多人对中国人的印象还停留在封闭、落后的印象中,尽管他们知道中国已经发展,但是他们并不知道发展中的中国到底是一种什么状态。因此,加强对节日贺岁片的传播力度,是国家形象传播的重要手段之一。

二、节日电视对国家形象的演绎与传播

节日符号在电视传播中的表现,主要有三类:一是节日期间聚焦节日内容的各种综艺节目,比如介绍节日民俗与历史传统的专栏节目;二是围绕节日进行的各种节日综合艺术表演节目,俗称电视联欢会,其中最受国内外瞩目的当为除夕夜的春节联欢晚会,春节联欢晚会始自1983年,未曾间断;三是在节日期间播出的各种电视剧场,往往一些新剧都选择在节日期间播出,以提高收视率。于此三类中,大家各选所爱,成为电视栏目锁定的目标消费群。其中央视每年一度的春节联欢晚会最受国内外瞩目,收视率也足以傲视群雄:"春晚在演出规模、演员阵容、播出时长和海外观众收视率上,一共创下中国世界纪录协会世界综艺晚会3项世界之最,成为中国世界纪录协会世界收视率最高的综艺晚会、世界上播出时间最长的综艺晚会、世界上演员最多的综艺晚会。2012年4月,中国春节联欢晚会获得了吉尼斯世界纪录证书。"[1]央视除夕夜春节联欢晚会,成为国内外收视冠军,部分原因也是与改革开放初期国民娱乐生活相对匮乏,节日消遣选择较少相关,尤其在广袤的农村大地,每年一度守候在电视机前等待春晚的虔诚几可成为"感动中国"的选项。同时,国人除夕夜守岁团圆之际,边欣赏电视节目,边话家常已成为春节现代习俗的重要内容之一。因此,央视最初十年的春晚简直与饺子、年糕比肩,几乎成为春节最经典的现代节日视觉符号。春晚作为当前节日新增视觉符号,已经成为民众日常生活新民俗。

2008年开始,一些地方电视台也开始举行春节文艺晚会,时间选在大年初一或者除夕。海外华人集会,也有举行春节文艺演出的(不一定是晚上),这就说明"春晚"——以喜庆为主题的综合性文艺演出的性质,作为一种文化现象发生了传播,并且出现本土化特征,根植在民众中,这就是民俗。[2] 这种节日新民俗在自我开拓与更新中,与时俱进,撷取每年度热门话题,

---

[1] 春节联欢晚会[EB/OL]. http://baike.baidu.com/view/25245.htm.
[2] 春节联欢晚会[EB/OL]. http://baike.baidu.com/view/25245.htm.

以曲艺、小品、歌舞等综艺形式上演了改革开放三十年历程,不用翻阅教科书与历史文库,仅仅检阅每年一度的央视春晚,就能清晰勾勒出当下中国形象最近三十年的演变。从春晚形制上而言,春晚年年有,吐槽岁岁多,这是一个见怪不怪之现象。从1983年开始,春晚集一年精华,于岁暮揭开面纱,为人们提供除夕夜茶余饭后笑谈阔论的话题。但我们看到,随着春晚播出的年复一年,人们对春晚的批评却日甚一日,既遭非议,为何还持之以恒?尤其是近年来伴随着网络冲击,分散了一些注意力,但是,守岁春晚的仪式却依然孜孜以行,何哉?是什么力量将十三亿中国人与五千万海外华人集中在这一刻?是中华民族的凝聚力。可以说,春晚带给传统节日符号最大的突破,即首次突破空间距离,以视觉影像将中国人凝聚在同一时刻,增强了中华民族凝聚力,也就是跨越传统家族"小团圆"之伦常,更具家国"大团圆"之意,这在以往中华民族历史上是没有的。传统农历新年一直是无数个家族团聚汇聚成民族家国大团圆的时刻,这种大团圆是整体的个体相加行为。而春晚,却借助电视首次实现了全国人民在这同一时刻的共同聚焦,凸显出传统节日维系中华民族的重要纽带作用,这一作用相较历史,在今天更显得弥足珍贵。因为全球化与西方文化的强势进攻,中华文化有被覆盖的危险,因此,今天的节日电视联欢节目在增强国家凝聚力方面意义非凡,这也充分彰显出中国传统文化中的家国团圆、祖国统一的认知,这种认知对于实现祖国统一、凝聚海外华侨力量意义非凡。这应该是我们传递正面国家形象的重要途径,也是打造积极国家形象的有效途径。每年除夕夜零点钟声开启中华又一年,因十三亿中国人的共同关注而产生力量优势,引发世界关注,在这种关注中,看到中华文化的团聚力量,看到中国万众一心的力量,中国在国内可以通过文化的力量做到求同存异,也是对世界文化的贡献,这是对中国形象的极佳诠释。

三、节日电视广告对国家形象的诠释

节日广告是节日庆祝活动的衍生行为,于此庆祝在家庭中就是家庭喜庆愉悦,在商家中就是节日促销与节日贸易。这种节日期间商家营销活动不唯现时所有,在古代就有新年开门利市、招财进宝等吉庆求财行为,伴随此种商业行为就衍生出形式各异的广告,比如各种节日招牌、幌子、旗帜、传单、促销等广告行为。

幌子大部分是一年四季固定不变地挂在店铺前,但也有依季节和时令而临时出现的。如正月十五我国传统的元宵节,这天家家户户都要吃元宵。此时,经营元宵的商店(主要是糕点铺)在元宵节前,便把元宵幌子用长杆从屋檐下向外挑出,使人们老远便可见到。此幌一般在阴历腊月挑出,第二年正月底取下。扇幌也是季节性的:每年一过端午节,天气逐渐变热,字画店便将一特大折扇挂在店前,招引人们前来购买、修理纸扇或画扇面。立秋后天气转凉再将此幌取下收好,待来年入夏再用。[①]

这些招牌、幌子、旗帜直至20世纪民国时还四处飘摇,一直是传统节日用于营造节日祥和气氛的重要装饰之一。电视普及之后,节日广告除了在平面媒体上继续攻坚作战外,更加

---

① 孙顺华.中国广告史[M].济南:山东大学出版社,2007:16.

重视电视广告的传播有效性。

综观当前节日电视广告,新气象有:围绕节日主题展开的各类商家广告和公益广告;节日期间各种综艺节目中的植入式广告;春节期间的贺岁广告。

关于节日商业广告,这个自古有之,现今只是凭借技术手段更丰富了商业宣传与促销方式,泛而不论。关于围绕我们传统节日而展开的一系列旨在保护传统节日的公益广告最近几年时刻刷新屏幕,是一项有意义的为保护传统节日而进行的广告宣传活动。此系列广告不为商业目的,反而转向自身,为宣扬传统节日而设。

2009年1月21日,广电总局办公厅向各省、自治区、直辖市广播影视局,新疆生产建设兵团广播电视局,中央人民广播电台,中国国际广播电台,中央电视台,电影频道,中国教育电视台发出《关于做好"我们的节日·春节"主题公益广告集中展播工作的通知》,该通知中说,为充分发挥广播电视公益广告在宣传中华民族传统节日、弘扬优秀传统文化中的重要作用,引导人民群众进一步了解、认同并过好传统节日,中宣部、中央文明办、国家工商总局、国家广电总局、新闻出版总署组织开展了"我们的节日·春节"主题公益广告制作刊播活动,并选定10件广播作品和3件影视作品进行集中展播。①

从2009年开始,除了央视之外,地方各媒体机构也积极响应中央,制作各种关于节日的电视公益广告②,如福建三明电视台、南京市委宣传部、南京文明办、南京广电集团组织的南京市"我们的节日"公益广告片大赛③,笔者在百度百科上搜索"我们的节日电视公益广告",通过广告专题网、中国公益广告网浏览近四年来有关节日的电视广告,印象如下:首先,表现春节的电视广告要远远多于元宵节、清明节、端午节、七夕节、中秋节、重阳节等节日;其次,广告内容基本是节日传统民俗电视版,把现实空间的节日活动记录通过电视媒体播放,鲜有内容创新;再次,以动漫形式进行广告演绎的形式在节日电视广告中占有一席之地,并且动漫形式的表现方法逐渐具有中国水墨画味道,有一定创新。但基于水墨画的原创基础,艺术审美有待提高。这就是笔者在浏览网络上关于"我们的节日"电视广告时最深刻的感受。

电视广告对节日本身的宣传,彰显出政府与社会保护传统节日的热情,电视也是一种大众传媒,在传播数量上具有重大意义,尤其是网络流行之前。如果节日电视广告是国家形象传播重要途径的话,那我们从其公益广告中看到了传统习俗的回归。电视广告中情意浓浓的传统节日符号恰似一抹乡愁,让我们寻找到共同的精神归宿。客观说,这是一件好事,因为新中国成立后,有一段时间我们对传统的东西弃之如敝屣,并在科技兴国的口号下疏远了传统文化,这是第一次抛弃;第二次抛弃是改革开放后,人们将眼睛盯紧自己的腰包,没有时间与精力去考虑传统的风雅,生存是第一位的,尤其是看到世界其他人民的生存条件后,国人首要任务更是充实自己的腰包,贫穷国家的人民没有尊严可言,因此,大家用三十年时间实现了中

---

① 广电总局办公厅关于做好"我们的节日·春节"主题公益广告集中展播工作的通知[EB/OL]. http://www.sarft.gov.cn/articles/2009/01/24/20090124103408501002.html.
② 朱克燕.地级市电视台传统节日公益广告宣传探析[J].东南传播,2011(10).
③ "我们的节日"公益广告片大赛[EB/OL]. http://www.wmnj.gov.cn/wmnj/wmzc/2010/1215/1389.html.

国近二百年来的第一次富足,于此之下,才将目光重新投向文明礼仪。故而,当前对传统节日的提倡都是这一时代状态的真实写照。因此,在刚刚将目光回视的过程中,看到的都是过去,沉浸在历史曾经的辉煌中,还没有来得及对内容进行辨析与创新,因此,我们看到的节日电视公益广告,多数内容依然是旧有节日符号,回视内容多,时代符号少,其实传递的还是传统中国国家形象。此为旧,尚有新——内容是节日旧符号,形式却是新表达。电视广告用动漫形式创作,近年来是世界趋势,但不同民族与国家动漫创作的形象却千差万别,比如迪士尼动画、日本动漫等,都具有鲜明特色并风靡世界市场,中国作为后起之秀,动漫造型特色不鲜明,还不足以与美日抗衡。二十世纪五六十年代,我们创作的如《师生情》等动漫却具有明显民族风格,这一风格后来在改革开放中一股脑面向"朝西"过程中被遗忘了,随着近几年中国广告协会提倡"中国元素广告大赛",央视几则重要作品如《相信品牌的力量》等将水墨运用至电视广告创作中,耳目一新、与众殊异,大家看到水墨的力量后而蜂拥而起,因此我们在这几年的节日电视公益广告中看到传统国画淡然优雅的境界,中国味浓厚,这不失为一种创新。因为中国书画一道为我独有(日韩受我们影响不论),但是在当前世界艺术中却不能与西画比肩,即使在国内也有茕茕落寞之憾。让国画发扬光大的却是多媒体技术,大大丰富了动漫形式,营造极强艺术审美。在当前中国传统艺术集体衰落的情况下,国画艺术却通过多媒体技术在中国创新发展,这种水墨晕染中的淡雅中国形象透过信息技术被诠释得淋漓尽致,将中国文化中那种"淡泊以明志、宁静以致远"的志趣表现得触手可及,这是节日电视广告对中国形象创新的贡献。尤其在当前全球化时代,每个国家都可以透过电视手段,赋予自身以经典文化符号,来传递自己的国家形象,而我们的书画中国、水墨中国就是我们传播形式的创新,这种传播方式,摒弃了我们改革开放三十年来积累的暴发户习性,展示了悠远祖国曾经的雍容与气派,即使对于国民教化,也是春风化雨。

另外,关于春晚植入广告与春节贺岁电视广告,基本都属于节日商业广告范畴,春晚植入广告已成为商家争夺的重要商机,有研究者将其归为五类:"(1)企业新春贺电榜;(2)最喜欢的春节联欢晚会节目评选活动的冠名和奖品提供商;(3)观众席桌上摆放产品;(4)主持人和节目中的道具;(5)产品信息植入演员的台词或歌曲中。"[①] 这些比较客观地描绘了当前春晚植入广告的传播状态。春晚植入广告不仅为商家带来重利,央视亦受其惠,看来春晚植入广告仍然会成为春节期间广告传播的重要方式之一。

"电视贺岁广告"这一称谓大约有借鉴贺岁片的成分,主要是指春节期间商家围绕节日展开的广告活动。自己贺岁不足为奇,但近年来一些入驻中国本土的国际品牌进行贺岁广告则显示出其入乡随俗、进行中国本体营销的方略。众多在华国际品牌中,经营春节贺岁广告风生水起者非可口可乐莫属。

可口可乐从1999年开始,在中国春节期间推出了贺岁广告《风车篇》,其广告中展现的全部外景是黑龙江省的一个小村庄,而且广告中的全部人物也来自这个村庄。2000年,可口可乐推出其广告新作《舞龙篇》,由于龙是中国传统的吉祥物,舞龙更是中国传统节日的庆典节

---

① 陈漫.春晚节目里植入式广告效果浅析:以2010年春晚节目为例[J].新财经(理论版),2010(1).

目之一,因此广告一经播出,随即就受到了广大公众的好评。2001年新年,可口可乐又演绎出一场完美的深具中国文化特色的广告风暴:推出全新的具有中国乡土气息的《泥娃娃阿福贺年》广告片,此片以一个富有中国特色的北方小村庄为场景,并用极富人性化的泥娃娃全家喜迎新年的中国文化为主题,用全家饮用可口可乐来衬托祥和、愉悦的喜庆氛围。广告片中所有的造型场景都采用了黏土工艺,使得整体画面感觉更加生动、流畅。《泥娃娃阿福贺年》广告片于2000年12月下旬开始投放,一直持续播出到2001年春节期间,该广告播出后,消费者更加认同了可口可乐的品牌形象。①

2001年,可口可乐通过调查发现,身着红色小肚兜、头顶一撮发的小阿福形象是最受欢迎的新年吉祥物之一,完全符合可口可乐的本土化战略。于是,可口可乐在2002年、2003年、2004年、2005年春节连续四年配合春节促销活动分别推出了小阿福、小阿娇拜年的系列品牌活动——2002年推出《春联篇》,2003年推出《剪纸篇》,2004年推出《滑雪篇》,2005年则推出《金鸡舞新春篇》。这些具有强烈中国色彩的广告把可口可乐与中国传统春节中的民俗文化及元素(如鞭炮、春联、十二生肖等)结合起来,传递了中国人传统的价值观念——新春如意、合家团聚。②

通过百度搜索可口可乐春节贺岁广告,欣赏之余,不得不钦佩可口可乐公司的强大营销策略。有着百年历史的可口可乐公司,对广告的重视令人叹为观止。可口可乐公司是一个极重视广告的国际企业,"如今可口可乐在全球每年广告费超过6亿美元"③,其同样重视在华广告,是国际品牌在华推出春节贺岁广告的佼佼者,也是国际品牌中较早运用中国元素符号进行创意设计的企业之一,并深得精髓、浑然天成。可口可乐早在1997年就推出了春节电视贺岁片,其贺岁片选择了典型的中国元素,运用对联、木偶、剪纸等中国传统艺术,通过贴春联、放烟花等民俗活动,强调"回家""团圆""喜庆"等主题,来表现中国浓厚的节日韵味,甚至比国内很多企业的贺岁广告更具中国风。与国际品牌在华本土化的贺岁广告相比,中国企业在本土的节日广告推广力度等方面捉襟见肘,当然,这其中自然不排除可口可乐聘请具有实力的4A广告公司提供创意等因素,但是一个国际品牌对中国节日的诠释足以让人忘记其国际身份,好像自家人一般。将中国节日视觉符号再现,并诠释得更具中国范儿,无论如何都值得国内企业去借鉴学习。可口可乐公司通过借用中国文化符号,在华推广了其作为碳酸饮料的西式饮食方式,从其销售效果来看,是相当成功的。表面上看,只是一种饮食方式的变更,如同麦当劳汉堡快餐等,深层次则是西式价值观的潜移默化。饮食方式是文化的一种,中国传统茶饮方式产生的是茶道,喝茶有讲究,有品位,如同林黛玉在妙玉处讽刺宝玉说,"一杯为品、二杯为饮、三杯四杯就是饮牛饮马",此话当然为过,但毕竟有理趣。实践活动本身蕴含真理,当某种实践活动衰微,伴随其本身的真知也会被束之高阁,这就是当下传统书画不兴、传统戏剧不振之根本原因。饮可口可乐的人多了,

---

① 简析可口可乐的"四种营销利器"[EB/OL]. http://www.chinairn.com/news/20120924/722271.html.

② 可口可乐春节"带我回家"营销的经典[EB/OL]. http://guide.ppsj.com.cn/art/3967/14346357/.

③ 朴英兰. 可口可乐:作为外国品牌,而积极融合中国文化,实施广告本土化策略的典范[EB/OL]. http://club.cyworld.com.cn/202000030256/.

喝茶者自然少,伴随着喝茶之旷古高雅之茶道也鲜有人问津。传统古籍中关于饮茶之记载也逐渐令人费解,人们只向便易处行,年深日久,问茶文化者少,饮可乐者多,这是一种隐性文化殖民方式。在国家形象传播过程中,对于这种文化隐性殖民方式必须要有足够清醒的认识。不唯此一道,今日西方节日在中国的广布亦是异曲同工。如果展现的国家形象是一群喝着可乐、吃着汉堡、过着圣诞节的场景,那不是中国形象,那是西方形象,至少不是我们要传递的国家形象。因此,对于传统节日视觉符号的运用、展现、创新不仅是我们应对国际文化发展趋势时所要坚持的,更是我们在国内应身体力行的。全球化带来相互渗透,但目前多数是西方渗透,中国对世界的影响程度还有限,在走向世界的同时,也同样要在国内坚守传统节日视觉符号的创新设计,这是至关重要的(这是形象的相互渗透)。

中国政府也逐渐认识到主动掌握话语权、主动进行文化输出的重要性。我国商务部在2009年末向全球发布的从"made in China"到"made with China"的广告,正是积极地向世界宣传中国制造的主题明确的广告片,其发起了一个好的开端。这则广告发布的背景,是前几年世界上有些国家到处宣扬中国制造威胁其本国就业,并针对中国产品质量进行歪曲,沸嚷之声甚嚣尘上,商务部推出该广告进行应对。广告强调"made in China"的产品实际上是全球大合作的实现,从产品原材料、设计、加工到运输等各个环节是各国通力合作的结果,因此广告要告诉世界的是"made with China"的产品,对全球各国来说,每个国家都是其中一环,没有彼此。虽然是一则形象广告,但是其背后折射的还是西方国家根深蒂固的对中国发展的不信任,西方国家往往视中国发展为威胁,经常宣扬中国人抢走他们的就业机会,或者宣扬中国的产品质量差等等,其实质都还是对中国发展的不信任,也反映出"中国威胁论"在西方国家还是比较盛行。为应对这一局面,中国政府继2009年末商务部推出从"made in China"到"made with China"的全球广告后,2011年1月在美国纽约时代广场推出中国国家形象宣传片,这可视为中国政府关于国家形象传播战略的重大发展,是继北京奥运会与上海世博会之后又一构建国家形象的有力举措。值得关注的是,该宣传片直接进入此前我国国家形象传播力薄弱之地——美国,由守转攻,标志着长期以来我国国家形象从"他塑"(被塑造)到"自塑"(掌握话语权)的重要转变。百度百科这样介绍中国国家形象宣传片:

> 国务院新闻办公室启动国家形象系列宣传片的拍摄工作,该片是为塑造和提升中国繁荣发展、民主进步、文明开放、和平和谐的国家形象而设立的重点项目,是在新时期探索对外传播新形式的一次有益尝试。宣传片内容共分为两个部分:一部分是30秒长度的电视宣传片;另一部分是15分钟长度的短纪录片。国家形象系列宣传片自立项以来,得到了社会各界人士的踊跃参与和民众的广泛关注。2011年1月12日,国家形象宣传片的人物篇已经制作完成,1月17日亮相纽约时报广场。①

如果说商务部推出从"made in China"到"made with China"的电视广告是为了应对世界

---

① 中国国家形象宣传片[OL]. http://baike.baidu.com/view/4011060.htm.

上其他国家对中国产品的质疑,那么中国国家形象宣传片则是国务院新闻办主动发声,试图以新的方式对国家形象进行的诠释。通常说来,策略应对有两个层次:第一层次是面对质疑而释疑;第二层次是用自己的方式来诠释自己,引导世界对中国形成有利于我们自身的认知与观点。这两则广告显示出政府已然意识到仅仅释疑远远不够,还必须自己诠释。客观来说,政府目前对国家形象传播已显示出积极主动的姿态,孔子学院在全球遍地开花,以春节为契机,各驻外国使馆近年来展开的各种"中国文化年"、中国春节文化活动等,都是政府主动引导、积极塑造传播国家形象的具体行为。国家形象广告开启了时代广场的"中国广告热",上海、成都、井冈山、苏州等地的城市形象广告或旅游广告也相继登上时代广场广告牌。2011年8月,新华社从美国《金融时报》手中接手了一块18米高、12米宽的广告显示屏,更为中国广告出现在时代广场提供了方便。2011年8月1日,五粮液酒的形象宣传片在时代广场亮相。2012年3月始,长江三峡与大足石刻等中国世界文化遗产开始在时代广场集中亮相;3月17日,格力电器的形象广告宣传片在时代广场大屏幕上播出;3月26日,一幅绚丽的双虎家私蓝图,也出现在时代广场;4月9日,巨人网络游戏作品《征途2S》最新形象片也闪亮登场。在纽约时代广场这个世界的十字路口,每天有近50万人次川流不息,每年吸引着4 000万来自世界各地的游客,这是全美人气最旺的地点,也是户外广告的黄金地段。①

主动出击,旨意清晰,但是对自己想要诠释的国家形象是否表达得准确,或者说想要传播的国家形象是否被西方人接受或认可则是另外一回事。据凤凰卫视评论员吴非先生针对我国国家形象广告在美国的调查发现,广告效果微乎其微。他指出,首先,国家形象篇中的人物虽然为中国人所熟知,但并非西方人也熟知;其次,广告通过一帧帧中国人物想要表达的思想,不少西方人看不出来。吴教授所言极是。这则在我国国内评价较好的国家形象广告并不被美国人认可与接受,究其原因,是我们自以为是地认为我们知道的美国人也应知道。相比可口可乐公司在中国春节期间的贺岁广告片,广告效果高下立现,传播精神大相径庭。因此,我们的广告创意者应清晰地知道要传播什么样的国家形象,塑造何样的国家形象,这才是问题核心。

好的开端固然重要,坚持下去才是探索真知。国家形象广告总算是开启了我们发声的主动姿态,但是讲什么故事、怎么讲将是未来重要内容。无论内容怎样,我们还是要肯定2011年春节期间的国家形象广告在纽约时代广场的播出,其意义大于形式。

总之,国家形象建构是个大工程,涵盖面极广。良好形象的建立关乎有效的传播方式,从民间的、非政府途径进行传播,是软性传播的一种方式。在当前多媒体技术、视觉传播的时代背景下,关注深受大众喜爱的影视传播形式,探讨节日影视传播这一渠道所进行的国家形象的演绎发展,是本文的尝试与努力。

作者崔莉萍为上海外国语大学新闻传播学院副教授,复旦大学新闻传播博士后。

---

① 纽约时代广场掀"中国广告热"[N].羊城晚报,2012-05-08.

城市景观的新"文化资本"营建与视觉语构
——以俄罗斯索契冬奥会为例

张榉文

一、"城市文化"与"城市文化资本"的视觉建构

德国历史哲学家奥斯瓦尔德·斯宾格勒曾在《西方的没落》一书中写道:"人类所有的伟大文化都是由城市产生的。"[1]作为人类聚居地方的城市,其产生发展的时间虽然只占人类历史长河中的千分之二,却创造了人类巨大的物质财富与精神财富,累积着人类的文化。而文化即是一种资本,城市文化同样具有资本的属性。"城市文化资本"理论的提出是受到法国文化社会学家皮埃尔·布尔迪厄"文化资本"理论的影响,其强调的是"城市业已存在的精神文化、物质文化、制度文化和财富的'资本性'意义"[2]。

城市景观作为一个多元素构成的复合体,既是城市文化的视觉外化,文化继承与发展的重要维度,同时也是城市文化的地域空间构成与文化视觉系统的重要组成。在城市景观中,"城市文化资本"的视觉建构具有强势文化的表征性、文化符号的传播性、传统文化与时代意志的平衡性。

首先,"城市文化资本"的视觉建构具有强势文化的表征性。城市文化有其构成的复杂性,文化具有多元相交的变化属性。城市文化虽然是一种具有显著地域性特征的文化,但并非由单一文化元素构成,其表现为民族文化、地方文化、世界文化、传统文化、现代文化等的综合建构,这些多元文化在不同时期、不同历史条件下显现出不同的融合模式。然而,在不同文化间的融合中,不存在等势状态与绝对的平等性,强势文化与弱势文化之间存在的是渗透与被渗透、主导与边缘化的关系。同样,对于城市空间中城市文化资本的视觉建构,这种视觉转化的多元文化之间亦不存在绝对的均衡、等比、全面的视觉符号转化,而是表现出强势文化的被选择性,体现强势文化视觉主导化与弱势文化的附属边缘化。即在城市景观设计中,城市文化资本的视觉建构是强势文化的被选择与表征。

---

[1] [美]帕克,伯吉斯,麦肯齐.城市社会学——芝加哥学派城市研究文集[M].宋俊岭,吴建华,王登斌,译.北京:华夏出版社,1987:2.

[2] 张鸿雁.城市形象与城市文化资本论——中外城市形象比较的社会学研究[M].南京:东南大学出版社,2002:4.

其次,"城市文化资本"的视觉建构具有文化符号的传播性。城市景观构成的文化象征与文化符号具有鲜明的资本属性和资本意义,而这种资本性也通过城市景观的传播属性得以实现。美国著名城市学家伊里尔·沙里宁曾经说过:"让我看看你的城市,我就能说出这个城市的居民在文化上追求的是什么。"[①]城市景观作为一种视觉感知物与城市形象的文化符号视觉表征,其传播模式可分为直接传播与媒介传播。直接传播即受传者通过与传播主体直接接触引发的一种文化传播,城市景观具有的功能性、艺术性、文化性使进入空间的人能够直接接受城市文化的传播。城市景观的直接受传者是以城市景观设计的目标受众人群、旅游观光人群为主体。媒介传播是指非直接接触,通过第三方媒介手段而达到文化的传播效果。这种非直接传播模式的传播范围更加广泛并突破时空的限制,甚至通过传播媒介的二次艺术加工可以达到更好的传播效果,提升传播主体的价值含量。城市景观的文化符号可以通过书籍、报纸、期刊、电视、广播、电影、互联网等大众传播媒介对未到达景观空间的人群进行传播,而这一部分人群往往是非目标受众、不定人群,在设计过程中是设计师考虑的次要群体,但是通过媒介传播的效果可以转化为直接接触受众。城市中的"第一景观"、标志性景观是城市文化符号的代表,也是得到城市民众认同的城市文化符号,通常这些景观是以更加频繁的直接传播、媒介传播模式来进行对外呈现与传播的。

再次,"城市文化资本"的视觉建构具有传统文化与时代意志的平衡性。城市景观是城市文化历史的信息叠加载体,景观设计中,文化上的传统文脉延续、城市文化吻合、城市居民的文化认同,视觉上的环境和谐、城市视觉符号融合等问题都是设计师重点考虑的,也是环境艺术设计、城市景观美学、环境美学等理论所倡导的。但是,在城市景观的视觉建构中,又具有强烈的"分离"特性要求。鲁道夫·阿恩海姆曾在其著作《艺术与视知觉》中论述了在人眼呈现的物体需要具有人眼可感知的从周围背景分离的特性,并引用了歌德"显现与分离是同义语"的说法,即"只要物体想把自己显现出来,就必须有分离"。[②] 城市景观设计也同样需要这种视觉显现,即设计中的视觉分离,而城市景观中时代意志的视觉呈现是显现的,与传统文化符号相分离的重要元素。在历史发展进程中,每个时代都有自身新的文化意志,而这种新文化与时代意志的构成中必然具有一定的反传统或传统文化演化的成分。这种矛盾性、差异性、异质性在设计中加以运用体现,则需要设计师把握视觉建构中的传统文化与时代意志的平衡性。

二、城市景观设计的新"文化资本"营建与城市形象传播

城市景观是城市文化的艺术化再生产,本身即具有资本价值属性。在设计中通过原文化资本的视觉转化,进行价值提升,既具有新文化的引导性,又成为城市新"文化资本"构成的重

---

① 周岚,何流.中国城市规划的挑战和改革——探索国家规划体系下的地方特色之路[J].城市规划,2005(3).

② [美]鲁道夫·阿恩海姆.艺术与视知觉[M].滕守尧,朱疆源,译.成都:四川人民出版社,1998:91.

要物质载体,同时其直接作用于民众的日常生活,是新文化形成的重要外力。城市景观设计的新"文化资本"营建理论研究不是一个单纯的学术问题,其具有理论研究价值与实际应用价值,对城市建设与发展有着指导意义,并推动城市形象的营销与传播。

城市景观的资本属性,不只是表层的空间物质实体、视觉感知物、城市生活方式载体等的价值引发,而是更加复杂和具有深层意义,其资本属性中涵盖巨大的文化价值与由文化价值、艺术价值等转化而成的经济价值。设计师在城市景观设计中,运用设计手法进行艺术加工,将原城市文化转化为视觉实体,产生文化价值、社会价值、艺术价值与经济价值。在原城市文化的视觉建构中,设计师在环境设计原理、城市美学理论、视觉心理学原理、符号学等理论的指导下,希望这种艺术化再生产能够提升转化的资本价值量。然而,城市景观设计的价值含量远不止于此,城市景观的新"文化资本"营建则使城市景观的价值更大化。

城市景观设计的新"文化资本"营建实质上是需要在视觉建构中,景观的符号文化与原城市文化具有一定的割裂性,这其中的差异性、差别距离恰恰可以促使价值资本的生成。将城市景观设计作为一种新的城市文化资本、新的城市视觉符号、新的城市视觉标志是每个设计师所追求的,这是设计师在设计中对不同性、显现性、创新性的倾好,也是艺术的本质部分,是设计师的努力目标,设计师欲求的个人作品的价值呈现。然而,对于城市景观的新"文化资本"建构,很多历史事件、社会变革、艺术风格流变等则成为新资本形成的重要推动力。城市景观作为城市形象的物质载体、视觉外化,是城市形象传播的重要图像构成。视觉图像具有极强的传播力,作为新"文化资本"的城市景观的图像构成首先需要具有持久的可审美性,这是图像视觉生命力的一种体现,也是艺术价值量的表现。其次,城市景观的图像构成需要具有符号的社会认同性。城市形象是城市凝聚力、市民归属感创造的重要元素,城市景观视觉符号建构的民众认同性是凝聚力发挥的前提条件。再次,城市景观的图像构成需要城市文化特征的凸显。在全球化背景下的今天,城市建设出现"千城一面"、城市文化视觉"同质化"、城市的"特色危机"等现象。然而,不同城市的地理位置、气候条件、历史经历等因素构成了不同的城市文化。城市景观作为城市文化的空间视觉呈现,需要表现出城市文化的特色性、独特性。城市文化的这种不同性特质则正是建构城市形象、创造城市文化资本、城市形象传播的重要价值来源。

三、2014年索契冬奥会景观设计的视觉语构与资本营建

索契,俄罗斯最狭长的城市,依山而建的建筑与道路,峰回路转的视觉接受。考察索契冬奥会景观设计的视觉语构,在空间布局上,场馆采用"双中心"的布局模式,场馆景观分布于沿海场馆群和山地场馆群两大区域。索契冬奥会景观设计不仅仅是城市空间的视觉建构,更重要的是成为国家形象对外传播的视觉构成。那么,在视觉设计中的民族性与时代性的表征缺一不可,这也在很大程度上提高了视觉建构的文化价值含量。索契冬奥会的多元化设计,运用视觉隐喻、有机建筑理念、高技派、色彩学等多种手法进行视觉建构,形成了具有时代性、民族性、前瞻性、文化性、艺术性的符号化的视觉语言。

对于索契冬奥会带来的后奥运时代的资本营建,作为城市新文化——奥运"遗产"的资本运作,索契结合城市特色进行城市文化资本再建构。索契冬奥会除了进行城市基础设施、宾馆、酒店、交通等旅游配套资源优化建设,功能变更也成为新资本营建的手法。一些体育场馆建筑将转换为购物中心、娱乐设施、会展中心等,奥运村和媒体村被改造成住宅公寓、酒店等。① 作为以旅游业为主要经济产业的城市,最需要拥有"明星"景观效应。视觉建构中的这种效应很多是利用聘请知名设计师、建筑高度与造价等的首位效益,以及文化遗产的历史长时性引发。而冬奥会的强势传播与纪念意义同样为索契带来这种景观效应,构成城市的新文化资本。同时,获得冬奥会举办资格将引发该国民众的民族自豪感、国家凝聚力,这种情感会转化为对新景观的认同感,而这种认同感正是建构城市新"文化资本"的基础。

索契冬奥会景观设计为新"文化资本"的建构提供了有利条件。第一,历史事件、社会变革、国家事件、艺术风格流变等作用下的视觉建构是新"文化资本"形成的重要推动力。相较于设计师个体的设计思维,事件驱动将发挥更大的作用,这也满足了城市景观设计的新"文化资本"营建所需要的与原城市文化的割裂性、差异性,而成为新的城市视觉符号、新的城市视觉标志。如上海的第一景观,被称为"万国建筑博览群"的外滩建筑群的建成即在城市空间的视觉环境中改变了原城市文化,成为当时上海新文化形成的有利推动要素。上海由于1843年的开埠,由原有的中国传统江南文化转变为中西融合的海派文化,这是在一个特殊历史时期下产生的文化变化。再如悉尼歌剧院的设计,正值后现代主义建筑思潮开端之时,这种建筑风格与之前的现代主义建筑风格具有很大的差异性,丹麦建筑师约恩·伍重设计的这座后现代主义建筑在一个不具备很深厚历史文化的城市中创造了新的视觉文化象征符号。索契举办2014年冬季奥运会,奥运会对于全世界、承办国来说都是重要事件,在事件驱动下建设的体育场、城市景观则具有城市新"文化资本"营建的有利条件,是运用城市景观设计建构新"文化资本"的有利时机。

第二,奥运会的传播优势对于新"文化资本"建构的外力作用。从2007年7月国际奥委会第119次全会确定俄罗斯索契获得第22届冬奥会举办权,到2014年2月冬奥会举行,这7年的奥运筹备期,虽然比赛场馆、景观还在建设中,却已经开始对外传播与接受关注。在奥运会的举行过程中,近百个国家的运动员参赛,这些人都接受了景观的直接传播,这种受众人群构成相较于其他城市景观是占有优势的。同时各国媒体的转播,使媒介传播方式的受传者更加广泛。借助奥运会的事件驱动,城市景观获得了强势传播。

第三,索契冬奥会的景观建设具有资金投入的优势。工程项目的建设费用也是影响城市景观视觉呈现的重要因素之一,一般情况下,奥运会的体育场馆、景观建设会作为举办国家城市建设中的重要项目获得资金投入,因为其对国家形象与实力起到巨大的对外传播作用。而在历届冬奥会的投入经费中,俄罗斯的投入最多,费用超过了历届冬奥会之和。②

---

① 付革,白雨.国外体育设施建设布局研究——以索契冬奥会体育设施建设布局为例[J].内蒙古体育科技,2014(1).

② 张敏.索契,不只是冬奥会[N].中国贸易报,2014-03-04.

索契冬奥会组委会主席德米特里·切尔内申科在接受采访时指出,冬奥会的影响深远,它"改变了主办城市的基本面貌",使索契从一个地区性夏季旅游胜地变成全年候的世界级商业与旅游中心。[①] 城市空间的视觉建构为索契带来了新的文化资本,是索契的奥运"遗产"。城市景观运用自身的视觉语言,表达着城市文化、民族精神和时代意志,传播着城市形象与国家形象,是一种空间语言、符号语言、图像语言和艺术语言的综合语构。在城市景观的设计中,关于城市文化认知、城市文化资本的视觉再生产、视觉建构中城市新文化的引导、新"文化资本"营建、城市形象传播等理论研究具有理论价值与实际应用价值,对于城市建设与发展具有指导意义。

作者张榉文为复旦大学教育中心讲师。

---

① 德米特里·切尔内申科.索契欢迎您[N].人民日报,2013-12-27.

冯氏版春晚：国家仪式的民间介入

王 晶

作为"新年俗"的春节联欢晚会已经走过 30 个年头，2014 年的春晚因其有着太多的第一次改变而显得尤为独特：第一次向全社会邀聘总导演，第一次由电影导演担任总导演，第一次有了春晚先导片，第一次在节目中自我调侃。本文运用视觉文化研究的理论，通过"拉片"的观看方式，对 2014 年春晚进行总体解析与细节剖析。

一、春晚在话语权分散中呈现文化间共振

1. 平视的意识与话语权的分散

这是一个同时崇拜"天王巨星"与"草根明星"，并以"为自己代言"为口号的时代，"话语权"正在日益分散，而文化之间的"互动性"则日益增强。"视觉转向"的时代特征在将精英文化推向边缘、消解其光环的同时，也通过高雅文化的泛化推动了更为公平的文化共享空间的形成，使大众获得了言说权利。[①]

走过 30 年的春晚被赋予了太多的东西——政治的、文化的、国家的、经济的，这些宏大叙事功能甚至超越了晚会本身，使得春晚变成一种宏大的仪式，由此形成的条条框框不同程度上捆住了主创人员的手脚。2013 年 6 月，中宣部部长刘奇葆到中央电视台调研，第一次把春晚提高到"国家项目"的高度，并提出"开门办春晚"的指导原则。其后，春晚总导演一职首次由非央视导演的冯小刚担任。

冯小刚是一位具有强烈的平民意识的导演，他始终把目光投向"个体的人"的精神状态，以平民的视角，以关注现实的情怀，执着地讲述着"民间话语"，满足了普通百姓的心理欲望。此外，开创中国电影"贺岁片"类型并夯实了领导地位的冯小刚，对中国的年文化也有着深刻的理解。因此，在 2014 年央视春晚发布会上，总导演冯小刚表示要着力解决的正是虚假空洞的问题，而春晚的基调也定位为"真诚、温暖、振奋、好玩"。

与往年不同的是，本届春晚在舞台节目正式开始前，播出了一段被称作是春晚先导片的《春晚是什么》，这一做法本身恰恰体现出本届春晚的反思精神。片中，成龙、姚明、韩美林、陈道明、马云等一批明星大腕，与老奶奶、厨师、出租车司机、小商贩等一个个普通市民共同出

---

① [美]W.J.T.米歇尔.图像转向[A]//陶东风,金元浦.文化研究(第 3 辑).天津:天津社会科学出版社,2002:13.

镜,讲述、解释、质疑,甚至是"吐槽"了他们心中的春晚。话语权的分散也使得连续 24 年未曾缺席的宋祖英、自 2007 年开始年年亮相的谭晶等民族唱法歌唱家不再登上春晚,而由王二妮和阿宝两位草根歌手替代。由《直通春晚》选送的杂技《梦蝶》和由《星光大道》选送的创意器乐《野蜂飞舞》也登上了春晚的舞台。而由《星光大道》选送的雪儿,也获得了与郎朗携手演出《野蜂飞舞》的机会。这种话语权的分散与杂糅,不仅使话语表述更加平等,也带来了深层次的思考。

2."国家仪式"与"私人订制"的融合

现代社会中的媒体担当了大部分的文化重塑作用,电视节目在很大程度上起到了形塑国家"共同想象"的作用,而春晚在某种意义上建构了整个民族春节叙事的公共话语空间。但郭镇之教授认为,如今的春晚已经变为一场超级表演与媒介事件,变为一种推销文化品牌的国家仪式[1],"国家"充当了春晚的主角,传递着举国同庆的信息。这使得本应属于每个家族的庆典成了整个国家的庆典,并由此进入了一个公共的情感空间,个体之间的情感交流变成了公共意识的传播,个体的主动参与变成了集体的被动旁观,在早已设置好的议程中完成春节的仪式。在这里,观众个体是缺席的,有的只是国家全情投入地自导自演,以及个体兴致勃勃地被动欣赏接受。

从文化传播的角度来看,春晚不应是"私人订制";从众生狂欢的角度来看,春晚也不应是"国家仪式"。除夕夜,人心指向只在"家",这也恰恰是中国的"狂欢节"与西方狂欢节的不同之处——中国除夕的狂欢节是基于家庭聚合之上的。因此,解决家庭聚合与外出狂欢的唯一办法,似乎就只有通过电视来构筑一个虚拟的狂欢世界,如此一来既能够与亲人团聚,又享受节日狂欢的状态[2]。因此,关于"家"的讲述应是春晚的逻辑起点和核心内涵。

在春晚先导片中,由万马奔腾、摩托大军、铁路人潮所组成的最后一组画面,所表现的是艰难回家路,是"想你的 365 天",这个"你"就是家,家中的父母、家中的另一半、家中的儿女、家中的亲情。天南地北的演员共同演唱的开场歌曲《想你的 365 天》,营造了平实温馨的节日氛围和真情的暖意。此时 LED 背景展示的是千家万户亮着灯的窗户,中心处是大大的"家"字,在其周围绽放出一个个小的"家"字,形象地展示了"家与国"的关系,即由一个个小家共同组成的"大家",从而突破了仅仅局限于私人空间的情感抒发。其后由壮族、蒙古族、回族、维吾尔族、藏族等各民族歌手演唱的各族民歌,则展示了由五十六个民族所组成的中华大家庭的风貌。在香港演员梁家辉、陈慧琳共同演唱的歌曲《最好的夜晚》中,LED 背景陆续显示出香港维多利亚港湾、广州"小蛮腰"、台北 101 大楼等典型的南方城市地标,展示出春晚并不局限于北方文化,而是南北文化交融互通的景象。

---

[1] 谭天. 冯小刚拯救春晚难上加难,旧瓶难装新酒不被看好[EB/OL]. http://ent.qq.com/a/20130819/000121.htm.

[2] 周智芳. 总把新桃换旧符——央视春晚的符号学研究[D].南京:南京师范大学,2008:7.

二、春晚内涵在时代变革中的重新确立

1. 从主持角色的回归看春晚的交流意识

作为中国电视节目里程碑的1983年首届春晚,主持人赵忠祥开场对观众所言的"来信时别忘记贴邮票"的悉心提醒,体现出春晚对观众的尊重和交流意识;设置的"热线电话",加强了"共时性"与临场感;加入的"有奖猜谜"环节,加强了"屏前屏后"的互动感;"穿插VCR"的方式,弥补了舞台场地的局限;台湾同胞的参演,展示了国家的软实力。可以说,春晚从这时起就被赋予了尊重观众、重视交流的内涵。然而,春晚在30年的发展中却逐渐走了形、变了调,变得日益八股化。其中,主持词的口号化倾向日益明显,用曾主持过1984年春晚的卢静的话来说,就是"春晚整个变成了宣讲台"。

2014年马年春晚的开场,主持词便一改往年用慷慨激昂的情绪朗诵华丽辞藻的风格,而是以平实的语言娓娓道来。其中,张国立的加入,使得整体的主持风格得以轻松下来。相比李咏的调侃与嬉笑,毕福剑的风趣与逗乐,张国立的主持特点被冯导评价为"温暖人心、接地气"。他在本届春晚中的第一句主持词是这样的:"好!几位老主持人的定场诗说得真是太好了,现在该我这新主持了啊,我很紧张,练了很长时间了,朱军啊,你听听是不是这么回事儿啊。"这哥俩唠嗑式的话语风格,这开口"说人话"的讲述方式,一下子就拉近了与观众的距离。

2. 从视觉呈现的变革看春晚的变与不变

有人说"春晚已经走过了初期的简陋、中期的辉煌时期,而进入富丽堂皇的时期"[①]。这种富丽堂皇在2012年、2013年的春晚中达到了新高峰,单单在舞台美术上就花费了高达1.5亿元的资金,采用了大量的LED拼接屏、大型工程投影、水雾、烟雾等大型系统,LED背景墙的布置可谓铺天盖地,运动起来更是来势汹汹。虽然在这个图像时代,大众对视觉快感的期待大大提高,对视觉刺激的要求也不断提升,但是,这并不意味着依靠奢华的场景与绚烂的色彩就一定能吸引观众的关注。事实上,人们的观影习惯依然是本届春晚执行总导演吕逸涛口中"什么东西都在看,什么东西也都不看"的出于天性和本能的"无意地看",甚至也会产生浮华、空洞和虚假的直觉判断而由此产生反感。

早在2010年,冯小刚就在微博对这种一味追求奢华视觉呈现的做法吐槽过:"从清朝开始,我们的民族在色彩上失去了调性……从庙会到春晚,印象最深的就是这四种颜色……咱能自信点、素点、雅致点吗?不是把所有鲜艳的色儿都堆一块就代表美了,那叫臭美。"虽然冯小刚在担任马年春晚总导演后坦言:"春晚已经成了一个新民俗,想改变它的任何一部分,都很难。"但在春晚筹备"秘密会议"中,冯小刚果断地提出,将对春晚舞台进行全面创新,摒弃高科技、华美等路线,把亲民进行到底,这是对前任导演哈文所倡导的视觉冲击的颠覆,也是对广电总局下发的《关于节俭安全办节目的通知》的直接回应。

---

① 周星. 中国春晚应当重建核心文化立足观——文化软实力建设视野中的中国春节联欢晚会走势与发展分析[J]. 新美术,2010,31(4):86-90.

在这样的思想指导下,马年春晚在视觉呈现方面体现出着力引导观众进行"有意地看"的明显特征。在舞蹈《万马奔腾》的舞美设计中,借鉴了国画中的"留白"的理念,通过刻意弱化的舞台背景,更加凸显出演员的精湛演技。在王铮亮演唱的歌曲《时间都去哪儿了》中,背景LED中没有华丽绚烂的色彩,没有眼花缭乱的运动,只是播放了大萌子的成长照片,便吸引了无数观众停下了聊天、停下了嘴边的零食,开始"有意地看",感叹悄然流逝的岁月,思考当下的生活状态。在电视节目的互动化、社交化特征日益显著的今天,在边看电视边刷微博成为很多人收视习惯的今天,节目内容本身的高水准和交流感,依然是进行互动的根本所在。《时间都去哪儿了》在除夕当晚的微博讨论量达到230万,成为马年春晚中当之无愧的最火的节目。

3. 从社会热点的聚焦看春晚的价值传播

2013年8月,习近平同志在出席全国宣传思想工作会议时指出,要帮助干部群众划清是非界限、澄清模糊认识。春晚作为一年中最为盛大的收视场域,通常都会将年度重大社会事件换装到节目中,以唤起大众的记忆,获得社会的呼应。[①] 2014年春晚,更被天然地赋予了传播正能量的使命,但春晚毕竟不是教科书,除夕毕竟不是教育日,如何准确寻找切入点,吸引观众在潜移默化中思考和判断,成为其难点所在。

纵观总导演冯小刚以往的电影作品,总是可以准确聚焦当下热点,并且无论是悲喜剧还是正反剧,其主题都始终贯穿着正义、道德和良知,即使是喜剧形式包装之下的贺岁片,也充满着对当下都市人生存状态的描述,这使得观众看过之后总能够感悟出人物的好坏和价值的取向。这在春晚节目间穿插的短片《筷子的故事》中直接得以体现,短片通过一个个与筷子相关的故事性强的生活点滴,重现和放大了"启迪""传承""明礼""关爱""睦邻"等含义,使得观众在回忆和反思中进行了一次价值的洗礼。

2014年春晚以歌曲《群发短信我不回》打头阵,使得正捧着手机准备群发短信的观众们先是猛然一怔,继而会心一笑。接下来,以郭冬临的《人到礼到》、"毒舌"蔡明的《扰民了你》与沈腾的《扶不扶》三个小品组成的反映时事热点问题的节目包,接地气地表达了老百姓的普通情感,表现了两种价值取向之间的尖锐冲突。此外,不同于2013年春晚中郭德纲和于谦表演的相声《败家子》里满是戏谑与解构,这三个小品中都有着抨击与建构,并且触碰到观众的内心世界,最终积极而智慧地传递出正能量。尤其值得一提的是,尽管普遍认为小品无法表现沉重的主题,更无法展现现实矛盾,它所表现的是社会中小人物的小事情,包括对小人物、小事情的评判[②],但小品《扶不扶》里"人倒了,还可以扶起来;人心倒了,咱想扶都扶不起来了"一句话中的潜台词,则将正能量放大了给观众看,从而上升为国家叙事的代言人。

[①] 周星. 中国春晚应当重建核心文化立足观——文化软实力建设视野中的中国春节联欢晚会走势与发展分析[J]. 新美术,2010,31(4):86-90.

[②] 潘知常. 最后的晚餐——CCTV春节联欢晚会与新意识形态[EB/OL]. http://blog.sina.com.cn/s/blog_4e4e23f601016tw6.html.

三、春晚中关于"中国梦"的自述与他述

1. "中国梦"的"官方文本"与"民间文本"

2012年,中共中央总书记习近平在参观"复兴之路"展览时首次提及"中国梦"并强调:"每个人都有理想和追求,都有自己的梦想。"因此,"中国梦"既是"宏大叙事"的国家梦,更是"具体而微"的个人梦[①]。冯小刚导演在艺术创作中所一贯强调的"一部电影的灵魂要扣在普通人的梦想,普通人的烦恼上",与之高度契合。回顾他的首部贺岁片《甲方乙方》,恰恰是讲述兄弟几个开办了一个"好梦一日游"公司,专门为形形色色的人,圆各式各样梦的故事。

2014年春晚的"中国梦"特质十分突出,在由众多节目组成的"'中国梦'节目包"中,有:由个体的儿童、女军人、男军人、各行业及少数民族共同构筑的《光荣与梦想》;由"家、老婆、孩子、交通、空气、关系、养老"等普通百姓心中《我的要求不算高》的"这就是我的'中国梦'";由老外记忆中各种中国元素拼合而成的《符号中国》;由多年前那一颗赤诚中国心所孕育的《我的"中国梦"》;由主持人们手提走马灯进入万众齐心新年倒计时的《天耀中华》,形象而立体地展示了"中国梦"的相异与相同、个体与统一。

2. "中国梦"的"自我想象"与"外界想象"

"中国梦"在建构与传播中存在着自述与他述、自我想象与外界想象的两种形象,正如著名的国际公关研究学者吴旭教授提出的,"中国在'国家形象'方面遇到的最大问题,并不是简单的'国家形象'的好或坏,而在于中国人自己对中国的想象与国际社会对中国的想象之间的差距"[②]。

2014年春晚并不仅仅停留在展示中国人自己的"中国梦",更努力展示了一个属于世界的"中国梦"。在法国著名演员苏菲·玛索与刘欢同台献唱的《玫瑰人生》中,背景展示的是埃菲尔铁塔与"福"字、祥云等中国元素交相辉映的图景;而作为春晚重头戏之一的魔术节目则由法籍华人YIF上演,节目的名字更是直接命为"团圆饭",呈现出一派文化融合的景象。如果说这是中国人关于"世界的'中国梦'"的华丽想象,那么《英国达人秀》冠军表演的创意舞蹈《符号中国》,则呈现出外国人脑海中关于"中国梦"的直接印象。这个节目中通过舞蹈者的身体组合与不同光源的投射,营造出:由黄山迎客松、桂林山水组成的"绿色'中国梦'"的印象;由长城、天坛、天安门前石狮组成的"历史'中国梦'"的印象;由太庙、大熊猫组成的"文化'中国梦'"的印象;由火箭发射等组成的"现代'中国梦'"的景象,这一个个侧面共同构成了形象鲜明且立体的"'中国梦'矩阵"。

作者王晶为复旦大学视觉文化研究中心助理研究员、硕士。

---

① 中共中央宣传部. 习近平总书记系列重要讲话读本[M]. 北京:学习出版社,2014:28.
② 吴旭. 为世界打造中国梦[M]. 北京:新华出版社,2009:64.